이 책을 펴내며 ■6

프롤로그 ■10

제 1 장 마침내 베일 벗는 현대사 최대의 미스터리 ■13

    현대사 최고의 비밀을 밝혀준 한 장의 사진 ■13

    청주의 공동묘지에서 발굴된 430 여구의 시체와 청진에 있는 인민군 렬사의 묘비의 기록 ■16

    메르스에 묻혀버린 현대사 최대의 비밀 ■18

    왜 모두가 5.18 의 비밀이 밝혀지는 것을 두려워할까? ■22

제 2 장 현대사 비밀의 열쇠를 찾아서 역사 속으로 ■24

    현대사의 내막에 의문을 갖게 된 동기와 시발점 ■24

    역사의 갈림길이 된 한밤의 독대 ■30

    6.29 선언 그리고 이 땅에 꽃피운 민주화의 바람 ■35

    그날 밤 두 사람이 나눈 비밀대화의 내용은 무엇이었을까? ■42

    전두환이 정치권의 중심으로 들어서게 된 계기 ■43

제 3 장 10.26 사건의 재조명, 대통령 시해사건의 숨겨진 진실 ■46

    박정희 대통령 시해사건에 대한 합수부장 전두환의 사건전모 발표내용 ■46

    사건발표에 대한 의문점과 상황의 재구성 ■47

    김재규의 범행에 대한 김계원의 보고사실을 묵살하고 위중한 최규하 ■56

    김재규는 사건 이후 왜 중정으로 가지 않고 육본으로 갔을까? ■57

김재규의 계획적 범행인가 우발적 범행인가? ■58

김재규의 단독범행이라는 데에 대한 의문점들■60

박정희 대통령 시해사건의 재구성 ■62

시해동기 논란하나 : 부마사태■64

김재규의 단독범행을 둘러싼 추가적인 의문■68

핵무기 개발을 저지하기 위한 미국의 음모라는데 대한 의문■69

시해사건 당시에 추진되던 박정희 대통령의 정책들■70

고려의 서경천도계획과 묘청의 난■73

정조의 화성 천도계획■73

김재규의 박대통령 시해동기■74

10.26 의 동기가 된 시대적 배경들■75

5.16 군사혁명과 일심회(하나회) 구성■75

구 군부의 고위층들은 군인이라기보다는 준재벌(準財閥)이었다. ■76

박정희 이전의 대한민국 경제는 군원경제■76

당시 우리 군대는 영농군대■77

당시의 초급장교는 돈을 모아서는 안 되는 분위기였다. ■77

군부개혁에 대한 저항의 상징 윤필용사건■78

한국 지하경제 재벌의 탄생■78

지하경제 형성의 출발점은 청계천개발■79

지하경제의 대부들이 키운 세력은 누구일까? ■80

경부고속도로 건설과 강남개발■81

임시 행정수도 이전계획과 2000 년대 국토 재배치계획■83

박대통령 시해동기와 배후세력■84

지하경제 구성세력들의 위기감■84

정승화를 비롯한 구 군부세력의 위기감■85

박대통령의 핵무기 개발에 대한 미국의 불안감 ■86

시해의 배후 및 주도세력 ■86

박대통령 시해 및 숨겨진 의문점 ■87

시해 이후 배후세력은 왜 침묵했나? ■87

배후세력과 5 공세력과의 연관성 ■90

제 4 장 6.25 전쟁 이후 최대의 비극 5.18 광주사태 ■96

김대중 내란음모의 진실 ■97

한국 현대사 최대의 비밀을 밝히다 ■104

누가 광주사태에 북한군을 끌어들였을까? ■106

북한군은 어떻게 광주에 들어왔을까? ■110

20 사단 지휘부 습격 및 지휘차량 탈취문제 ■125

무기고 습격 및 총기와 실탄탈취 문제 ■128

교도소 습격 시 사망한 시신은 누가 옮겼을까? ■129

왜 민주화세력은 5.18 북한군 개입을 부정할까? ■140

6.29 선언, 그리고 5.18 이 탄생시킨 87 체제의 진실 ■142

제 5 장 풍요 속에서 자라난 암세포 386 민주화세력의 탄생 ■147

탄생 ~ 유아기 (단군이래. 가장 축복받고 태어난 세대) ■147

학창시절 (모두가 왕자공주로 자라난 망나니 세대) ■149

386 세대의 대학시절 ■151

의식화교육의 진실(우헌근(전)총경의 증언) ■153

부모는 자식 위해 우골탑을 쌓고 자식은 우골탑 위에 색골탑을 쌓고 ■159

386 세대는 김일성이 심혈을 기울여 키워낸 최고의 혁명전사들 ■160

87 체제와 민주화세력은 대한민국 적화 공작의 완성품 ■162

제 6 장 87 체제의 출범과 자유민주주의 대한민국의 최후 ■ 165

  6월 항쟁의 숨은 민얼굴(구국의 결단이었나 희대의 사기극이었나?) ■ 165

  도둑맞은 대한민국의 자유민주주의 헌법 ■ 169

  87년 개정 헌법의 실체 ■ 170

  헌법전문 속에 숨겨진 무서운 음모 ■ 176

  현행헌법 초안은 누가 작성했을까? ■ 186

  잃어버린 나라를 되찾으려 한 박근혜 대통령 ■ 197

  적화통일을 향한 거침없는 행보들 ■ 208

  818 계획은 이중지휘체계로 군을 무력화하기 위한 음모 ■ 211

  88년 5공 청문회는 전두환세력 제거를 위한 인민재판 ■ 213

  임수경의 평양방문 목적은 관광인가? 적화통일 특사였나? ■ 214

  킬링필드의 죽음에서 살아 돌아온 기적(베를린장벽의 붕괴) ■ 222

  재주는 김일성이 부리고 죽은 이승만과 박정희는 국민과 국가를 구하고 ■ 223

  북한의 핵개발 여건을 마련해준 노태우의 비핵화선언 ■ 225

  김영삼은 제2의 건국선언으로 남한단독의 공산정권수립을 선포 ■ 227

  IMF는 87체제의 연장을 위한 고의적인 국가 부도 ■ 229

  87 민주화세력의 검은 돈과 대통령 탄핵 사태 ■ 234

제 7 장 이 엄청난 역사의 진실 앞에서 ■ 237

  누구를 위한 민주화운동이었나? ■ 237

  민주화세력이 초래한 헬조선 ■ 239

  민주화세력의 실체 ■ 242

  종북우익과 종북좌익이 합심해 말아먹은 대한민국 ■ 247

  세월호 침몰의 진실 "애들아! 미안하다. 그리고 고맙다." ■ 251

일제시대보다 더 끔찍한 공포정치가 이루어지고 있다. ■ 260

자신들끼리 권력을 이어가기 위해 나라를 망치는 87 민주화세력 ■ 262

한민족 멸족의 시계는 멈추지 않는가? ■ 271

좌절된 그녀의 꿈 ■ 279

나라가 망해야 이들이 살아날 가능성이 있기 때문이다 ■ 281

이 엄청난 역사의 진실 앞에서 ■ 291

87 체제 민주화세력들에게 ■ 296

에필로그 ■ 304

이 책을 펴내며

2016년 12월 9일에 시작해 2017년 3월 10일에 끝난 박근혜 대통령 탄핵사태는 대한민국 뿐 아니라 전 세계에 커다란 충격을 안긴 놀라운 사건이었다.

언론이 온갖 허위사실을 쏟아내며 선동하고, 선거권도 없는 어린 학생들에게 촛불을 들려 퇴진을 외치게 하고, 200명 남짓한 국회의원과 8명의 헌법재판관이 아무런 범죄도 확정되지 않은 현직 대통령을 파면에 이르게 한 것은 자유민주주의 헌정 사상 유례를 찾아볼 수 없는 참담하고도 부끄러운 사건이었다. 국가의 법체계가 민중 혁명을 위한 도구로 전락한 공산전체주의 국가나 과거 절대왕조에서나 있을 법한 일이 21세기 대한민국에서 벌어진 것이다. 실제로 그녀가 이렇게 어이없이 탄핵을 당해 물러나고 구속까지 당하리라고는 대한민국은 물론 전 세계의 어느 누구도 예상하지 못했다.

그러나 놀랍게도, 그녀가 탄핵을 당하기 무려 3년 전에 이 사태가 일어나리라고 정확히 예측한 사람이 있었다. 그 당시에는 어느 누구도 주목하지 않았지만, 탄핵 사태 이후 한 인터넷 사이트에 이 사실이 공개되며 일부 네티즌들이 술렁대기 시작했다.

놀라운 사실은 또 있었다. '솔창의향기'라는 필명으로 알려진 그는 탄핵 사태를 정확히 예측한 것 말고도, 2015년 5월 초에 5.18 당시 광주에 내려왔던 북한군 '광수'의 사진을 처음으로 밝혀 공개했다. 하지만 이 또한 5.18의 권위자라고 알려진 어느 우익인사와 그가 운영하는 커뮤니티의 회원들이 일군 성과라고 잘못 알려지는 바람에 그는 별 주목을 받지 못하고 있었다.

본인 또한 이때까지만 해도 대부분의 언론들이 폄훼하는 모 우익사이트를 좋지 않은 시각으로 바라보며 아예 접근도 하지 않았다. 하지만 탄핵 사태를 계기로 이 우익사이트를 처음 방문해 보며 지금껏 얼마나 '기레기'들로 바글대는 기성언론들에 의해 눈과 귀가 가려 있었는지를 깨달을 수 있었다. 일부 저속하고 민망한 글도 있었지만, 수시로 등장하는 주옥같은 정보들은 새로운 진실에 목말랐던 사람들의 갈증을 해소시켜 주기에 충분했다. 무엇보다도 그가 이 사이트에 올린 글들은 사상초유의 대통령 탄핵이라는 황당하고 어이없는 사태에 갈피를 잡지 못하고 진실이 무엇일까 방황하던 많은 사람들에게 놀라운 정보와 혜안을 제공해 주었다. 그가 3년 전 박근혜 대통령의 탄핵사태를 정확히 예측하고, 광주에 침투한 북한 특수군의 사진을 공개했던 기록은 지금도 이 사이트에서 직접 두 눈으로 확인할 수 있다.

몇 달에 걸쳐 그가 썼던 방대한 분량의 글과 댓글까지 검색해 여러 차례 읽어보고, 의문이 드는 것은 관련 자료를 찾아보며 대부분의 진실을 깨달을 수 있었다. 무엇보다 소름이 끼치는 것은 그가 2015년에 북한 특수군의 사진을 공개했던 이유가 이미 2015년으로 계획된 박근혜 대통령 탄핵음모를 혼자서라도 막아내기 위해서였고, 아무도 모르던 당시의 탄핵음모를 그가 혈혈단신으로 막아내지 않았더라면 이 나라는 손쓸 틈도 없이 적화의 길로 접어들었을 것이라는 설명이었다. 박근혜 대통령 탄핵 사태가 일어난 후에야 느낀 것이지만, 당시 〈산케이신문〉까지 동원해 '세월호 7시간' 음모까지 꾸미며 대통령을 고립무원의 처지로 밀어 넣었던 당시의 정황, 연일 빗발치던 평양의 난수방송, 태극기까지 불태우며 들불처럼 번져가던 폭력 시위, 3년 전부터 탄핵을 기획해 왔다는 두 국회의원의 고백을 종합해 보면 그의 말이 한 치의 과장도 없는 진실임을 알 수 있었다. 게다가 그는 이미 10여 년 전, 인터넷 카페에 올린 글에서 우익이라고 믿고 있던 친이계가 등을 돌려 박근혜 대통령을 배신하고 등 뒤에서 칼을 찌를 것이라는 사실마저 예상하고 있었다. 이처럼 거의 대부분의 중요 사건을 예측하고 경고했던 글들을 접하면서 온 몸에 소름끼치는 전율이 일었고, "혹시 이 사람이 미래에서 온 시간여행자"는 아닐까?"하는 황당한 생각마저 들 정도였다.

흥분과 혼란의 도가니 속에서 늘 그의 글이 올라오기만을 학수고대했으나, 그는 2017년 하반기부터 더 이상 이 사이트에 글을 올리지 않았다. 혹시 무슨 일이 일어난 것은 아닐까 하는 우려와 불안에 그의 행적을 찾아 헤매던 중, 생각지도 못한 커다란 행운이 찾아왔다. 지성이면 감천이랄까, 그가 책을 발간하기 위해 썼던 원고를 입수하게 된 것이다.

너무도 엄청난 현대사의 비밀을 샅샅이 다룬 이 원고의 내용이 도저히 믿어지지 않아 몇 달간 인터넷을 뒤지고 자료들을 찾아보며 샅샅이 조사했지만, 반박할 내용이라고는 단 한 가지도 찾을 수 없었다. 오히려 조사를 거듭할수록 근거는 명확해지고, 그의 글 속에 나오는 진실조차 빙산의 일각이라는 사실만이 드러날 뿐이었다.

지금 온 나라가 거짓의 산에 묻혀 대부분의 국민들이 무엇이 진실이고 무엇이 거짓인지를 구분하지 못하고 있다. 진실이 핍박받고 거짓이 승리하는 참담한 현실 속에서, 그가 남긴 글들이 빛을 보는 날 비로소 이 나라도 거짓의 장막을 떨쳐버리고 진실과 번영의 길로 나아갈 수 있을 것이라는 신념에 그의 원고를 세상에 내 놓기로 결심했다.

그가 밝힌 바에 따르면 박근혜 대통령의 탄핵 사태는 언론에서 떠드는 것처럼 이른바 '최순실의 국정농단'과 관련한 단순한 문제가 아니다. 박근혜 대통령의 탄핵 사태는 10.26 박정희 대통령 시해 사건, 전두환의 12.12 쿠데타, 5.18 광주사태, 노태우의 6.29 선언과 87년 헌법개정, 5공 청산 및 3당 합당, 노태우의 비핵화 선언, IMF로 이어지는 모든 대한민국 현대사의 비밀과 맞닿아 있다.

무엇보다도 충격적인 것은 현재 우리가 알고 있는 10.26 이후의 대한민국 현대사가 대부분이 거짓이라는 사실이다. 이 엄청난 진실, 어둠의 세력들이 꽁꽁 숨겨왔던 역사의 비밀을 더 이상 묻어둘 수가 없고, 몰락해 가는 대한민국의 미래를 이대로 두고 볼 수가 없기에 그의 뜻을 받아들여 세상이 뒤집힐 비밀을 공개하려

한다. 이 거대한 이야기, 이 비밀의 실마리는 1979년 10월 26일, 김재규의 박정희 대통령 시해에서부터 시작한다. 마음의 준비가 되었다면, 1979년 당시로 돌아가 보자.

프롤로그

1979년 11월 3일은 박정희 대통령의 국장일이었다. 이날 고(故) 박정희 대통령의 운구 행렬은 군인 3,600명의 호위 속에 국립현충원으로 향했다. 연도에는 수백만 명의 국민들이 대통령의 마지막 길을 배웅하고 있었다. 생업까지 제쳐두고 지방에서 올라온 이들은 마치 친부모를 잃은 것처럼 거리에 늘어서 눈물을 쏟았다.

18년 전, 박정희 소장은 풍전등화의 위기에 처한 나라를 구하겠다는 일념으로 3,600명의 부하들과 함께 5.16 혁명을 단행했다. 그 당시 대한민국의 현실은 처참했다. 온 국민들은 동족상잔의 전쟁으로 폐허가 된 국토 속에서 초근목피로 연명하고 있었다.

그 당시 국민들의 1인당 평균소득은 63달러로, 대한민국은 전 세계에서 두 번째로 가난한 나라였다. 국민들에게는 아무런 희망도 없었다. 농사꾼들 대부분은 겨울이면 도박에 빠져들어 재산을 탕진했고, 빚더미에 묻혀 야반도주하는 경우도 다반사였다.

봄이 되면 쌀이 떨어져 산과 들을 헤매며 냉이를 캐고 산나물을 뜯기에 바빴다. 여유 있는 집에 사정해서 얻어온 쌀겨를 키로 켜 싸레기를 긁어모았고, 이렇게 긁어모은 두어 줌의 싸레기에 산나물을 섞어 쑨 멀건 죽으로 온 식구가 끼니를 해결해야 했다.

농번기가 되면 아이들은 학교에 가기보다 부잣집에 일하러 가는 부모를 따라갔다. 남자는 일을 하고, 아낙은 일꾼들이 먹을 밥을 해주고, 아이들은 옆에서 눈치를 보며 엄마가 슬며시 퍼주는 밥사발을 들고 부엌에 쭈그리고 앉아 주린 배를 채우곤 했다. 고된 일과가 끝나면 주인댁이 남은 음식들을 소쿠리에 싸주었고, 이것으로 끼니를 해결해 나가는 일상의 반복이었다.

한편 도시에서는 굶주려 배만 볼록 나온 아이들이 넝마 같은 옷을 입고, 포장도 제대로 안된 도로 옆에서 놀다가 미군의 트럭이 지나가면 "쪼코렛 기브미!"를 외치며 트럭을 뒤쫓아 달려 나갔다. 마음씨 좋은 미군들이 미리 준비했던 초콜릿이나 과자들을 닭 모이 주듯 던져 주면, 아이들은 일제히 달려들어 하나라도 더 차지하기 위해 드잡이를 벌였다.

지구상에서 가장 절망스런 모습이 그가 최초로 정권을 잡던 당시의 모습이었다. 하지만 그가 이 나라를 이끈 지 18년 후, 대한민국은 완전히 다른 나라로 변해 있었다. 전 세계 속에 우뚝 선 수출 중심의 중화학 공업 국가. 이것이 바로 1979년의 대한민국이었다. 그의 사망 후 몇 년 만에 대한민국은 세계 10위권의 경제 대국으로 발돋움했다.

그로부터 38년이 지난 2017년 3월 12일, 아버지의 뒤를 이어 대한민국 18대 대통령으로 재직하고 있던 영애 박근혜는 임기가 1년도 채 남지 않은 시점에서 탄핵을 당해 파면되어 청와대를 떠나고 있었다.

수많은 내외신기자들이 임기도 채우지 못하고 파면당해 쫓겨 가는 전직대통령의 모습을 취재하기 위해 주요 길목마다 대기하고 있었다. 그 동안 한국의 모든 언론은 연일 한목소리로 그녀를 비난하며 탄핵이 불가피하다고 목소리를 높여왔다. 외신의 언론들 또한 이러한 대통령에게 돌을 던질 국민들의 분노한 모습을 상상했을 것이다.

하지만 그들은 전혀 다른 광경을 목격했을 뿐이다. 그녀의 사저 앞에서는 수많은 국민들이 태극기를 흔들며 대통령의 무고함을 눈물로 호소하고 있었다. 그녀는 알 수 없는 슬픈 미소를 지으며 차에서 내렸다. 마치 65세라는 나이가 걸맞지 않은 소녀와도 같은 모습이었다. 한 외신기자는 "탄핵당해 쫓겨나는 전직대통령의 모습이 아니라 여왕이 귀환하는 모습이었다."라고 이 광경을 묘사했다.

4년 간 그녀가 이룬 업적은 정말로 눈부셨다. 세계적인 불황 속에서도 4년 연속 수출증가율 1위를 달성했고, 경제 성장률은 OECD 평균 수준을 훨씬 웃돌았다. 블룸버그는 4년 연속 혁신지수 1위의 국가로 대한민국을 선정했다. 4년의 임기 동안 이러한 업적을 달성한 예는 전 세계적으로 찾아보기 어려웠다. 하지만 그 어느 언론에서도 이러한 업적을 보도하기는커녕, '세월호 당시 남자를 만났다', '숨겨 놓은 딸이 있다.'는 등 온갖 입에 담기도 민망한 허위 사실을 퍼트리며 그녀를 헐뜯기에 바빴다.

정치권과 사법부, 언론계, 포털, 각종 사회단체 등 모든 대한민국의 시스템이 약속이라도 한 듯 하나가 되어 그녀를 공격한 이유는 무엇일까?

박정희와 박근혜, 이 두 부녀 대통령이 말레이시아나 몽고의 국가원수였다고 가정해 보자. 만일 두 나라에서 이런 업적을 이뤄냈다면 온 국민들이 자부심에 차 전 세계인을 상대로 두 부녀 대통령을 자랑하며, 국가를 건설한 아버지와 딸로 칭송했을 것이다. 하지만 대한민국이란 국가는 왜 이 두 부녀 대통령에게 그토록 가혹했던 것일까?

곰곰 생각해 보면 이해할 수 없는 의문점들이 꼬리에 꼬리를 문다. 부녀 대통령 모두 세계만방에 자랑할 업적을 남기고서도 왜 아버지는 독재자로 지탄받고, 딸은 온갖 거짓 선동으로 파면되어 쫓겨난 것일까? 돈 한 푼 받지 않았는데도 온 사회 시스템이 총동원되어 '경제 공동체'라는 황당무계한 개념까지 동원해 없는 죄라도 만들어내려 발악을 했던 이유는 무엇일까? 무엇이 급해 1년도 남지 않은 시간을 기다리지 못하고 어린 학생들에게까지 촛불을 들려 탄핵을 외쳐야만 했을까? 그리고 왜 이런 거짓의 산으로 이루어진 이른바 '촛불 혁명'에 대통령은 속수무책으로 당할 수밖에 없었을까?

여기에서 의문은 다시 한 번 증폭된다. 선거권자 절반 이상이 선출한 대통령을 불과 200여 명의 국회의원과 8명의 헌법재판관이 작당해 내쫓을 수 있는 현행 헌법상의 통치구조는 어떻게 만들어진 것일까?

제 1 장 마침내 베일 벗는 현대사 최대의 미스터리

현대사 최고의 비밀을 밝혀준 한 장의 사진

2015년 4월은 박근혜 대통령에게 몹시 잔인한 달이었다. 세월호 침몰 1주기를 맞아 언론에서는 대통령을 비난하는 기사가 하루가 다르게 쏟아졌다. 거리에서는 시위대 수천 명이 서울 광화문 도로를 불법 점거하고 시위를 벌여 도심 교통이 극심한 정체를 빚었다. 시위대는 경찰버스와 트럭으로 만든 차벽을 부수고 경찰관을 폭행했다. 이때 물대포가 다시 등장했고, 일부 시위대는 경찰 버스 창문을 부수고 차량 안의 소화기를 빼내 차벽 너머로 던지는 위험천만한 행동을 일삼았다. 의경들은 귀와 머리가 찢어지는 등 큰 부상을 당했다. 화염에 기름을 부으려는 듯, 일본의 〈산케이신문〉 서울지국장은 2014년 8월부터 대통령이 세월호 사건 당일 호텔에서 남자를 만나고 있었다는 황당한 의혹마저 제기하는 중이었다.

매년 5월은 근로자의 날과 5.18 기념일 탓에 극렬한 시위가 종종 일어난다. 하지만 2015년 5월의 시위는 과거와는 비교할 수 없을 정도로 격렬했다. 시위대는 대통령의 입에서 하야하겠다는 항복을 받아내기 전까지 물러날 생각이 없어 보였다. 시위가 워낙 격렬해지다 보니 5월이 가기 전에 대통령이 하야할 것이라 전망하는 사람도 있었고, 혹자는 1980년 광주사건에 비견될 정도로 사태가 심각해질 것이라 예상했다.

한 대학생이 태극기를 불태우는 장면은 이 시위의 실체를 짐작하게 했다. 시위대들은 세월호 사건과 아무런 관련이 없는 '임을 위한 행진곡'을 국가기념곡으로 지정하라고 요구했다. 대통령이 항복하지 않는다면 무슨 사태가 일어날지 짐작이 가지 않는 일촉즉발의 상황이었다.

하지만 이 한 장의 사진이 각종 SNS에 퍼지기 시작하면서 불붙은 뇌관과도 같았던 일촉즉발의 정국은 찬물을 끼얹은 듯 잠잠해졌다. 이 사진을 잘 보면 광주

5.18 당시 장갑차 위에 서 있던 시민군 한 명과 평양 광주인민봉기 보고회장 맨 앞 자리에 앉아 있는 남자의 얼굴이 정확히 일치하는 것을 볼 수 있다.

5.18의 실체를 두고 J모 씨를 비롯한 일각에서는 5.18은 민주화 운동이 아니며 북한 특수군이 침투해 벌인 폭동이라고 주장해 왔다. 지금껏 이러한 주장들은 당시의 기록과 여러 정황에 바탕을 둔 추론의 범주를 벗어나지 못했다. 하지만 이 사진 한 장으로 5.18에 북한군이 침투했다는 의혹은 명명백백한 사실로 드러나게 된 것이다.

이 사진이 널리 퍼지면서 신기한 현상이 일어났다. 그토록 극렬했던 5월의 시위는 어느새 자취를 감췄다. 나아가 매년 성대히 열리던 5.18 기념행사는 약식 행사로 추락해 부총리가 주관했고, 여야 대표만 행사에 참가하고 대부분의 정치인들은 코빼기도 비치지 않았다.

그나마 행사에 참가한 여야 대표들은 이른바 '멘붕'에 빠진 광주 사람들로부터 찬물 세례를 받았다. 광주에서는 악을 쓰듯 자체적으로 5.18 행사를 열었고, 이유는 모르겠지만 김정일과 김대중이 나란히 서 있는 모형을 앞세우며 시가행진을 벌였다.

 그 동안 5.18 에 북한군이 침투했다고 주장했던 사람들은 이제야말로 38 년 동안 꽁꽁 숨겨져 왔던 5.18 의 진실이 밝혀지게 되었다는 사실에 환호했다. 5.18 에 침투한 북한군은 이른바 '광수'라는 이름으로 불렸다.[1]

 사람들은 SNS 를 통해 광수 사진 알리기에 여념이 없었다. 이제 곧 만천하에 5.18 의 진실이 밝혀지고, 5.18 을 정치적 목적으로 이용해 왔던 자들 또한 그 최후가 다가오는 듯 했다.
 그러나 정치권은 이 사진에 대해 단 한마디도 하지 않았고, 메이저 언론사들 또한 전혀 이 놀라운 사진을 보도하지 않았다. 하지만 정치권과 언론이 아무리 외면

---

[1] 북한군 출신 박행운은 그의 부대원이었던 광수가 광주에서 시민군 장갑차에 승차하고 있었다는 사실을 이렇게 증언한다.

광주봉기가 한창이었던 어느 날 중대 병실에 있는 텔레비전에서 광주 봉기 참가자들이 장갑차를 끌고 다니는 장면이 나오자 같이 텔레비전을 보던 중대 군인들이 갑자기 일어나서 박수를 치면서 환호를 했다고 한다. 중대 군인들 중에서 성근이보다 몇 년 선배인 사관장이 텔레비전에다가 손짓을 하면서 고성을 질렀다고 하였다. '야, 저거 광수 아니야? 광수가 어떻게 저기 나가 있어? 저 자식이 별을 달고 승진해서 어느 분계선 일대의 특수부대로 간다고 하더니 저기 나가 있네. 세상 일은 참 모르겠다.' - 김대령 《역사로서의 5.18》 제 2 권 203 페이지

해도 5.18의 진실은 계속해서 주머니 속의 송곳처럼 빠져 나왔다. 위의 광수 사진에 이어 또 다른 중요한 단서가 발견된 것이다.

2014년 5월 13일, 청주시 흥덕구 휴암동 청주 축구공원 건립 현장에서 야산을 굴착하던 중, 칠성판에 뉘어 비닐로 친친 동여맨 신원미상의 시신들 430구가 발굴되었다. 이 시신의 유골들은 같은 크기의 칠성판 위에 누운 채로 두껍고 흰 비닐에 싸여 있었고, 그 위에는 일련번호들이 기재되어 있었다. 국가가 뒤집힐 수도 있는 엄청난 사건인데도, 이러한 사건이 있었다는 사실을 알고 있는 국민은 매우 드물다. 이 시신들은 2014년 5월 14일에 발견되어 기사화되었으나, 세월호 침몰이라는 워낙 큰 사건에 묻혀 어느 누구도 주목하지 않았다. 하지만 여러 가지 사실을 종합해 볼 때 이 시신들이 5.18 당시 교도소 교전에서 사망한 북한군의 시신이라는 것은 의심할 여지가 없었다. 광수 사진의 공개 이후, 이 기사는 다시 한 번 주목을 받기 시작했고 5.18의 숨어 있던 퍼즐 조각들이 드디어 맞춰지기 시작했다.

청주의 공동묘지에서 발굴된 430여구의 시체와 청진에 있는 인민군 렬사의 묘비의 기록

아래 사진에 담긴 비석은 함경북도 청진시 락양동 소련군 해방탑 인근에 자리잡은 '인민군 영웅들의 렬사묘'다. 북한은 5.18 사태가 일어난 지 약 3개월 후인 1980년 8월경에 이 묘역을 조성했다. 이 묘비에는 "홍성표, 리진혁 등 (이름이 기록된 158명) 동무 외 332명의 인민군 영웅 렬사들이 잠들고 있다."는 문구가 새겨져 있다. 이 묘는 시신이 없는 가묘(假墓)이며, 묘지의 기록에 따르면 이름이 있는 158명과 이름이 생략된 332명을 합해 490명이 사망한 것으로 되어 있다. 이 사실을 제보한 김주호 박사에 따르면 1980년 당시에는 북한에서 대량의 북한군 사상자가 발생한 일이 없었다. 또한 이 숫자는 광주 교도소 교전 당시 사망한 인명의 숫자와 거의 비슷하다. 이를 통해 미루어 보면, 북한 정찰국 특수부대가 대거 광주에 침투했고 이 가운데 상당수가 남한에서 사망하고 북으로 귀환하지 못했다는 사실이 드러난다.

그렇다면 청주의 공동묘지에서 발견된 430구의 시신이 광주에 침투한 북한 특수군의 시신이라는 분석은 더욱 설득력을 얻게 된다. 한편, 5.18 묘역 무명용사묘지에 매장되어 있는 12구의 신원미상의 시신을 합하면 총 442구이며, 가묘에 기록된 490명과 비교해 보면 48구가 비게 된다. 이 시신들은 아마도 광주에서 작전중 사망해 북한군들이 자체적으로 광주지역 인근에 매장한 것으로 추정된다.

그렇다면 왜 청진 렬사묘비에는 158명의 명단만이 나와 있고, 나머지 332명의 명단은 생략된 것일까? 이후 자세히 언급하겠지만, 북한이 침투 병력을 급히 차출하다 보니 정확한 명단을 작성하지 못했거나 작전 중 사망한 자들의 명단을 정확히 파악하지 못했을 수도 있다. 혹은 단순히 비석의 공간이 모자라거나, 이름을 새기지 않은 332명의 경우 묘비를 통해서도 공개할 수 없는 규정상의 이유일 수도 있다.

메르스에 묻혀버린 현대사 최대의 비밀

여기에서 잠깐, 2015년 5월 20일을 필두로 6개월 간 나라 전체를 뒤집어 놓았던 메르스 사태를 조명할 필요가 있다. 당시 메르스 사태를 기억하는가? 연일 사람들이 죽어나가고 있다는 뉴스로 전국은 공포 분위기에 휩싸였다. 그런데 정말 메르스가 그토록 많은 사람들을 사망에 이르게 하고, 온 나라가 난리를 피울 정도로 심각한 사태였을까?

당시 메르스의 경과를 요약해 보면, 2015년 5월 20일 최초환자가 발생한 이후 6개월 동안 186명의 환자가 발생해 그 가운데 38명이 사망했다.

사망자 38명도 직접 메르스로 사망한 것이 아니라, 폐렴 등 합병증으로 인한 사망자가 대부분이었다. 2009년도의 신종플루 사태 때와 비교해 보면 너무나 어처구니없는 일이 아닐 수 없다.

■ 도표 - 신종플루와 메르스와의 비교

구 분	국내현황			전세계현황			비 고
	감염자	사망자	경제손실	감염자	사망자	경제손실	
신종플루	74만	263	50조	6000만	12,469	2.6조$	미국통계
메르스	186	38	10조	1,211	492		

공항에 내린 외국 관광객들은 열감지 감시카메라를 앞에 둔 마스크 쓴 검역요원의 살벌한 눈초리에 주눅 들어 입국수속도 하지 않고 발길을 돌렸다. 거리에는 온통 마스크를 쓴 사람들이 넘쳐나고, 시시각각 메르스 관련 뉴스가 쏟아져 나왔다. 어느 지자체장은 대한민국은 메르스로 인한 [준전시사태]라고 호들갑을 떨었다. 혹시라도 병원에 갔다가 메르스에 감염될까봐 아파도 병원에 못 가는 사태도 벌어졌다. 대한민국 발 메르스 공포로 인해 급감한 관광객으로 중국과 동남아까지 경제가 휘청거릴 정도였다.

아래의 사진은 메르스공포가 한창이던 당시 마스크를 쓴 사람들의 모습이다.

메르스가 그렇게 심각한 질병이 아니라는 WHO와 외국 전문가들의 발표에도 언론에서는 대한민국 발 메르스로 세계가 멸망할 것처럼 호들갑을 떨며 시시각각으로 메르스 공포를 조장했다. 다음 그림을 보면 얼마나 국민들에게 메르스에 대한 공포감을 심어주려 했는지를 알 수 있다.

그리고 12월 23일 자정, 메르스 사태가 끝났음을 알리는 정부의 공식발표로 대한민국은 메르스 공포로부터 해방되었다. 이렇게 전 국민을 메르스 공포 속으로 몰아넣던 6개월 동안 주류 언론 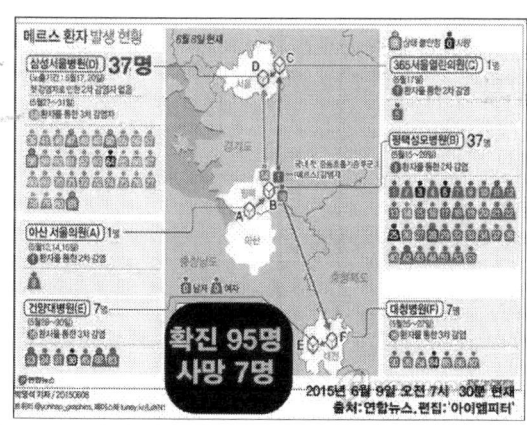 사들은 광수사태를 단 한 글자도 보도하지 않았다. 이 과정에서 현대사 최대의 비밀인 광수사태, 즉 5.18 당시에 북한군 600명이 광주에 내려왔었다는 사실도 국민들의 뇌리에서 조용히 잊혀져 갔다.

아마도 대부분의 사람들은 준전시사태까지 들먹이며 전 국민을 메르스 공포 속으로 몰아넣었던 이유가 5.18 광주사태에 북한군 600 명이 광주로 내려와 시민들을 학살하고 시위를 배후조종했었다는 사실을 묻어버리기 위한 음모였다는 사실은 깨닫지 못하고 있을 것이다.

5.18 북한군 침투의 증거를 잠재우는데 결정적인 역할을 한 것은 정부와 언론의 메르스 공포조장이다. 하지만 여기에 못지않은 기여를 한 것은 아이러니하게도 자타가 공인하는 '5.18 전문가' J 모씨의 떼광수놀음이었다.

필자의 제 1 광수를 발견해 공개한 이후 갑자기 J 모씨의 홈페이지에 영상분석 전문가를 자처하는 회원이 등장해 제 2 광수, 제 3 광수를 비롯해 연달아 수십 명의 광수들의 분석 정보를 쏟아내기 시작했다. 사람들은 연일 정신을 못 차릴 정도로 쏟아져 나오는 광수들로 5.18 의 진실이 명백히 밝혀질 것이라 기대했었다.

1,2,3 번 광수는 평양에서 열린 행사장 사진에 명백히 나와 있으므로 반박의 여지가 없다.[2]

하지만 5.18 당시의 기록, 그리고 북한의 청진렬사묘비의 기록을 종합하면 북한군 600 명중에 490 명이 남한에서 사망하고 110 명만 살아서 복귀한 것이 분명하다. 그런데 무려 478 명의 광수들이 무더기로 발견되었다는 얼토당토않은 주장을 정상적인 사고를 가진 사람이라면 신뢰할 수 있겠는가?

급기야 600 명 이외에 시체처리 등을 담당하는 지원부대 600 명이 더 내려왔고, 심지어 당시 13 세에 불과했던 장진성까지 내려와서 공작에 참여했다고 주장해 탈북자들로부터 소송까지 당하는 사태에 이르자 사람들은 더 이상 이 말을 믿지 않기 시작했다.

현대사 최대의 비밀은 이렇게 어이 없이 묻혀 갔다.

---

[2] 혹자는 제 1 광수가 북한에서의 실명 김창식, 북한 농업상역임), 제 2 광수가 노동당 중앙위 국제부 부부장 김성남, 제 3 광수가 레슬링 선수 겸 코치인 김광수)라고 말하고 있다.

왜 모두가 5.18의 비밀이 밝혀지는 것을 두려워할까?

5.18의 실체와 진실을 밝히는 것이야말로 대한민국의 현대사를 해석하고 국가의 방향을 설정하기 위해 반드시 필요한 일이다. 광주 5.18 사태는 대한민국 현대사의 가장 큰 불행이었다. 하지만 5.18에 관한 두 차례의 재판이 정반대의 결론에 이른 것처럼, 5.18은 아직도 논란의 대상이며 5.18의 실체와 의미를 두고서도 국론은 극심하게 분열되어 있다.

5.18을 민주화운동이라고 주장하는 사람들은 국군의 과잉진압이 유혈사태를 불러일으켰다고 주장한다. 그들은 심지어 군인들이 마약을 복용한 채로 무자비한 학살을 자행했다면서 국군의 명예를 실추시키고, 전혀 근거도 없는 사실을 동원해 영화로까지 만들어 국민들을 세뇌하고 있다.

반면 5.18이 폭동이라고 주장해 온 사람들은 계엄군이 광주 시민을 죽인 것이 아니라 민간인끼리 서로 총질을 해 죽였다고 말한다. 그들은 민간인 사망자 162명 가운데 70%가 넘는 117명이 시민들의 손에 들린 M1이나 카빈 소총의 총탄에 사망했다는 것을 근거로 든다. 총기를 든 김에 평소에 원한이 있었던 사람을 보복살인하거나, 마음먹고 강도짓을 하기 위해 죽인 것으로 추정된다는 논지다. 더 나아가 시위를 주도하던 세력들이 시위를 격화시키기 위해 뒤에서 같은 시민들을 향해 조준사격을 했다는 주장까지 나오고 있다.

이처럼 두 가지 주장은 도무지 접점을 찾기가 불가능할 정도로 극과 극을 달리고 있다. 그런데 만일 5.18 사태를 주도한 세력이 북한 특수군이라는 사실이 밝혀진다면, 두 진영 모두 오해를 풀고 화합할 수 있는 공통분모가 만들어질 수 있다. 국군은 무고한 양민을 죽인 것이 아니라 선전포고 없이 침공한 북괴 특수군을 상대로 승리한 것이고, 사망한 민간인들은 악랄한 북괴군의 총에 희생된 것이기 때문이다. 멋도 모르고 총기를 받아 가담한 일부 소수자들이 문제이지만 그들 또한 폭동을 주도한 세력이 북한 특수군이라는 사실은 미처 상상하지 못했을 것이기에 북괴의 공작에 휘말린 또 다른 피해자로서 조용히 살아가면 그만인 것이다. 게다가 이미 공소시효가 지나 그들의 행위를 처벌할 수도 없고, 일사부재리의 원칙에 따라 한 번 처벌받은 이들을 다시 처벌할 수도 없다. 물론 5.18 단체들과 5.18 유공자들은 특별법으로 받는 각종 이권이 박탈될까 두려워 사생결단으로 이러한 진실이 밝혀지는 것을 막으려 들 수도 있다. 하지만 그들 가운데 총기를 직접 손에 든 자들이 아닌 이상에야 상당수가 북한 특수군의 피해자가 되는 셈이고, 그들이 받는 보상금은 북한 특수군의 피해자라는 명목으로 상당 부분 유지될 수도 있는 것이다. 무엇보다도, 이토록 엄청난 진실을 앞에 두고 겨우 5.18 관련 단체들의 반발이 겁나 모두가 쉬쉬하고 있다는 것이 말이 된다고 생각하는가?

논리적으로 생각해 보면 북한 특수군이 광주에 침투했다는 사실은 약간의 실마리만 있더라도 이를 대단히 크게 떠벌리고 공개적으로 조사해야 하는 사안이지, 너도나도 숨길만한 이유가 없는 것이다.

이처럼 큰 내부의 갈등을 봉합하고 치유할 수 있는 사실을 왜 그토록 숨기기에만 급급한 것일까? 왜 모두가 5.18의 앞에서는 이토록 떳떳하지 못한 걸까? 새로이 드러나는 사실과 관련자들의 증언을 투명하게 공개하고, 서로 의견이 맞지 않는 부분이 있다면 모든 가능성을 열어 허심탄회한 논의를 거치면 될 일이다. 그런데도 왜 모두가 일방적인 주장만을 내세우며 명백히 드러나는 진실을 외면하려 들까? 5.18 당시 광주에 직접 침투했다는 탈북자가 방송에 나와 당시의 경험담을 이야기해도, 하나같이 약속이나 한 듯 이 사실을 쉬쉬하려 드는 이유는 무엇일까? 무엇보다도, 전두환과 5공 측은 이 사실이 널리 밝혀진다면 북한 특수군으로부터 나라를 구한 구국의 영웅이 되어 구겨진 명예를 회복하는 것은 물론, 김영삼 시절 선고받았던 사형 판결의 재심을 청구할 수도 있을 것이다. 하지만 그들마저 왜 그토록 이 문제를 밝히는 데 소극적인 걸까?

아무리 생각해 봐도 퍼즐이 맞춰지지 않는 일이다. 대체 5.18에 무슨 비밀이 숨어 있기에, 이 역사적 사건을 둘러싼 모든 집단의 행동과 처신이 하나같이 이해할 수 없는 것들 투성일까?

제 2 장 현대사 최고의 비밀을 찾아서 역사 속으로

현대사의 내막에 의문을 갖게 된 동기와 시발점

5.18 의 비밀은 그 전에 있었던 전두환의 12.12 군사반란 및 10.26 박정희 대통령 시해와 맞물려 있다. 지금부터 38 년 전인 1979 년 10 월 26 일, 대한민국 국민들은 세계사의 한 획을 그은 위대한 인물을 잃고 말았다. 바로 이날, 박정희 대통령은 김재규가 쏜 흉탄을 가슴과 머리에 맞고 세상을 떠났다.

박정희라는 인물이 남긴 족적은 단지 대한민국의 경제발전에 그치지 않는다. 그는 동족상잔의 전쟁으로 잿더미가 된 국토 속에서 희망을 잃고 살아가던 세계 최악의 빈곤국을 세계 10 위의 경제대국으로 우뚝 서게 만들어 수많은 저개발국에게 가난을 벗어날 수 있다는 희망의 빛을 선사했다. 말레이시아의 마하티르, 싱가포르의 리콴유, 중국의 등소평, 대만의 이등휘 등 무수히 많은 전 세계의 지도자들이 박정희의 개발방식을 따라 경제를 부흥시켰고, 지금도 경제개발을 꿈꾸는 수많은 저개발국이 박정희의 모델을 따르고 있다.

여기에서 10.26 사태를 다시 한 번 조명해 보자. 10.26 은 과연 한 시대를 이끌던 거인이 사망한 과거의 사건일 뿐일까?

박정희 대통령이 궁정동 안가에서 당시 중앙정보부장이었던 김재규의 총탄에 의해 사망했다는 사실은 누구나 알고 있는 사실이다. 하지만 그의 죽음이 아무런 의혹 없이 밝혀졌다고 볼 수 있을까?

당시 보안사령관 겸 합동수사본부장 전두환이 시해의 모든 과정과 동기를 밝혀냈고, 시해에 직접 가담했던 사람들은 모두 형장의 이슬로 사라졌다는 것이 일반적인 인식이다. 하지만 돌이켜 생각해 보면 10.26 의 전모는 아직까지도 알쏭달쏭하다.

필자가 10.26 당시의 한국 현대사에 의혹을 갖게 된 결정적인 계기는 전두환을 비롯한 5 공 세력들이 5.18 북한군 침투설을 달갑게 생각하고 있지 않다는 J 모 박사의 글을 접하고부터였다. J 모 씨의 글에 따르면, 5 공 세력은 이상하게도 5.18 북한 특수군 침투의 진실이 밝혀지는 것을 꺼리고 있었다. 게다가 5 공 세력의 핵심인물이었던 장세동이 J 모 씨를 만나 '쓸데없는 짓 하지 말라'며 진실규명을 막으려 했다는 글을 읽고서 이러한 의문은 더욱 증폭되기 시작했다.

앞서 설명한 것처럼 필자는 5.18 당시 장갑차 위에서 석면 장갑을 끼고 총열을 만지고 있는 북한특수부대원 '광수'의 존재를 북한 5.18 기념식의 사진과 대조해 5.18 북한군 침투설의 명확한 근거를 밝힌 바 있다. 이처럼 명백한 제 1 광수의 사진이 공개된 다음에도 전두환은 북한군 침투설을 줄곧 부인해 오다가 최근에 발간한 자서전에서야 겨우 인정하고 있다. 하지만 뭔가 숨기고 싶은데 마지못해 인정하는 듯, 아주 적은 페이지만을 할애하고 있는 점이 수상쩍다. 그 내용 또한 'J 모 씨의 말이 맞는 것 같고, 나는 당시에 알 수가 없었다'는 내용이 전부다. 세상이 뒤집히고도 남을 막중한 진실, 자신의 모든 불명예를 벗어던질 수 있는 엄청난 진실을 두고서 이처럼 소극적으로 어물쩍 넘어가려는 듯한 태도에서 뭔가 냄새가 난다는 사실을 감지할 수 있다. 최근 5.18 단체들은 이 내용이 허위 사실이라며 출판금지 가처분을 신청했고, 전두환 측은 해당 부분을 지우고 출판했다. 하지만 이러한 움직임이 서로 잘 짜고 치는 고스톱으로 보이는 이유는 무엇일까? 왜 전두환은 결정적인 명예회복의 계기가 될 수 있는 사안을 처음부터 모르쇠로 일관했고, 지금에 와서야 마지못해 인정하는 듯 알쏭달쏭한 태도를 보이고 있을까?

표면적으로 보면 5.18 의 가장 큰 피해자는 전두환이라 할 수 있다. 5.18 을 [민주화운동]이라고 주장하는 사람들을 비롯해 대부분의 국민들은 5.18 의 원흉을 전두환이라고 생각하고 있다. 심지어 이들은 전두환을 살인마라고 부르며 증오심을 표출한다.

하지만 다른 한쪽에서는 전두환은 5.18 과 별 관련이 없다고 주장한다. 이들은 5.18 당시 전두환은 합동수사본부장으로 직접적인 지휘선상에 있지 않았다는 점을 근거로 든다. 따라서 5.18은 전두환과 그다지 관련이 없으며, 최규하 대통령이 진압을 재가했고 계엄사령관 이희성을 비롯한 정상적인 지휘계통의 명령에 따라 진압작전이 시행되었다는 것이다. 어떤 주장을 따르더라도, 전두환과 5공 세력들은 억울한 누명을 벗는데 앞장서는 것이 상식적이다. 그런데 무엇이 그들을 침묵하도록 만들었을까?

한 가지 사실에 의문이 들기 시작하면서 의혹은 꼬리에 꼬리를 물고 떠오른다.

전두환은 당시 육군 소장이었다. 썩 높지 않은 계급의 전두환이 10.26 사건 이후 갑자기 정권의 실세로 떠오르게 된 계기는 무엇일까?

왜 최규하 대통령은 1979년 12월 6일, 권한대행의 딱지를 떼고 유신헌법이 정한 절차에 따라 통일주체국민회의에서 대통령으로 선출되었는데도, 5년 가까이 남아 있던 임기를 마치지 않고 스스로 자리에서 물러나 전두환에게 대통령 자리를 물려주었을까?

정치에 미련이 없어 하야하는 것이었다면, 왜 최규하 대통령의 부인 홍기 여사는 전두환의 취임식장에서 원망스런 눈초리로 전두환을 노려보았고, 전 세계의 TV로 생중계가 되고 있는 것을 빤히 알면서도 악수를 청하는 이순자 여사의 손을 매몰차게 뿌리쳤을까?

최규하가 전두환의 협박에 따라 강제로 대통령 자리를 내놓은 것이라면, 대체 무엇을 가지고 협박했기에 그토록 꼼짝 못하고 물러났던 것일까? '전두환이 권총을 들이대며 협박했다.'는 말도 있지만, 전두환이 정신병자가 아닌 이상에야 현직 대통령에게 권총을 들이대고 강제로 대통령 자리를 내놓으라고 협박한다는 게 상식적으로 가능한 일일까?

1995년, 김영삼이 전두환, 노태우를 5.18 사태의 주범으로 기소하라고 지시하면서 10.26 사태 당시의 모든 비밀을 밝혀도 되는 상황이었다. 당시 대통령이었던 최규하에게 모든 상황을 밝혀달라는 여론이 비등했지만, 최규하는 끝까지 절대로 밝힐 수 없다는 기자회견을 하며 침묵을 지켰다. 모든 것을 밝혀도 될 마당에 끝까지 밝힐 수 없었던 그 진실은 무엇이었을까? 왜 그는 남들이 흔히 남기는 자서전 하나도 남기지 않고, 끝까지 침묵을 지키다 세상을 떠난 것일까?

최규하 대통령뿐만 아니라, 왜 당시의 정부 여당은 전두환의 개헌과 체육관 선거를 아무런 저항 없이 받아들였을까?

전두환은 권력에 대한 집착이 상상을 초월했던 인물이다. 그는 미얀마(당시 버마)의 정권 실세인 네윈 장군으로부터 장기집권의 비결을 전수받기 위해 미얀마를 방문했고, 이 당시 북괴가 기도했던 아웅산 테러로 16명의 아까운 인재를 잃었다. 실제로 그는 당시 네윈으로부터 전수받은 비법을 실행으로 옮겨 현재의 세종연구소로 이용되고 있는 일해재단까지 만들어 놓았다. 이토록 권력의 화신이었던 그가, 대체 무슨 일이 있었기에 이 모든 것을 포기하고 노태우의 6.29 선언을 수용하고 모든 권력에서 물러난 것일까?

의문은 갈수록 꼬리에 꼬리를 문다. 1987년 6월 28일 24:00를 기해 수도방위사령부의 주도 하에 반정부세력을 검거하려던 작전은 모든 준비를 마친 상태였다. 하지만 작전 시간을 몇 시간 앞두고 전두환의 동기생이자 여당 총재였던 노태우가 대통령과 독대를 신청한다. 두 사람의 대화가 끝나자마자 갑자기 작전이 취소되고, 바로 다음 날 노태우는 6.29 선언을 하게 된다.

혹자는 노태우의 설득에 따라 전두환이 통 큰 결심을 하게 되었다고 말한다. 하지만 [민주화세력]들과 어울리는 노태우를 심히 못마땅하게 생각하던 전두환이 과연 위수령을 몇 시간 앞둔 상황에서 노태우의 말에 설득당하고, 갑자기 긍휼한 마음이 들어 그 동안의 야심찬 계획을 포기했을까?

만약 노태우의 설득에 따라 할 수 없이 장기집권을 포기했다면, 전두환으로 하여금 모든 것을 포기하도록 만들었던 구체적인 대화의 내용은 무엇이었을까?

6.29 선언 이후 전두환은 모든 실권을 포기하고 노태우의 주도로 정국이 흘러갔다. 과연 전두환은 무엇이 두려워서 그 동안 계획했던 모든 권력의 끈을 놓아버리고, 이렇게까지 노태우에게 끌려갈 수밖에 없었던 것일까?

1987년 10월 29일 개정한 제6공화국 헌법은 2016~17년 박근혜 대통령 탄핵 사태에서 명백히 드러난 바처럼 국회의원 200명과 헌법재판소 재판관 6명이 작당하면 대통령을 마음대로 끌어내릴 수 있는 헌법이었다. 전두환이 자신의 꼭두각시를 대통령으로 내세워 상왕 노릇을 하려 했다면, 이러한 헌법은 그로서는 도저히 받아들이기 어려운 치명적인 약점을 가진 헌법이었던 것이다. 권력의 화신인 전두환의 입장에서 도저히 받아들이기 어려운 이러한 헌법 초안을 누가 작성했고, 왜 전두환과 노태우는 아무런 이의를 제기하지 않고 이 초안을 수용하고 개정 헌법을 공포했을까?

의문은 증폭되기 시작한다. 87년 개정 헌법에 의한 대통령 선거 당시, 선거에 동원된 막대한 선거자금의 출처는 어디일까?

당시 대통령 선거에서는 선거유세마다 수백 대씩의 차량을 이용해 군중을 동원하고, 개인 당 3만원을 지급하고 점심까지 대접했다. 이 돈을 모두 합해 보면 수천억 원~수조 원에 이를 것으로 추산된다. 여당 후보였던 노태우는 전두환이 모아 놓은 비자금을 이용했다고 설명하더라도, 김영삼과 김대중이 동원한 돈은 의문이 생기지 않을 수 없다.

'정치자금은 한 푼도 안 받았다.'던 김영삼의 말대로 부친인 김홍조씨가 멸치 판 돈으로 막대한 금액의 김영삼의 선거자금을 대 주었을까?

왜 노태우는 대통령 임기 내내 '물태우'란 별명이 붙을 정도로 옴짝달싹 못하고 모든 국정 운영을 [민주화세력]들에게 질질 끌려갔을까?

왜 노태우는 자신의 발목을 잡힐 5공 청문회와 5.18 청문회를 열어 민주화세력이 신군부 세력을 초토화시키는 것을 지켜보고만 있었을까?

왜 이들은 김영삼 집권 이후에도 계속되었던 5, 6공 청산작업 앞에서 그토록 무기력하게 초토화 되었을까?

왜 5공 세력들은 5.18 북한군 침투설에 침묵하며 오히려 이에 대한 진실 규명을 막으려 하는 걸까?

이 나라의 생일(건국기념일)은 언제이고, 지금 이 나라를 건국한 아버지(국부國父)는 누구이며, 어머니 격인 국가이념國家理念은 무엇일까? 현재 정권을 잡은 세력은 1948년 8월 15일이라는 대한민국의 건국일을 부정하고 임시정부 수립일로 건국일을 주장하기 위해 온갖 발악을 하고 있다. 이들은 건국의 아버지 이승만을 부정하고, 여당 대표라는 여자는 토지의 국가 소유를 언급하며 대놓고 공산주의를 예찬하고 자유민주주의 이념을 부정하려 들고 있다.

왜 이들은 아버지를 헐뜯고, 어머니를 부정하며, 스스로 패륜아가 되지 못해 안달하는 것일까?

나는 어느 나라 사람이며, 나의 뿌리는 무엇일까?

왜? 왜? 왜? 왜? 왜?......................

끝없이 반복되는 왜? 라는 의혹을 앞에 두고 어느 한 가지라도 명쾌하게 대답할 수 있는 사람은 누구일까?

이 불가사의한 퍼즐의 열쇠를 어디에서부터 찾아야 할까?

우리는 혹시 18년간 절대 권력을 행사하며 전 세계 최빈국을 경제대국으로 들어 올린 작은 거인의 죽음을 너무나 단순하게 생각하는 것은 아닐까?

모든 의혹을 풀 수 있는 실마리가, 그리고 오늘의 불행을 잉태한 씨앗이 그의 죽음으로부터 연유한 것은 아닐까?

역사의 갈림길이 된 한밤의 독대

1987년 6월 28일 오후 열 시 경, 어둠이 깔린 대통령의 집무실에서는 두 사람이 마주앉아 심각한 대화를 나누고 있었다.

전두환과 노태우, 한 사람은 임기 만료가 다가오는 대통령이었고, 다른 한 사람은 여당(당시 민주정의당)의 총재이자 유력한 차기 대통령 후보였다.

두 사람의 대화에는 묘한 긴장감이 흘렀다. 서로 흥분해 언성을 높이다가도, 조용히 소리를 낮추고 은밀히 소곤거렸다. 두 사람은 그 누구와도 나눌 수 없는 비밀을 이야기하는 듯 보였다.

대통령의 목소리에는 화가 실려 있었다. 하지만 그와 동시에 하얗게 질려 있는 그의 낯빛을 보면 무언가 대단히 심각한 위기가 닥쳐왔다는 것을 감지할 수 있었다. 대통령의 동기이면서도 영원한 2인자였던 노태우는 이런 대통령의 눈을 차마 그대로 응시하지 못한 채 목소리를 바르르 떨고 있었다.

"알면서도 어쩔 수 없었네. 그 길만이 우리가 살 수 있는 길이기에 어쩔 수 없이 그들에게 협조해야만 했네."

그 시각, 청와대에서 4km 떨어진 필동의 수도방위사령부 건물은 칠흑 같은 어둠에 싸여 있었다. '등화관제' - 80년대를 살아본 사람들에게는 익숙한 용어이리라. 불빛에마저 서슬 퍼런 명령을 내린 듯, 한줄기 빛도 새어나오지 않는 철저한 보안 속에 사령부는 두세 시간 후 떨어질 명령을 앞두고 작전 계획을 점검하느라 여념이 없었다.

자정이 되는 즉시, 그 동안 민주화라는 이름으로 온 나라를 혼란에 빠트렸던 야당 지도자들과 운동권 학생들은 일망타진될 것이다. 이 작전을 위해 사령부는 오랜 시간을 준비해 왔다. '충정작전' - 예하부대들이 사령부의 명령에 따라 준비해 온 시위진압훈련이다. 이 작전의 행동요령은 매우 간단하다. 시위자들의 쇄골을 충정봉이라 불리는 참나무 몽둥이로 후려쳐 꼼짝 못하게 만든 다음, 2인 1조로 이들을 끌어내 철망으로 둘러싸인 닭장차에 집어넣으면 된다.

진압 명령을 수행해야 할 병사들 또한 대학생이었다. 이들이 또래 친구들에 대한 진압을 망설이지 않도록 바짝 독이 오르게 만들어야 했다. 외출과 외박을 일체 금지시키고, 한밤중까지 녹초가 되도록 충정봉을 휘두르게 하니 이들의 신경은 곤두설 대로 곤두서 있었다. 그들은 이제 어떤 시위대를 만나더라도 주저 없이 독기를 뿜어낼 수 있을 것 같았다. 각 참모부서 또한 후속 조치를 위한 완벽한 계획을 수립하고 있었다. 이렇게 일망타진된 대학생들은 각 대학교에 설치할 임시수용시설에 감금될 것이다. 대한통운의 화물차를 동원하고, 이 화물차로 철조망자재를 운반해 수용시설을 설치한다. 한전이 보유한 목전주를 이용해 감시탑을 세우고, 군수물자로 보관중인 군용텐트로 숙소를 만들면 모든 준비는 완벽히 끝난다.

사령부 지하의 상황실에서는 상황장교가 전화통을 붙잡고 부대별 출동예정 인원을 보고받고 있었다. 경찰청 소속의 최창혁 경사는 상황장교가 신경질을 부리는 모습을 보면서도 지금 상황에 영 집중하기가 어려웠다. 며칠 전에 목격했던 충격적인 광경이 계속 머리 속에서 아른거렸기 때문이다.

원래 경찰특공대에서 근무하던 그는 수도방위사령부의 작전을 돕기 위해 파견을 나와 있었다. 그는 경찰청 연락관이었으나, 요즘에는 불순세력으로 불리는 운동권 학생들의 소재를 파악해 그 위치를 제공해 주고 있었다. 최근 사령부에서는 머리 짧은 군인들이 사복을 입고 돌아다니면 너무 티가 난다는 이유로 경찰 특공대를 상대로 병력 지원을 요청했다.

그는 이렇게 파견된 경찰 특공대의 지원 병력을 통제하고 있었다. 그의 소속은 경찰청이지만, 매일 수도방위사령부 상황실로 출근하다 보니 수도방위사령부가 제공한 하사관 아파트로 한동안 거처를 옮긴 상태였다. 그는 출근하는 즉시 경찰청 요원들과 함께 대학가에 잠입했고, 대학가 주변을 맴돌며 민주화세력들의 아지트를 파악해 사령부에 그 위치를 바로바로 전달했다.

며칠 전 그가 운동권 학생들의 아지트에서 목격한 충격적인 장면은 머리 속을 떠나지 않았다. 그는 평소와 같이 어느 대학교 주변의 하숙촌을 기웃거리다가 한 여학생을 자신의 동생으로 착각하고 뒤를 밟아보았다. 그녀가 들어간 장소는 운동권 학생들의 비밀 합숙 훈련 장소였다. 몰래 숨어 엿보던 중, 그는 너무나 충격적인 장면을 목격하고 말았다. 이십 여 명의 남녀 대학생들이 지도원의 지시가 떨어지자 모두들 옷을 벗기 시작했다. 어느새 그들은 완전히 벌거벗은 다음, 나체로 모여 앉아 금지된 책을 돌아가면서 낭독했다.

그는 이곳의 위치만 파악해 사령부에 보고하고, 또 다른 장소를 탐색해야 했다. 하지만 자신의 여동생과 너무 닮은 한 여학생이 한쪽 구석에 나체로 앉아 있는 모습을 보고 도무지 그냥 지나칠 수가 없었다.

그는 '너희들 지금 뭐 하는 거야!'라고 소리치며 방으로 난입해 이 학생들의 따귀를 걷어 올렸다. '당장 옷 입지 못해!'라고 소리치고 나서 그들이 옷을 다 입을 때까지 고개를 돌려야 했다. 그는 학생들을 한 줄로 세워 서슬 퍼렇게 나무란 다음, 당장 집으로 돌아가라고 꾸짖었다. 원칙대로라면 그는 이들의 명단을 파악해 학교에 통보하고 제적조치를 요구해야 했다. 하지만 자신의 여동생을 빼닮은 여학생을 보고 차마 그렇게 할 수가 없어 아무런 추가 조치도 취하지 않고 이들을 집으로 돌려보냈다.

이들을 그대로 두었으면 이 방에서 어떤 일이 벌어졌을까? 틀림없이 총경이 말해주었던 충격적인 장면이 재현되었을 것이다.

며칠 전, 대공 부서에서만 30 여년을 근무했다는 이 총경은 수도방위사령부 작전에 파견된 병력들을 상대로 놀라운 사실을 말해주었다. 그의 말에 따르면, 이 대학생들은 노동 현장을 혁명의 장으로 계도하기 위해 기업체에 위장 취업을 하고 있었다. 하지만 취업하기 이전에 반드시 거쳐야 할 통과의례가 있다. 수치심을 없앤다는 명분으로 남녀가 벌거벗고 김일성 주체사상을 학습하며, 떼로 모여 성행위를 하는 장면을 사진과 비디오카메라로 찍어야 한다. 이 사진과 비디오는 서로 이탈하지 못하도록 감시하는 수단이 된다는 것이다.

이 말이 생각난 그는 학생들을 집으로 돌려보내기 전에 그들의 소지품을 수색했다. 아니나 다를까 총경의 말대로 필름과 비디오테이프가 발견되었다. 그는 이 필름과 테이프들을 압수했지만, 동생을 빼어 닮은 여학생의 앞날이 어떻게 될지 생각하니 도무지 이 자료를 윗선에 넘길 수가 없었다. 그는 필름과 테이프를 발로 짓밟아 망가뜨린 다음 골목 구석에 놓인 쓰레기통에 던져 버렸다.

그는 황망한 정신을 가다듬기 위해 담배를 피워 물었다. 마음이 다소 안정되자 그의 머리에는 다음과 같은 생각이 떠올랐다. 대체 누가 이런 무서운 일을 주도하는 걸까? 대체 누가, 어떤 목적을 위해 어린 학생들을 상대로 이처럼 끔찍한 일을 벌이는 걸까?

대학에 갓 입학한 앳된 모습의 그 여학생은 미국의 제국주의 식민지로부터 조국을 해방시켜야 한다는 주사파들의 거짓 선동에 넘어갔다. 이내 그녀는 각 학교 학생회를 장악한 주사파 핵심 세력들에게 포섭되었고, 수령님의 충직한 혁명 전사로 살아가기 위해 모든 수치심을 없애야 했다. 그녀의 인생은 평양 정찰총국이 원격 조종하는 일종의 '설정값'으로 전락했던 것이다.

그녀는 주사파 남학생 선배들에게 수십 차례 순결을 짓밟히며 몸을 망가뜨린 후에야 기업체에 위장 취업을 할 수 있었다. 달달 외우다시피 한 주체사상 이론을 풀어내고, 직업여성처럼 능수능란해진 자신의 몸까지 이용하면 노동조합의 수뇌부를 포섭하기란 누워서 떡먹기에 가까웠다. 이렇게 포섭한 그들은 옴짝달싹 못하고 주사파 세력들의 충실한 노예가 된다. 주사파 세력이 지시하는 대로 언제든

파업을 일으킬 테고, 사회 혼란을 조장할 만반의 준비를 갖춘 수령님의 전사로 거듭난 것이다.

주머니가 넉넉지 못한 공단 근로자들로서는 기껏해야 싸구려 술집의 작부를 상대로 몸을 풀거나, 이른바 '공순이'와 눈이 맞기만을 오매불망하는 처지였다. 이런 그들로서는 감히 꿈도 꾸지 못하던 앳된 여대생들이 업주들의 착취로부터 자신들의 처지를 개선해 주기 위해 스스로 거친 노동현장에 들어오고, 평소에 상상조차 못했던 엄청난 진실(?)을 가르쳐 준 것에 감격했다. 심지어 달콤한 사랑의 말을 속삭이며 화려한 밤 기술로 혼을 빼 놓으니 위장 취업 여대생들의 마수에 걸리면 영원히 그들의 노예가 될 수밖에 없었던 것이다.

그 시각, 청와대 집무실에서는 두 사람의 대화가 끝나가고 있었다. 노태우는 조용히 자리에서 일어났다. 그는 망연자실한 듯 두 손으로 머리를 감싸고 있는 대통령을 내려다보며 이렇게 말했다.

"잘 생각했네. 그것만이 자네와 나, 그리고 우리를 믿고 따르던 동료들이 다 같이 살 수 있는 길이네. 이야기한 대로 발표는 내일 아침에 내가 알아서 하겠네."
대통령은 이렇게 반문했다.
"이게 과연 잘하는 짓이라고 생각하나? 정말 그를 믿어도 된다고 생각하나?"
노태우는 이렇게 대꾸했다.
"이 나라의 대통령을 바라보고 이십여 년을 정치권의 정상에서 달려온 사람일세. 그 사람이 철저히 약속한 일이니 염려하지 않아도 될 걸세."

노태우가 문을 닫고 나간 후에도 전두환은 여전히 머리를 감싼 채 그대로 앉아 있었다. 그날 밤 계획된 작전 시간이 째깍째깍 다가왔고, 초조해진 비서는 몇 번이나 슬며시 집무실의 문을 열어 보았다. 하지만 머리를 쥐어 싸맨 대통령은 그 자리에서 움직일 줄을 몰랐다.

그로부터 이십여 분 후, 수도방위사령부 장교들은 작전의 전면 취소를 통보받았다. 수도방위사령부 장교들은 석연치 않은 듯 머리를 갸웃거리며 새벽이 다 되어서야 집으로 돌아갔다.

다음날 모든 국민들은 TV 앞에 앉아 노태우의 6.29 선언에 귀를 기울였다. 이 선언을 들은 모든 국민들은 환호했다. 하지만 그 누가 알았으랴. 이 선언을 있게 한 전날 밤의 독대로 대한민국의 자유민주주의 체제가 사실상 끝나고, 지금 대한민국에서 벌어지고 있는 모든 비극의 씨앗이 이날 밤의 독대에서 비롯되었다는 것을.

대한민국의 자유민주주의 체제는 6월 28일 밤, 두 사람의 독대 이후 사실상 종식되었고 이 땅에는 북괴의 인질로 잡힌 평양 대리 통치 체제의 서막이 올랐다.

※ 6.29 전날 밤의 대화내용과 상세한 행동 등은 정황에 따라 예상되는 내용을 저자 나름대로 구성한 것임

6.29 선언 그리고 이 땅에 꽃 피운 민주화의 바람

친애하는 국민 여러분!

오늘 저는 각계각층이 서로 사랑하고 화합하여 이 나라의 국민임을 자랑스럽게 여기며, 정부 역시 국민들로부터 슬기와 용기와 진정한 힘을 얻을 수 있는 위대한 조국을 건설하기 위해 비장한 각오로 역사와 국민 앞에 서게 되었습니다.

그러면 저의 구상을 주저 없이 말씀드리겠습니다. 이 구상은 대통령각하께 건의를 드릴 작정이며, 당원동지, 그리고 국민 여러분의 뜨거운 뒷받침을 받아 구체적으로 실현시킬 결심입니다.

첫째, 여야합의하에 조속히 대통령 직선제 개헌을 하고 새 헌법에 의한 대통령 선거를 통해 88년 2월 평화적 정부이양을 실현토록 해야겠습니다. 오늘의 이 시점에서 저는 사회적 혼란을 극복하고, 국민적 화해를 이룩하기 위하여 대통령 직선제를 택하지 않을 수 없다는 결론에 이르게 되었습니다. 국민은 나라의 주인이며, 국민의 뜻은 모든 것을 우선하는 것입니다.

둘째, 직선제 개헌이라는 제도의 변경뿐만 아니라, 이의 민주적 실천을 위하여는 자유로운 출마와 공정한 경쟁이 보장되어 국민의 올바른 심판을 받을 수 있는 내용으로 대통령선거법을 개정하여야 한다고 봅니다. 또한 새로운 법에 따라, 선거운동, 투개표과정 등에 있어서 최대한의 공명정대한 선거관리가 이루어져야 합니다.

셋째, 우리 정치권은 물론 모든 분야에 있어서의 반목과 대결이 과감히 제거되어 국민적 화해와 대단결을 도모하여야 합니다. 그러한 의미에서 저는 그 과거의 어떠하였든 간에 김대중씨도 사면, 복권되어야 한다고 생각합니다. 그리고 우리와 우리들 자손의 존립기반인 자유민주주의적 기본질서를 부인한 반국가사범이나 살상, 방화, 파괴 등으로 국기를 흔들었던 극소수를 제외한 모든 시국관련 사범들도 석방되어야 합니다.

넷째, 인간의 존엄성은 더욱 존중되어야 하며 국민 개개인의 기본적 인권은 최대한 신장되어야 합니다. 이번의 개헌에는 민정당이 주장한 구속적부심 전면확대 등 기본권 강화조항이 모두 포함되기를 기대합니다. 또한 정부는 인권침해 사례가 없도록 특별히 유의하여야 하며, 민정당은 변호사회 등 인권단체와의 정기적 회합을 통하여 인권침해 사례의 즉각적 시정과 제도적 개선을 촉구하는 등 실질적 효과거양에 주력하여야 할 것입니다.

다섯째, 언론자유의 창달을 위해 관련제도와 관행을 획기적으로 개선해야 합니다. 아무리 그 의도가 좋더라도, 언론인 대부분의 비판의 표적이 되어온 언론기본법은 시급히 대폭 개정되거나 폐지하여 다른 법률로 대체되어야 할 것입니다. 지방 주재기자를 부활시키고 프레스카드 제도를 폐지하여 지면의 증면 등 언론의 자율성을 최대한 보장하여야 합니다. 정부는 언론을 장악할 수도 없고 장악하려고 시도하여서도 아니됩니다. 언론을 심판할 수 있는 것은 독립된 사법부와 국민임을 다시 한번 상기합니다.

여섯째, 사회 각 부문의 자치와 자율은 최대한 보장되어야 합니다. 각 부문별로 자치와 자율의 확대는 다양하고 균형 있는 사회발전을 이룩하여 국가발전을 이룩하여 국가발전의 원동력이 된다고 믿습니다. 개헌절차에 불구하고 지방의회 구성은 예정대로 순조롭게 진행되어야 하고 시,도 단위 지방의회 구성도 곧이어 구체적으로 검토, 추진하여야 할 것으로 생각됩니다 학문의 전당인 대학의 자율화와 교육자치도 조속히 실현되어야 합니다. 이를 위해 대학의 인사, 예산, 행정에 대한 자율성을 보장하고 입시, 졸업제도도 그와 같은 방향으로 개선해나가야 합니다. 그리고 우수한 많은 학생들이 학비 조달에 큰 어려움이 없도록 관련제도를 보완하고 예산에 반영하여야 할 것입니다.

일곱째, 정당의 건전한 활동이 보장되는 가운데 대화와 타협의 정치풍토가 조속히 마련되어야 합니다. 정당은 국리민복을 위하여 책임 있는 주장이나 정책을 추진함으로써 국민의 정치적 의사를 형성하고 결집하는 민주적 조직체이어야 합니다. 정당이 이러한 목적에 위배되지 않는 건전한 활동을 하는 한, 국가는 이를 보호하고 육성하는 데 진력하여야 할 것입니다.

여덟째, 밝고 맑은 사회건설을 위하여 과감한 사회정화 조치를 강구해야 합니다. 이를 위해 모든 시민이 안심하고 행복한 생활을 누릴 수 있도록 폭력배를 소탕하고 강도, 절도사범을 철저히 단속하는 등 서민생활 침해사범을 척결하고 우리 사회에 잔존하는 고질적인 비리와 모순을 과감히 시정해나가야 합니다. 근거 없는 유언비어가 추방되고 '지역감정'이나 '흑백논리'와 같은 단어들은 영원히 사라져 서로 신뢰하고 사랑할 수 있는 공동체를 만들어야 합니다. 그리하여 온 국민이 안정된 사회환경 속에 안심하여서 자부심을 가지고 활기찬 생활을 할 수 있도록 해야 할 것입니다.

이러한 사항들이 오늘의 난국을 타개하고 위대한 국가로의 전진을 위한 시급한 당면과제하고 생각합니다.

국민 여러분!

역사의 단절이 아니라 지속적 발전을 바라는 여러분의 기대를 등에 업고 역사와 국민을 두려워하는 겸허한 마음으로 오늘 저는 이 제안을 감히 하는 바입니다. 저는 우국충정에서 나온 이 구상이 대통령 각하의 민주정의당 전 당원은 물론이고 국민 모두의 성원으로 꽃피울 수 있게 되리라 확신합니다.

저의 이 기본구상이 받아들여질 경우에는 앞으로 이에 따른 세부 추가사항들이 추진될 것입니다. 만의 일이라도 위의 제안이 관철되지 아니할 경우, 저는 민주정의당 대통령후보와 당 대표위원직을 포함한 모든 공직에서 사퇴할 것임을 아울러 밝혀두는 바입니다.

- 민주정의당 대표 노태우

전날 밤, 작전 명령을 기다리던 수도방위사령부 장교들은 이 선언을 듣고 나서야 역사의 수레바퀴가 멈춘 이유를 알게 되었다. 그들 또한 대통령의 이러한 결정이 동기생을 배려한 통 큰 결단이라고 믿었을 따름이다.

6.29 선언 이후 정국은 정신 없이 돌아가기 시작했다. 모든 국민들은 자신의 손으로 대통령을 뽑을 생각에 흥분을 감추지 못했고, 누구에게 표를 줄지 고민하며 다음 대통령 선거에 대한 이야기로 시간 가는 줄 몰랐다.

이후 정국은 노태우 민정당 총재의 독무대가 된 듯 보였다. 대통령은 통 큰 결단에 책임을 지려는 듯, 전면에 나서지 않고 노태우 총재에게 모든 것을 맡겨두었다. 대통령 직선제를 규정한 새로운 헌법이 마련되었고, 국민들은 더 정의롭고 민주적인 나라를 기대하며 설레는 마음으로 헌법 개정안에 투표했다. 1987년 10월 29일, 전두환 대통령은 10월 27일 국민투표에 붙여져 총유권자 78.2%의 투표와 투표자 93.1%의 찬성으로 확정된 제9차 개정헌법을 공포했다.

모든 국민들은 한껏 들뜬 마음으로 새로운 세상을 기대했다. 그러나 그 누가 알았으랴. 개정헌법의 공포가 바로 이 나라를 악마의 입으로 밀어 넣는 악마와의 계약이었다는 것을.

헌법의 개정과 함께 선거의 열풍이 몰아닥쳤다. 선거는 지나칠 정도로 과열되었다. 유세 현장마다 돈 봉투가 뿌려졌고, 일용직 근로자들은 건설 현장이 아닌 선거 유세장을 기웃거렸다. 이처럼 도를 넘는 금권 선거는 산업계를 거의 마비 지경으로 몰아넣었고, 물가는 감당하기 어려울 정도로 폭등했다.

후보들은 자신의 세를 과시하기 위해 각축전을 벌였고, 서로 질세라 버스를 동원해 유세인력을 실어 나르며 돈 봉투를 뿌려댔다. 특히 호남인들은 최초의 호남 출신 대통령을 뽑겠다는 생각에 흥분을 감추지 못했다. 호남 출신 직장인들은 김대중의 연설이 있는 날이면 직장을 뛰쳐나와 유세에 참여하는 경우도 부지기수였고, 이러다 보니 일반 회사들의 업무 또한 마비될 지경에 이르렀다.

당시 건설노동자의 일당은 만 오천 원 언저리였다. 하지만 선거에 동원되는 인력들에게 3만원이 담긴 돈 봉투를 나누어 준다니 어느 누가 공사판에서 힘들게 일하려 들겠는가. 건설노동자들은 공사판에서 뼈 빠지게 일하고 만 오천 원을 받느니 유세에 참여하고 3만원을 받겠다며 유세현장으로 빠져나가기 시작했다. 당황한 현장소장들은 준공일자를 맞추기 위해 일당을 올려줄 수밖에 없었고, 이러다 보니 만 오천 원하던 일당이 어느새 3만원, 5만원으로 뛰기 시작했고, 결국에는 8~10만원까지 폭등했다.

일당 만 오천 원을 받던 일용직 근로자들은 갑자기 8~10만 원을 받게 되자 마치 벼락부자라도 된 듯한 착각에 빠졌다. 건설노동자들은 하나 둘씩 차를 구입했고, 그들의 출퇴근 복장 역시 양복에 넥타이로 바뀌었다. 그들 모두 공사판에서 일하다가도 오후 5시만 되면 약속한 듯 일을 놓고 샤워를 한 다음 양복 차림으로 유흥업소를 찾았다.

준공일자에 쫓긴 현장소장은 회식을 빌미로 야근을 종용했다. 하지만 콧대가 높아질 대로 높아진 이들은 되려 현장소장을 이렇게 비웃었다. "현장소장이 무슨 돈이 있어서 회식비를 내요? 그냥 내가 한 잔 살 테니 같이 나갑시다." 이들이 혹여 '간조'라 불린 중간수당을 받는 날에는 일을 내팽개치고 가족들과 함께 낚시터를 찾았다. 이들은 신선놀음에 도끼자루 썩는 줄 모르듯 늘어진 팔자를 즐기다가, 돈이 떨어지면 그제야 공사판으로 되돌아왔다.

이런 비정상적인 현상은 제조업 현장에도 영향을 미쳤다. 그들은 임금인상을 요구하며 노동쟁의와 파업을 일삼았다. 이러한 파업을 주도한 세력은 산업 현장에 위장 취업한 운동권 학생들과 그들에게 의식화된 노동자들이었다.

그 당시의 노동계는 노동쟁의를 어떻게 하는지도 몰랐다. 난생 처음 해 보는 노동쟁의이다 보니, 사장을 강당으로 불러다가 팬티바람에 토끼뜀을 뛰게 하는 경우도 있었다. 심지어 삭발을 시키거나 사장의 궁둥이에 '빠따'를 치는 등, 도대체 지금의 상식으로는 상상하기조차 힘든 장면들이 다반사로 일어났다.

이런 수모를 겪다 보니 아예 사업을 접고 부동산 붐에 편승하는 기업주들도 있었다. 또한 한국에서의 기업 활동에 회의를 느낀 일부 기업주들은 해외 이전의 기회만 보다가 후일 한중 수교를 맺은 다음 중국으로 탈출러시를 이루기도 했다.

또한 이 당시부터 지역감정의 골은 회복할 수 없을 정도로 깊어지기 시작했다. 김영삼과 김대중은 야권후보단일화의 약속을 깨고 동시 출마의 길을 걸었다. 호남 사람들과 영남 사람들은 이것을 두고 질세라 서로를 탓하기 시작했.

심지어는 이런 일도 있었다. 한 호남 출신 주유소 직원은 경상도 번호판 차량이 주유기 앞에 정차하자 "슨상님 만세!"를 세 번 외치면 기름을 넣어주겠다고 말했다. 분통이 터진 경상도 운전자는 빈 차로 고속도로를 달리다가 중간에 기름이 바닥나 고속도로 중간에 서 버리는 위험천만한 일을 겪기도 했다. 이처럼 차마 웃지 못할 일들이 수시로 벌어졌고, 두 지역 사람들 사이에 폭력사태도 심심치 않게 일어나는 등 지역감정의 골은 돌이킬 수 없을 정도로 깊어졌다.

이처럼 모든 상황은 국민들의 기대와는 다른 방향으로 흘러가고 있었다. 87년 말의 대한민국은 무엇이 진정한 민주화인지 모르고 자기 멋대로 행동하는 것이 민주화인 양 착각하는 기괴한 세상, 자유와 그에 따른 책임은 생각하지 않고 자신의 권리만을 주장하는 비정상적인 세상으로 변질되고 있었다.

6.29 선언으로부터 이 땅에는 민주화의 꽃이 피기 시작했다. 하지만 그 꽃은 건강하고 향기로운 꽃이 아닌, 독을 품고 있는 악의 꽃이었다.

더욱 소름끼치는 것은 어둠의 세력의 그 누구도 모르게 이 사태를 조종해 왔다는 사실이다.

그날 밤 두 사람이 나눈 비밀대화의 내용은 무엇이었을까?

겉으로 본다면 전두환은 동기생을 배려하기 위해 통 큰 결단을 내렸고, 노태우는 그의 배려에 힘입어 국민 투표에 의한 민주적 정당성까지 확보하며 차기 대통령에 당선되었다.

이는 다른 데서 좀처럼 찾아보기 힘든 훌륭한 미담이다. 이를 생각하면, 두 사람 사이는 더할 나위 없이 끈끈해야 하는 것이 당연하다. 하지만 이상하게도 두 사람의 사이는 날이 갈수록 삐걱댔고, 그 이후 전두환은 전혀 힘을 쓰지 못한 채 일방적으로 당하는 것처럼 보였다.

전두환은 "땡전"이란 별명이 붙을 정도로 권위주의적인 인물이었다. 그는 버마의 네윈 장군으로부터 장기집권의 묘책을 배우기 위해 당초 계획에도 없던 버마 방문을 강행하기도 했다. 그는 이 와중에 아웅산 묘소에서 테러를 당해 기라성같은 아까운 인재들을 잃었다. 하지만 전두환은 이토록 엄청난 참사를 겪으면서도 끝내 장기집권의 희망을 놓지 않았다.

불과 1년 후 진행된 5공 청문회에서 밝혀진 사실이지만, 전두환은 버마의 네윈 장군을 선례로 삼아 퇴임 후에도 상왕 노릇을 하기 위해 일해 재단을 설립했고, 지금의 세종연구소 자리에 일해재단 사옥마저 건립해 놓았다. 게다가 최근에 발간된 〈전두환 회고록〉에는 동기생인 노태우의 배신을 원망하는 감정이 절절이 표현되어 있다. 이런 사정을 종합해 보면 전두환이 동기생을 위해 통 큰 양보를 했다는 것은 어불성설임을 알 수 있다.

권력욕의 화신이었던 전두환에게는 너무나 어울리지 않은 시나리오가 펼쳐지고 있었다. 그렇다면 1987년 6월 28일 밤, 전두환과 노태우 두 사람 사이에는 어떤 대화가 오갔던 것일까? '노태우가 전두환의 약점을 갖고 협박했다'는 것이 전두환이 밟았던 행보를 논리적으로 설명해 줄 유일한 해답이다. 그렇다면 전두환이 그 정도로 꼼짝 못할 수밖에 없었던 약점은 무엇이었을까?

당시 상황을 종합해 보면, 그 약점은 분명 10.26이나 5.18과 관련된 비밀이었다고 추리할 수 있다. 훗날 노태우마저 김영삼으로부터 팽을 당해 사형선고를 받고 구속된 것을 보면 이러한 추론의 신빙성은 더욱 배가된다. 특히 5.18이야말로 전두환의 치명적인 약점이 담긴 대한민국 현대사의 가장 큰 비극이었다. 하지만 5.18이 과연 우리가 알고 있는 것처럼 광주 시민들이 총기를 들고 일어난 민주화 운동이었고, 공수부대가 총칼로 광주 시민을 진압한 사건이었을까? 만일 그렇다면 전두환은 노태우와의 독대 자리에서 이 사실을 전혀 두려워할 이유가 없었다. 당시 제도권의 역사적 인식에 따르면 광주사태는 민주화 운동이 아닌 총기를 들고 일어난 폭동에 불과했고, 계엄군이 이를 진압한 조치는 지극히 정당했기 때문이다.

그렇다면 전두환이 노태우의 협박에 꼼짝 없이 따를 수밖에 없었던 5.18에 얽힌 비밀은 과연 무엇일까?

전두환이 정치권의 중심으로 들어서게 된 계기

전두환이라는 이름 석 자는 언제 세상에 알려졌고, 그의 이름이 알려지게 된 계기는 무엇일까? 10.26 사태로 박정희 대통령이 세상을 떠난 후, 당시 보안사령관이었던 전두환은 합동수사본부를 지휘하게 된다. 그는 11월 6일, 박정희 대통령 시해 사건의 전모를 발표했고, 그를 TV에서 본 국민들의 머리에는 전두환이라는 인물이 점차 각인되기 시작한다. 곧이어 그는 12.12 사태를 일으켜 군을 완전히 장악했고, 6개월 후 일어났던 5.18 광주사태를 진압한 이후 대통령의 자리에 오르게 된다.

전두환은 지금까지도 극단적인 두 가지 평가를 오고 가는 인물이다. 한 쪽에서는 권력을 잡기 위해 수많은 국민들을 학살한 살인마라고 평가하는 반면, 다른 한 쪽에서는 백척간두의 위기에 처한 국가를 구한 영웅이라고 평가한다.

그의 참모습은 과연 무엇일까?

레오나르도 다빈치의 '최후의 만찬'과 관련해 전해오는 유명한 이야기가 있다. 레오나르도 다빈치는 최후의 만찬을 그리기 위해 예수의 모델을 찾아 나섰다. 그는 가장 순수하고 성스러운 분위기를 풍기는 한 청년을 찾아내 예수의 모습을 완성할 수 있었다. 이후 다른 제자들의 모습을 완성하고 마지막 남은 가롯 유다의 모델을 찾아 나서기까지 7년의 세월이 흘렀다. 그는 마침내 가장 사악하고 추한 모습의 사형수를 감옥에서 발견하고 그 사형수를 모델로 삼아 유다의 모습을 완성할 수 있었다. 그림을 완성하는 날, 사형수는 다빈치에게 이렇게 물어보았다. '날 기억하지 못하겠소?' 다빈치는 아무리 생각해 보아도 기억이 나지 않아 이렇게 되물었다. '모르겠소. 날 본 적이 있소?' 사형수는 놀랍게도 이렇게 대꾸했다. '당신이 7년 전 예수를 그렸던 모델이 바로 나요!'

이 이야기가 실화인지 아닌지는 모르지만, 우리들에게 두 가지 교훈을 시사한다. 하나는 같은 사람이라도 처한 환경에 따라 모습이 달라진다는 것이고, 다른 하나는 같은 대상이라도 선입견에 따라 다르게 보인다는 것이다.

전두환에 대한 평가 또한 5.18로 피해를 입었던 광주 시민들과, 그렇지 않은 사람들은 완전히 다른 시각을 가질 수 있다. 그 당시 권력을 잡고 있던 세력들 또한 마찬가지다. 따라서 전두환을 객관적으로 평가하려면 그를 둘러싼 모든 편견과 수사 기록상에 나타난 판단의 편린을 배제한 채, 당시의 객관적인 상황과 수사기록 상에 있는 객관적인 사실만을 근거로 판단할 필요가 있다.

전두환이 정치에 발을 들인 것은 5.16 혁명 이후 하나회의 전신인 일심회를 조직해 5.16 지지선언을 하면서부터였다. 10.26 당시 그의 계급은 육군 소장이었고, 보안사령관의 직책을 맡고 있었다. 〈한겨레신문〉이 신군부 세력이 직접 작성한 《5공전사》를 입수해 보도한 내용에 따르면, 전두환은 10.26 사태가 일어난 지 불과 1주일 후에 12.12 사태를 일으켜 군을 장악하고자 결심했었다고 한다.[3]

그가 12.12라는 엄청난 사건을 일으켜야겠다고 그토록 빠른 시간 내에 결심했다면, 그렇게 빠른 결단을 내릴 수 있었던 내막은 무엇일까? 12.12 사태 이후 그는 초고속으로 대통령이 되기 위한 행보를 밟게 된다. 그렇다면 여기에서 한 가지 추리가 가능하다. 그는 10.26 사태를 조사하는 과정 또는 사태 이전에 10.26 사태의 내막을 알게 되었고, 이 엄청난 내막을 이용한다면 충분히 최규하를 대통령에서 끌어내리고 자신이 대통령이 될 수 있다는 확신에 차 거사를 벌였다는 것이다.

10월 27일, 김재규를 체포한 육군본부에서는 사건을 조사하는 합동수사본부가 설치되고 전두환은 합동수사본부장의 자리를 꿰차게 된다. 당시 그 누구도 전두환이 이 자리를 맡는 데 이의를 제기하지 않았다. 당시 전두환이 합동수사본부장의 자리를 차지하게 된 것은 세간의 말 그대로 최규하 대통령이 전두환을 신임해서였을까? 당시 사태를 조사한 전문가들은 대부분 그렇게 말하고 있으며, 전두환 또한 자서전에서 그렇게 언급하고 있다. 하지만 이러한 해석이 말이 되지 않는 것은 10.26 이후 최규하 대통령과 전두환이 지속적으로 서로를 견제하는 듯한 분위기를 풍겼다는 사실이다. 오히려 최규하 대통령이 어쩔 수 없이 전두환에게 줄곧 끌려가는 형국이었다. 정치에 염증이 나서 하야한다던 최규하 대통령의 말 또

---

[3] http://www.hani.co.kr/arti/politics/politics_general/791801.html

한 미심쩍은 것은 마찬가지다. 취임식장에서 최규하 대통령의 부인 홍기여사는 왜 이순자 여사의 손을 그렇게 매몰차게 뿌리쳤던 것일까?

제 3 장 10.26 사건의 재조명, 대통령 시해사건의 숨겨진 진실
박정희 대통령 시해사건에 대한 합수부장 전두환의 사건전모 발표내용

지금으로부터 계엄사 합동 수사 본부장 육군소장 전두환께서 박대통령 시해사건에 관한 중간 발표를 하시겠습니다. 금번 대통령 각하의 충격적인 사고로 전 국민이 마음 아프게 생각하시고 또한 국민들이 궁금하게 생각하시기 때문에 박대통령 시해 사건의 중간발표를 하겠습니다. 김재규의 박내통령 시해 사건에 대한 계엄사 합동수사본부의 수사 내용을 다음과 같이 중간 발표한다. 지난 10 월 26 일 19 시 50 분경 서울특별시 종로구 궁정동 소재 중앙정보부 식당에서 빚어진 역사적인 비극의 발단은 김재규가 은연중 계획하에 자행된 범행이었음이 수사결과 드러났다. 합동수사본부가 수사한 바에 의하면 김재규는 평소 대통령께 건의하는 정책에 대해서 불신을 받아왔고 자신의 모든 보고나 건의가 차지철 경호실장에 의하여 제동을 당하였을 뿐 아니라 평소에 개인적인 감정으로 양인의 감정 대립이 격화되어 있었고 업무 집행상의 무능으로 수 차례 걸쳐 대통령으로부터 질책을 받았으며 이로 인하여 최근 요직 개편설에 따라 자신의 인책해임을 우려한 나머지 범행을 저지른 것으로 밝혀졌다. 10 월 26 일 16 시 30 분경 차경호실장으로부터 중앙정보부 식당에 대통령께서 가실 것이라는 연락을 받고 만찬을 준비하여 동일 18 시 20 분경부터 대통령, 김비서실장, 차경호실장과 동석하여 만찬을 나누면서 대화중에 차경호실장과 김재규 전 정보부장간의 업무에 관한 심한 의견 충돌로 사전에 계획한 대로 박 대통령과 차실장을 시해키로 결심하고 18 시 50 분경 동실을 나와서 중정의정과장 박선호, 중정부장수행비서관 박홍규에게 "내가 오늘 해치울 테니까 실내에서 총소리가 나면 밖에 있는 경호실 경호관들을 해치워라"

는 임무를 정확히 부여하고 임무를 부여한 김전부장은 이층 집무실로 올라가서 보관 중이던 권총을 오른쪽 허리띠에 꽂고 다시 실내로 들어와서 동석하자 식사를 하지 않고 계속 차실장이 오만불손하게 업무집행에 무능성을 비난하자 묵묵히 듣고 있다가 19시 30분경 동실을 다시 나와 정시 박선호를 불러서 차질없이 준비가 완료되어 있는지 정확히 확인한 후 19시 35분경 다시 입실하여 입실하자마자 소지하였던 권총으로 차지철 경호실장을 향하여 욕설을 퍼부으면서 1발을 발사하고 다시 1발을 대통령께 향하여 발사하고 나서 또다시 양인을 향하여 각각 2발씩 발사하였다. 김재규 전부장이 첫발을 발사하는 총성이 나자 이것을 신호로 전시 박흥규 박선호 중정부장 경호원 이기주 동 유성호 동 김태원 등은 2개조로 나누어 전시 박흥규는 전시 이기주 유성목을 지휘하여 주방에 있던 경호실 경호관 김용태 대통령 운전수 동 김용석 동 박상범을 사살하고 전시 박선호는 전시 김태원과 같이 경호처장 정인용 경호부처장 안재송을 사살함으로서 현장에 있던 대통령 경호원 전원을 사살하였다. 김재규 전부장이 사용한 총은 38구경 리볼바 미제 스미스 웨손 중앙정보부 직원들이 사용한 총도 38구경이고 동인들 중 김태원만 M16을 사용하였는데 M16으로 경호실 직원인 정인연 안재송 김용태 김용섭에 대하여 확인 사살하였다. 동석하였던 비서실장으로부터 이 전모를 제보받은 계엄사령관 정승화 대장은 즉시 범인 김재규를 구속 수사하도록 지시하여 합동수사본부에서 연행 계속 죄상을 수사중에 있다. 현재 구속 수사 중에 있는 사람은 다음과 같고 그 외의 다수 인원도 연행하여 관련성 여부를 철저히 수사 중인 바 그 전모가 밝혀지는 대로 추가 발표한다. 이상입니다.

사건발표에 대한 의문점과 상황의 재구성

당시 TV를 통해 발표된 합동수사본부의 발표내용을 보면 김재규가 대통령을 시해한 명확한 동기가 나타나지 않는다. 정보부장이란 자가 대통령을 시해하는데 아무런 동기도 없이, 단순히 질책을 받고 해임될까봐 두려워 대통령을 시해했다는 것이 말이 되는 소리일까? 해임되는 것이 대통령 시해범으로 사형당하는 것보다 더 두렵다는 말이며, 이는 철없는 초등학생이 꾸중을 들을까 겁이 나 부모를 살해했다는 것과 하나도 다를 바 없는 조악한 논리에 불과하다.

여기에서 당시 합수부의 조사 결과가 조작되었다는 실마리를 소개해 본다. 10.26 사태 당시 현장에는 두 명의 여인이 대동했고, 당시 가수 심수봉 씨와 같이 있었던 신재순 씨는 아래와 같이 증언하고 있다.

"10·26 사건 이후 김재규 중앙정보부장이 차지철 경호실장에게 총을 쏘기 전에 '각하, 이 버러지 같은 놈을 데리고 정치를 하니 올바로 되겠습니까?'라고 말했다고 법정에서 진술했습니다. **이는 보안대(당시 계엄사 합동수사본부를 그는 이렇게 표현했다)에서 시켜서 한 말입니다. 시키는 대로 해야 할 것 같았어요. 94년에 출간한 자전적 소설 『그곳에 그녀가 있었네』에도 한결같이 주장했었지만 사실이 아닙니다.** 조사 과정에서 요원들은 '함께 자리했던 심수봉이 그렇게 이야기했는데 너는 왜 다르게 이야기하느냐'며 다그쳤고 지속적으로 세뇌시켰습니다. 나중에는 나 자신조차 어느 게 진실인지 혼란스러울 정도였습니다. 그 발언이 왜 그렇게 중요한지는 지금도 모르겠습니다."[4]

한편, 당시 현장에 있었던 가수 심수봉 씨 또한 1994년도에 기자회견을 열어 이렇게 증언하고 있다.

---

[4] LA 중앙일보 발행 2011/10/21 미주판 1면 "10·26 당시, 난 딸 둔 이혼녀였다"

● 앵커: 회고록을 통해 1026 박정희 대통령 시해사건을 증언한 가수 심수봉씨가 오늘 서울 프레스 센터에서 자신의 목격 사실과 관련해 기자 회견을 가졌습니다.

심 씨는 당시 합수부의 수사 발표내용 일부가 날조된 것이라고 주장했습니다.

보도에 사회부 양찬승 기자입니다.

● 기자: 역사의 흐름을 바꿔 넣은 1026 사건 당시 사건의 전모는 신군부가 장악한 합동 수사본부의 수사 발표를 통해서만 알려 졌고 이것은 곧 사실로 알려져 왔습니다.

당시 생생한 현장을 목격했던 심수봉씨는 그 동안 밝히지 못했던 날조된 수사 내용을 오늘 폭로했습니다.

합수부의 발표와는 달리 심 씨는 김재규가 이미 사전에 계획한 듯 아무 말 없이 냉정하게 일을 저질렀다고 말했습니다.

● 전두환 (당시 합수부장): 차지철을 쳐다보며 이따위 버러지 같은 자식을 데리고 정치를 하니 올바로 되겠습니까?

● 심수봉씨: 그 얘기는 전혀 없는 얘기죠, 버러지 같은 놈 각하 이런 놈을 모시고 무슨 정치를 하십니까 라든지 그런 말을 할 정도의 분위기도 못 되었었구요.

● 기자: 또 당시 비서실장 김계원씨는 시해 순간 대통령 곁에 있었던 것으로 발표되었으나 실상은 김재규가 차지철에게 총을 쏘자 대통령을 버리고 달아났다고 증언했습니다.

● 심수봉씨: <u>김계원씨는 곧바로 나갔어요. 첫 번째 차지철씨를 쏘고 난 뒤에 곧바로 나갔습니다.</u>[5]

79년 11월 30일 류택형 변호사는 남한산성 육군교도소에 수감 중이던 김재규를 찾아가 대화를 나눴고, 이 대화를 녹음했다. 한겨레는 2011년 11월 8일, 이 녹음테이프를 입수해 세상에 최초로 공개한다.[6] 테이프를 통해 들리는 김재규의 육성을 그대로 옮기면 다음과 같다. "나는 이 버러지 같은 새끼..하고.. 이 말을 하고 '빵! 빵! 하고.'로 돼 있어" 이처럼 '~돼 있어'라는 표현을 보면 자신이 이 버러지 같은 새끼라는 말을 한 것이 아니라, '합수부가 만든 조서에 그렇게 적혀 있다'라는 의미임을 알 수 있다.

또한 신재순과 심수봉은 훗날 하나같이 김재규가 결코 그런 발언을 한 적이 없다고 고백하며, 심수봉은 김재규가 미리 계획한 듯 아주 냉정하고 침착하게 박정희 대통령을 총으로 쐈다고 증언한다. 이러한 사실을 종합해 보면, 박대통령 시해 직전에 김재규가 내뱉었다는 '버러지 발언'은 합동수사본부에서 조작한 것임이 드러난다.

그렇다면 왜 합수부는 이토록 김재규의 '버러지 발언'에 집착했으며, 증인들에게 허위진술까지 강요했던 것일까?

합수부의 의도는 쉽게 짐작할 수 있다. 김재규가 대통령을 시해한 이유가 차지철간의 불화 때문이었다고 몰아가기 위해서였다. 하지만 그들의 말대로 김재규가 총을 쏜 것이 차지철과의 불화 때문이었다면, 대통령에게 총을 쏘았던 이유는 무엇일까? 김재규가 대통령을 시해하지 않고 차지철만 제거했다면 합동수사본부의 발표내용을 이해할 수 있을 것이다. 하지만 발표 내용에서처럼 단순한 우발적 범

---

[5] http://imnews.imbc.com/20dbnews/history/1994/1945120_19434.html

[6] http://www.hani.co.kr/arti/PRINT/770956.html

행이 아니라 사전에 계획해 경호실장과 대통령까지 시해한 것이라면 범행의 목적은 따로 있었다고 보는 것이 합리적이다.

또한 합수부의 발표 내용을 보면 김재규는 '업무 집행상의 무능으로 수차례 걸쳐 대통령으로부터 질책을 받았으며 이로 인하여 최근 요직 개편설에 따라 자신의 인책해임을 우려한 나머지 범행을 저지른 것으로 밝혀졌다.'고 말한다. 여기에서 이해할 수 없는 부분이 또 생겨난다. 김재규는 과연 대통령과 경호실장을 살해할 정도로 자신이 담당하던 직책에 미련을 가지고 있었을까?

1979년 5월 30일, 신민당 전당대회 직후 김재규는 박정희 대통령한테 사의를 표명한 바 있다. 또한 건강 문제 때문에 중앙정보부장 자리를 그만두고 싶다는 이야기를 한 적도 있다. 그런 그가 차지철과 빚은 마찰로 중앙정보부장에서 밀려날 수밖에 없는 상황에 처했고, 이를 억울하게 생각해 차지철과 대통령마저 살해할 계획을 세웠다는 것인가? 도대체 논리가 맞아들지 않는다.

또한 합동수사본부의 발표에서는 박흥주, 박선호 등 부하들이 거사에 동조하게 된 뚜렷한 계기가 나타나 있지 않다. 이는 도저히 그냥 넘길 수가 없는 부분이다. 중앙정보부가 아무리 엄격한 명령체계를 따르는 조직이라지만, 이 일은 다른 일도 아닌 대통령 시해에 가담하는 일이다. 그런데도 단순히 명령만으로 부하들을 가담시키는 것은 불가능하다.

부하들마저 이러한 엄청난 위험부담을 지닌 계획에 동조하려면 어느 정도의 미끼가 필요했을까?

첫 번째, 거사를 저지를 만한 확실한 동기가 있어야 하고,

두 번째, 위험이 큰 대신 성공하는 경우 받게 될 보상이 그 이상으로 커야 한다.

세 번째, 거사가 분명히 성공할 수 있고, 확실한 보상을 받을 수 있다는 확신이 있어야 한다.

전두환의 발표는 위와 같은 기초적인 설명은 고사하고, 아예 부하들의 동기 자체를 언급하지 않고 있다. 아무리 보아도 논리적으로 납득되지 않는 허점투성이의 발표문이다. 그렇다면 위 전제를 기초로 다시 한 번 당시 상황을 분석해 보자. 당시 날아가는 새도 떨어뜨릴 만큼 막강한 권력을 자랑했던 권력 서열 2위 중앙정보부장 김재규가 이토록 위험한 일을 벌이면서까지 부하들에게 동기를 부여할 수 있는 방법은 무엇일까? 이 답을 맞추기란 아주 쉽다. 김재규가 대통령 자리를 차지할 수 있다는 확신을 주면 된다. 부하들이 모시는 상관이 대통령이 되고, 그 자리를 부하들의 도움으로 만든다면 그 보상은 엄청난 위험을 감수하기에 충분할 정도의 매력적인 보상일 것이다. 그렇다면 첫 번째와 두 번째 조건은 설명이 된 셈이다.

그렇다면 하나 남은 마지막 조건, 거사가 분명히 성공할 수 있고, 확실한 보상을 받을 수 있다는 확신은 어디에서 비롯되었을까? 이 또한 어렵지 않게 추리할 수 있다. 김재규가 대통령을 시해한 이후, 스스로 대통령이 될 수밖에 없는 상황이 만들어져 있었다는 것이 논리적인 결론이다.

대통령이 시해되고 나면 김재규가 틀림없이 대통령이 되는 상황은 과연 무엇이었을까?

1979년 당시의 헌법이었던 유신헌법은 통일주체국민회의의 추천을 받아 대통령을 선출하도록 규정했고, 통일주체국민회의 의장은 대통령이 맡도록 되어 있었다. 박정희 대통령이 시해되고 나서 통일주체국민회의 의장은 자동적으로 최규하 대통령 권한대행이 맡고 있었다. 당시 최규하는 국무총리로서, 유신헌법의 대통령권한대행 규정에 따라 대통령이 사망한 이후 국무총리가 대통령 권한대행을 맡게 되어 있었기 때문이다. 그렇다면 박정희 대통령의 사망 이후, 김재규가 대통령이 되려면 통일주체국민회의 의장인 최규하 대통령권한대행의 추천이 필수적이다. 여기에서 퍼즐이 맞춰진다. 최규하가 김재규를 대통령 후보로 추천할 것을 약속했다면 김재규가 대통령을 시해할 수 있는 모든 조건이 성립되는 것이다. 그의 부하들이 이 정도 사실을 전해 듣지 않았다면 거사에 참여하기가 불가능하다. 실제로 대통령 시해에 가담하는 것이 제 정신으로 할 수 있는 일인가? 빤히 죽을 일을 감행한다는 것은 자신이 살 수 있다는 확신을 넘어 그 정도의 위험을 감수할 만한 충분한 보상을 확신했다는 말이 된다.

그렇다면 전두환이 그토록 빠른 시간 내에 12.12를 일으키리라 결심하고, 그 이후의 최규하를 끌고 다니며 대통령의 자리를 꿰찼다는 것은 무엇을 의미할까?

바로 최규하가 대통령 시해사건과 연루되었다는 내막을 전두환이 알고 있었거나, 조사 과정에서 발견했다는 것을 의미한다고 봄이 합리적이다. 육군 소장이라는 그다지 높지 않은 직책에도 그가 대권을 거머쥐리라 마음먹을 수 있었던 것은 이토록 엄청난 최규하의 비밀을 움켜쥐고 있었기 때문일 것이다. 결국 10.26 이후 최규하의 하야에 이르는 모든 정치상황은 최규하와 전두환 사이의 파워 게임이었다는 것을 알 수 있다.

김재규가 체포된 후 최규하는 1979년 11월 10일 특별 담화를 통해 잔여 임기를 다 채우지 않고 가능한 빠른 시일 내에 헌법을 개정하여 제11대 대통령 및 국회의원 총선을 실시, 정권을 이양하겠다고 향후 정치 일정을 밝혔다. 그리고 1979년 12월 6일 최규하는 통일주체국민회의를 열어 정식으로 대통령에 당선되었다. 최규하의 임기는 박정희 대통령의 잔여 임기인 1984년 12월 26일까지로 되어 있었다. 하지만 그날로부터 6일 후인 12월 12일에 정승화 연행사건이 발단이 되어 12.12사태가 일어났고, 최규하는 1979년 12월 21일에 제10대 대통령에 정식으로 취임했으나 취임 후 불과 8개월만인 1980년 8월 16일에 대통령직을 사임하게 된다.

그는 사임 이유를 "지난 봄 학생들의 소요와 광주사태에 대해 국정의 최고 책임자로서 정치 도의상의 책임을 통감해왔고, 시대적 요청에 따른 안정과 도의와 번영의 밝고 새로운 사회를 건설하는 역사적 전환기를 마련하기 위해 대국적 견지에서 임기 전에라도 사임함으로써 평화적 정권 이양의 선례를 남기며, 이것이 우리 정치의 발전에 기여할 수 있다고 믿어 왔기 때문"이라고 밝혔다.

하지만 그가 도의적 책임을 통감하거나, 정치발전을 위해 스스로 하야하는 것이었다면 국민과의 약속대로 임기 중 개헌을 하고 후임정부에 정권을 물려줬어야 했다.

뿐만 아니라 잠실체육관에서 열린 제 11 대 대통령 취임식 도중 최규하 전 대통령 부인 홍기 여사가 눈물을 훔치고, 남편이 넘겨준 책자 봉투를 뿌리치는 장면이 카메라에 포착돼 무수한 뒷말을 남겼으며 악수를 청하는 이순자여사의 손을 매몰차게 뿌리쳐 세간의 이목을 집중시키기도 했다.

이로 미루어 볼 때 최규하 대통령은 자신의 뜻에 따라 물러난 것이 아니라, 압력에 의해 어쩔 수 없이 물러났다고 봐야 한다. 그렇다면 그는 무엇 때문에 스스로의 의지와 무관하게 대통령의 자리에서 물러나야만 했을까? 그 실마리는 12.12에서 찾을 수 있다. 최규하는 제대로 정권을 장악한 다음 자신의 약점을 쥐고 있는 전두환 일당을 제거해야 했다. 그렇다면 전두환에게는 자신이 몰락하느냐, 최규하를 끌어내리느냐의 두 가지 선택지가 있었을 뿐이다. 전두환은 때를 놓치지 않고 12.12 사태를 일으켜 정승화를 비롯한 구군부를 제거했다. 구군부세력인 정승화는 최규하를 보필하는 핵심 세력이었기 때문이다.

12.12 사태로 정승화 등 구군부세력이 모두 제거되자, 최규하는 날개가 꺾인 새처럼 위기감에 휩싸였다. 가장 강력한 지원세력을 잃은 최규하는 여론에 호소하고 야권세력과 공조를 이루는 것이 자신이 소생할 수 있는 유일한 방법이었다. 그가 통일주체국민회의의 추천에 따라 권한대행이 아닌 정식 대통령에 취임했음에도 민주화 일정계획을 최우선해 추진한 이유도 바로 여기에 있었다.

정상적으로 선거를 통해 대통령을 선출한다면, 국민들에게 전혀 인지도가 없는 전두환이 대통령에 당선될 확률은 희박했다. 최규하는 조기 대선의 카드를 내민다면 당선될 확률이 충분한 세력(3 김 혹은 양 김)의 동조를 얻을 수 있으리라 생각했을 것이다.

그렇다면 이 당시 이른바 김영삼, 김대중을 위시한 민주화세력들은 어떤 움직임을 보였을까? 그들은 최규하 정권을 끌어내리기 위해 계속적인 학생 시위를 주도했다. 그들이 이렇게 학생 시위를 주도한 이유는 무엇이었을까? 권력의 화신이었던 김영삼, 김대중 또한 박정희 대통령 사망 이후 자신들이 정권을 잡을 수도 있는 기회를 놓칠 수가 없었기 때문이며, 이대로 상황이 진행된다면 또 다시 유신체제가 지속되거나, 전두환이 정권을 잡아 군부통치가 지속되리라고 생각한 야권의 위기의식에서 비롯된 것이라고 해석할 수 있다.

하지만 앞서 언급한 바처럼 최규하 대통령은 이들을 의식하고 민주화 추진계획을 발표했다. 그러한 최규하 대통령의 민주화 추진계획 발표에도, 김영삼과 김대중의 민주화세력들은 왜 시위를 멈추지 않고 최규하 정권을 압박했을까?

그들이 최규하와 전두환을 둘러싼 자세한 정치적 내막을 알고 있었는지는 확신할 수 없다. 하지만 그들 입장에서는 다음과 같은 계산을 염두에 두었으리라 생각된다. 최규하의 구상대로 대선을 치른다면 최규하 또는 최규하가 지지하는 후보가 대통령에 당선될 확률이 높다. 최규하가 자신의 임기를 다 채우지도 않고 직선제로 헌법을 개정한다면, 국민들이 그를 사심 없는 애국자로 생각해 그에게로 마음이 쏠릴 수 있기 때문이다. 양 김씨들은 이러한 시나리오를 막고자 당장 물러나라고 최규하를 압박하며 시위를 계속한 것으로 보인다.

또한 다른 가능성도 생각해 볼 수 있다. 평양에서는 해방 후의 모든 민주화 투쟁이 김일성의 지시에 의한 것이라고 말한 바 있다. 그렇다면 최규하나 전두환의 반공정권이 들어서는 것을 막기 위해 평양에서 지령을 내린 것이라고 추정할 수 있다. 애당초 김대중이야 친북주의자로 알려진 인물이다. 하지만 이러한 가정에 따르면(또한 후에 자세히 언급하겠지만), 김영삼 또한 북한의 입김에서 자유롭지 못했던 인물인 것이다. 놀랍지 않은가? 어떻게 대한민국이 이제까지 유지될 수 있었는지 참으로 신기할 따름이다.

김재규의 범행에 대한 김계원의 보고사실을 묵살하고 위증한 최규하

10.26 사건 당시 대통령의 비서실장이었던 김계원은 그의 자서전을 통해 당시 상황을 이렇게 증언하고 있다.

"김재규와 경호실장이 싸우다 김재규가 '잘못 쏜' 총에 각하가 맞아 돌아가셨다고 보고했다. 그때만 해도 나는 김재규가 고의로 대통령을 살해했다고는 생각하지 못했다. 또 '대통령이 유고이고 이제부터 총리가 권한대행(이 용어를 그대로 쓴 것인지는 분명한 기억이 없지만 그런 뜻의 말을 했다)이고 나는 비서실장이므로 내게 명령을 내려주십시오'라고도 했던 것 같다. 그런데도 최총리는 아무런 조치를 취하지 않았다."

- 최대행에게 김재규가 범인이라고 못 박아 보고한 것인가.

"범인이라고 못박은 것은 아니지만 김재규의 총에 각하가 돌아가셨다는 점은 분명히 했던 것으로 기억한다."

- 그후 법정에서 최규하 전 대통령은 어떻게 증언했나.

"서면으로 '김계원이 허위보고를 했다'고 진술했다고 들었다."

최규하 당시 국무총리는 합수부 참고인 진술에서 김계원 실장이 '대통령이 위독하다'고 말하고 '차지철과 김재규가 언쟁 끝에 총격전을 하다 그만…'이라고 하면서 말을 잇지 못했다고 진술했다. 즉, 대통령이 '김재규의 총'에 '죽었다'는 얘기를 분명하게 듣지 못했다는 뜻이다. 당시 대통령 권한대행의 이 같은 증언은 김계원 실장이 김재규의 범행을 은폐하려 했다는 결정적인 근거가 된다.

반면 김계원의 주장이 사실이라면 최규하 국무총리가 왜 김재규의 범행을 알고서도 아무런 조치를 취하지 않았는지 궁금해진다. 이와 같은 최규하의 약점을 이용해 5·17 이후 신군부가 최규하 대통령을 하야시키는 데 이용했다는 주장이 나오는 배경이다. 어쨌든 최규하 씨는 이 의혹을 두고 끝까지 입을 굳게 다물었다. 10·26의 최대 미스터리 가운데 하나다.

이런 사실들로 미루어 볼 때 김재규의 범행에 최규하가 개입되어 있음은 물론, 어쩌면 시해사건의 중심에 서있던 인물이 아닐까 의심할 수 있는 것이다. 이런 가정을 세운 다음에야 10.26부터 12.12 사건, 80년 봄의 상황, 그리고 5.18과 최규하의 하야에 이르기까지 모든 퍼즐이 맞아 떨어진다.

김재규는 사건 이후 왜 중정으로 가지 않고 육본으로 갔을까?

또 하나의 미스터리가 있다. 김재규는 대통령을 시해한 후 정승화의 말을 듣고 육본으로 향했다. 왜 그는 남산에 있는 정보부로 가지 않고 육본으로 간 것일까? 많은 사람들이 김재규가 육본이 아니라 남산으로 갔다면 역사는 또 다시 바뀌었을 것이라고 말하고 있다. 실제로 김재규가 육본이 아닌 정보부로 간 다음, 국무총리를 비롯한 모든 관련자들을 중앙정보부로 불러놓고 계엄을 선포한 후 통일주체국민회의를 소집해 대통령 선거까지 진행했다면 틀림없이 김재규가 정권을 잡았을 것이다.

하지만 김재규는 정보부로 가던 도중 정승화의 말을 듣고 육본으로 차를 돌렸다. 이를 두고 혹자는 정승화 또한 김재규와 사전에 공모했기 때문이며, 전두환이 12.12를 일으킨 것은 정승화를 연행하고 조사하기 위한 목적이었다고 말한다. 하지만 이러한 설명은 다소 개연성이 떨어진다. 만일 정승화가 사전에 공모했더라면 틀림없이 육본이 아닌 중정으로 갔을 것이다. 그래야 김재규의 범행을 완전범죄로 만들어 줄 수 있고, 만에 하나 범행이 탄로나더라도 자신은 김재규의 협박에 따라 어쩔 수 없이 정보부로 가게 된 것이라 변명할 수 있기 때문이다.

그 당시 정승화는 궁정동 안가에서 뭔가 큰 일이 일어난 것은 알았지만 자세한 내막은 모르고 있었다는 것이 합리적인 추리라고 사료된다. 그래서 육본으로 간 다음 자신이 주도해 사건의 내막을 조사하고, 계엄을 발령할 정도의 심각한 일이라면 계엄사령관으로서 할 일을 하기 위해 육본으로 가자고 권유했다는 분석이 더욱 설득력을 얻는다.

그렇다면 왜 김재규는 정승화의 말을 듣고 육본으로 간 것일까? 만일 김재규의 범행이 합동수사본부의 발표대로 우발적인 범행이었다면, 김재규는 틀림없이 중앙정보부로 갔을 것이다. 사람이나 짐승이나 예기치 못한 다급한 상황이 발생하면 본능적으로 자기 집을 찾아가기 마련이다. 이를 생각하면 김재규는 정보부로 가건, 육본으로 가건 아무 상관이 없고 오히려 육본으로 가는 것이 자신에게 더 유리할 것이라고 생각했던 것이 분명하다. 실제로 김재규는 정승화가 자신의 거사에 가세할 것으로 판단했다고 증언한 바 있다. 김재규와 정승화는 동향 출신이고, 1군 사령관이던 정승화를 박정희 대통령에게 육군참모총장으로 추천한 사람이 김재규였다. 김재규는 정승화와 호형호제하는 관계라고 증언했고, 정승화도 친밀한 관계임을 증언했다.

이를 볼 때 박정희 대통령 시해사건은 결코 우발적인 사건이 아니며, 사전에 치밀하게 계획된 사건이라는 것이 명확해진다. 무엇보다도 대통령 시해 이후, 음모에 가담했던 모든 사람들이 김재규를 차기 대통령으로 선출하기로 사전에 합의했다면 이 모든 퍼즐이 자연스럽게 맞아 떨어진다.

김재규의 계획적 범행인가 우발적 범행인가?

사건 당시 자리에 같이 있었던 김계원 비서실장은 김재규가 우발적으로 박정희 대통령에게 총을 쏜 것 같다고 증언했다. 그러나 심수봉 씨는 1994년 12월 29일, 당시 합수부의 수사 발표내용 일부가 날조되었다는 것을 지적하며, 김계원은 김재규가 차지철을 쏜 후 바로 밖으로 뛰쳐나갔고, 김재규가 이미 사전에 계획한 듯 아무 말 없이 냉정하게 일을 저질렀다고 증언하고 있다.

● 앵커: 회고록을 통해 1026 박정희 대통령 시해사건을 증언한 가수 심수봉씨가 오늘 서울 프레스 센터에서 자신의 목격 사실과 관련해 기자 회견을 가졌습니다.

심 씨는 당시 합수부의 수사 발표내용 일부가 날조된 것이라고 주장했습니다.

보도에 사회부 양찬승 기자입니다.

● 기자: 역사의 흐름을 바꿔 놓은 1026 사건 당시 사건의 전모는 신군부가 장악한 합동 수사본부의 수사 발표를 통해서만 알려졌고 이것은 곧 사실로 알려져 왔습니다.

당시 생생한 현장을 목격했던 심수봉씨는 그 동안 밝히지 못했던 날조된 수사 내용을 오늘 폭로 했습니다.

합수부의 발표와는 달리 <u>심 씨는 김재규가 이미 사전에 계획한 듯 아무 말 없이 냉정하게 일을 저질렀다고 말했습니다.</u>

● 전두환 (당시 합수부장): 차지철을 쳐다보며 이따위 버러지 같은 자식을 데리고 정치를 하니 올바로 되겠습니까?

● 심수봉씨: <u>그 얘기는 전혀 없는 얘기죠, 버러지 같은 놈 각하 이런 놈을 모시고 무슨 정치를 하십니까 라든지 그런 말을 할 정도의 분위기도 못 되었었구요.</u>[7]

김재규의 단독범행이라는 데에 대한 의문점들

박대통령 시해는 김재규의 단독 범행이었을까? 앞서 살핀 분석에 따르면, 결코 단독 범행이 아니었다고 보는 것이 타당하다. 그렇다면 김재규와 함께 이러한 일을 꾸민 자는 과연 누구였을까?

이 가운데 가장 유력한 용의자는 최규하 전 대통령이다. 그가 가장 유력한 용의자가 될 수밖에 없는 이유는 다음과 같다. 첫째, 그는 차기 대통령을 추대할 수 있는 권한을 가졌다. 둘째, 그는 박정희 대통령이 숨을 거둔 날 밤 8시 경, 김계원으로부터 '김재규가 범인이다. 그를 체포해야 한다.'는 보고를 받고서도 아무런 조치도 취하지 않았다. 뿐만 아니라 후일 재판과정에서 김계원이 이러한 보고를 했다는 사실을 부인해 김계원은 사형 선고까지 받았다. 셋째, 그는 10.26 사태 이후 하야하는 시점까지 계속해서 전두환으로부터 협박을 받고 있었던 것으로 보인다.

상기 사실을 볼 때, 최규하는 김재규와 대통령 시해를 공모했거나, 최소한 이 사실을 알고 묵인 내지는 방조했다는 것을 추리할 수 있다.

그렇다면 최규하는 어떤 동기에서 이토록 엄청난 일에 끼어든 것일까?

첫째, 그가 미국의 CIA 혹은 박정희 대통령과 날을 세우고 있던 카터 대통령에게 포섭되어 그들의 뜻에 따라 움직였을 가능성을 생각해 볼 수 있다. 대부분의 사람들은 그의 청렴하고 공정한 됨됨이를 들어 그런 가능성을 염두에 두지 않는다. 하지만 그가 박정희 대통령의 핵개발을 저지하려는 CIA 나 카터의 뜻에 따라 움직였다면, 그의 모든 알쏭달쏭한 행동들을 한꺼번에 설명할 수 있다. 이렇게 가

---

[7] http://imnews.imbc.com/20dbnews/history/1994/1945120_19434.html

정한다면 오히려 그가 김재규에게 박정희 대통령 시해를 종용했을 가능성도 농후하다. 거사 당일, 김재규는 미국 대사관에 다녀왔다. 그는 왜 미국 대사관에 간 것일까? 아마도 최규하의 지시를 받았지만, 끝내 의심을 거두지 못해 미국 대사관을 직접 찾아가 미국의 뜻을 확인하려 했던 것은 아닐까?

하지만 이러한 가정은 어디까지나 가능성일 뿐, 명백한 증거나 증인을 확보하기란 어려운 일이다. 또한 박정희 대통령의 자식들이 살아있는 한, 이러한 사실이 공개될 가능성도 거의 없다.

두 번째는 최규하가 민주주의를 위한 신념에 따라 이러한 일을 공모했을 가능성이다.

그는 외무고시에 합격해 직업외교관으로 평생을 보내다가 박정희 대통령에게 발탁되어 국무총리에 취임했다. 그는 매우 청렴한 사람이었다는 것이 세간의 평가다. 평생 관료의 길을 걸었던 그가 갑자기 민주주의를 위한 신념의 투사가 되어 이러한 일을 공모했다는 것은 아무래도 설득력이 떨어진다.

마지막으로 고려해야 할 것은 박정희대통령이 추진하던 임시수도이전에 대한 기득권 세력의 저항 가능성이다. 박정희 대통령이 지금의 세종시 인근지역으로 임시수도를 조성해 수도이전을 시도했던 것은 잘 알려진 사실이다. 실제로 박정희 대통령의 마지막 공식행사였던 삽교천 제방공사는 임시수도와 배후공업지역에 대한 용수공급 시설이었다. 하지만 역사적으로 평화로운 시절에 수도이전을 추진하려 들면 어김없이 기득권 세력들의 반발에 부딪혔다는 사실에 주목해야 한다. 고려시대에 묘청은 서경천도를 시도하다가 반대세력의 손에 제거되었다. 조선 시대에도 화성으로 천도를 시도하던 정조가 독살로 의심되는 의문의 죽음을 당했다.

이 사실로 미루어 볼 때 박정희 대통령 시해의 배후에는 당시 수도이전을 반대하던 세력이 있었다고 추측해 볼 수 있다. 최규하가 10.26에 어떤 식으로든 연루되었다면, 그 또한 이들 세력으로부터 협박을 받았거나, 이들에게 협조할 수밖에 없었던 동기가 있었을 것이다.

박정희 대통령 시해사건의 재구성

앞서 각 정황별로 대통령 시해사건의 의문점을 살펴보았다. 그렇다면 그 내용을 바탕으로 박정희대통령 시해사건을 재구성해 보자.

박정희 대통령이 1979년 10월 26일 김재규가 쏜 총탄을 맞고 사망했다는 사실은 초등학생들도 알고 있는 역사적 사실이다. 하지만 이를 단순한 역사적 사실로만 넘기기에는 너무나 많은 의문점이 꼬리에 꼬리를 문다.

사람이 살아가면서 뭔가 석연치 않은 일이 일어난다면, 그러한 일에는 반드시 그럴 만한 원인이 있기 마련이다. 역사란 진실의 기록이 아니고 승자의 기록이라는 말이 있다. 역사를 마음대로 기록할 수 있는 사람이라면 자신에게 불리한 기록을 남기려 들지는 않을 것이다. 우리가 절대적인 진리로 알고 있는 역사에도 얼마나 많은 오류가 숨어 있을까? 그 누구도 알려진 역사 곳곳에 숨어 있는 오류들을 정확하게 알 방법은 없다.

이러한 관점에서 10.26을 되짚어 보자. 대한민국 현대사의 흐름을 완전히 뒤바꾼 10.26의 실체는 아직도 베일에 가려 있다. 1979년 10월 26일 저녁, 당시 중앙정보부장이었던 김재규가 박정희 대통령과 차지철 경호실장을 권총으로 쏘아 살해했다는 사실 말고는 모든 설명이 개운치 않다.

합수부장 전두환은 김재규가 업무 집행상의 무능으로 수차례에 걸쳐 대통령으로부터 질책을 받았으며, 요직 개편설에 따라 자신의 인책해임을 우려한 나머지 범행을 저질렀다고 발표했다. 하지만 18년 간 절대 권력을 유지했던 대통령을 살해한 동기로서는 너무나 빈약하고 초라할 뿐이다. 그런데도 이렇게 궤변에 가까운 허황된 설명이 마치 진실인 양 취급되고 있는 것이 작금의 현실이다. 사람들은 이런 허술하기 짝이 없는 원인규명을 두고 거의 의구심을 표시하지 않는다. 의구심을 표시하기는커녕, 여성들을 데려다놓고 양주를 마셨다는 사실을 두고 대통령을 깎아내리기에 혈안일 뿐이다.

여기에서 다시, 그 날의 현장으로 되돌아가보자. 1979년 10월 26일 당일, 박정희 대통령은 삽교천 제방공사 준공식에 참가했고, 차지철 경호실장은 김재규에게 연락해 대통령과의 회식을 준비하라고 전달했다.

경호실장이 임의로 정보부장에게 대통령과의 회식 자리를 준비하라고 지시할 리는 없다. 따라서 이날의 만찬은 대통령의 지시에 따라 차지철이 김재규에게 연락을 넣었다고 보는 것이 타당하다. 이렇게 대통령이 회식 자리를 마련하라고 지시한 것을 볼 때, 이 날 대통령은 삽교천 제방공사 준공식을 보고 나서 상당히 기분이 좋았다는 것을 예상할 수 있다. 이렇게 기분 좋게 시작한 만찬이 최악의 비극으로 끝나게 된 것이다.

당시 만찬장에는 박정희 대통령과 차지철 경호실장, 김계원 비서실장과 김재규 중앙정보부장, 흥을 돋우기 위해 불러온 가수 심수봉과 여대생이었던 신재순 총 6명이 참석했다. 그리고 만찬장인 안가 부근에는 김재규의 지시에 따라 육군참모총장 정승화가 와서 미리 대기하고 있었고, 대통령 경호원 몇 명이 자리를 지키고 있었다.

하지만 안가에는 중앙정보부장 수행비서관 박흥주와 박선호, 그리고 다른 심복들이 김재규의 사전 지시에 따라 모든 준비를 마치고 대기하고 있었다.

널리 알려진 당시의 상황은 다음과 같다. 대통령과 경호실장이 부마사태를 제대로 진압하지 못한 것을 두고 중앙정보부장을 꾸짖자, 김재규는 분을 못 이기고 경호실장을 향해 "버러지 같은 놈"이라고 소리치며 총을 쏜 다음, 대통령까지 쏘았다는 것이다.

과연 김재규는 분에 못 이겨 우발적으로 이러한 일을 저질렀을까? 김재규는 상당히 냉정하고 침착한 사람이었던 것으로 알려져 있다. 따라서 분에 못 이겨 대통령을 시해했다는 것은 매우 설득력이 떨어진다. 더구나 김재규는 당뇨로 술을 전혀 마시지 못해 말짱한 정신이었다고 전해진다. 대통령의 가장 가까운 측근이자, 최고의 요직을 맡고 있는 자가 욕을 먹었다고 이런 끔찍한 일을 저질렀다는 것이 상식적으로 말이 되는 소리일까?

10대, 20대 반항아도 아닌 60대 노인이 욕을 먹었다고 총을 쏜다는 것 또한 납득할 수 없다. 무엇보다도 회식 도중에 밖으로 나와 부하들에게 준비를 시킨 다음, 경호실장과 대통령을 쏘는 즉시 대통령 경호원들을 살해하도록 지시했던 것은 결코 우발적인 범행이 아닌, 사전에 치밀하게 계획한 일이었다는 사실을 시사한다.

김재규는 광주사태가 한창이던 1980년 5월 24일, 사형이 집행되었다. 통상 이 정도의 중대 범죄를 저지른 범죄자의 경우, 상당한 시간을 두고 충분한 조사를 실시하는 것이 정상이다. 하지만 이토록 서둘러 김재규의 사형을 집행한 이유는 무엇일까?

공식 발표에 따르면 공범이나 배후는 전혀 없는 단독범행이었다지만, 조금만 생각해 보면 전혀 앞뒤가 맞지 않는다는 말이라는 것을 쉽게 깨달을 수 있다. 과연 정권의 2인자라 할 수 있는 중앙정보부장이 그토록 침착하고 냉정하게 대통령을 시해한 동기는 무엇이었을까?

지금까지 알고 있는 10.26 사건의 진실을 하나하나 분석해 보기로 한다.

시해동기 논란하나 : 부마사태

앞서 언급한 것처럼, 대통령과 경호실장이 부마사태를 제대로 진압하지 못한 것을 두고 중앙정보부장을 꾸짖자, 김재규는 분을 못 이기고 대통령까지 쏘았다고 전해진다. 당시 오고 갔던 구체적인 대화 내용을 언급하면, 차지철이 몇 백 명을 사살하더라도 부마사태를 진압하라고 김재규를 추궁했으며, 박정희 대통령이 이 말에 호응을 했다는 것이다.

김재규는 10.26 사건의 재판과정에서 이렇게 진술했다.

〈본인이 부산을 다녀오면서 바로 박대통령에게 보고를 드린 일이 있습니다. 김계원, 차지철 실장이 동석하여 저녁식사를 막 끝낸 식당에서였습니다. 부산사태는 체제저항과 정책 불신 및 물가고에 대한 반발에 조세저항까지 겹친 민란이라는 것과 전국 5 대 도시로 확산될 것이라는 것 및 따라서 정부로서는 근본적인 대책을 강구하지 않으면 안 되겠다는 것 등 본인이 직접 시찰하고 판단한 대로 솔직하게 보고를 드렸음은 물론입니다.

그랬더니 박 대통령은 버럭 화를 내더니 앞으로 '부산 같은 사태가 생기면 이제는 내가 직접 발포 명령을 내리겠다. 자유당 때는 최인규나 곽영주가 발포명령을 하여 사형을 당하였지만 내가 직접 발포명령을 하면 대통령인 나를 누가 사형하겠느냐'고 역정을 내셨고, 같은 자리에 있던 차 실장은 이 말 끝에 '캄보디아에서는 300 만 명을 죽이고도 까딱없었는데 우리도 데모대원 100 만~200 만 명 정도 죽인다고 까딱 있겠습니까' 하는 무시무시한 말들을 함부로 하는 것이었습니다. 그런데 박 대통령의 이와 같은 반응은 절대로 말만에 그치는 것이 아니라는 것이 본인의 판단이었습니다.〉

당시 부산, 마산 지역 대학생이 신민당 총재였던 김영삼의 의원직 박탈에 항의해 일으킨 반정부 시위가 부마사태였다. 하지만 부마사태가 국정운영에 치명적일 정도로 위급한 사태는 아니었다. 그 전까지 학생들의 데모가 전국적으로 확산되었는데도 부산지역만큼은 데모에 소극적이었다.

심지어 이화여대에서는 데모에 참여하지 않는다고 부산대 학생회장에게 치마저고리를 보내기도 했고, 심지어 가위와 남자 성기 그림을 보냈다는 소문이 돌기도 했다. 데모가 일어나자 부산지역의 기성세대들은 "기특하게 부산지역 학생들이 데모도 할 줄 안다."고 말할 정도로 전혀 걱정도 하지 않았고, 경찰에서도 적극적인 진압을 하지 않았다. 파출소가 불에 탔지만, 이것도 학생들의 소행인지, 데모대에 끼어있던 불순분자의 소행인지도 명확치 않다.

훗날 월간조선 2006년 2월호에 실린 조갑제 기자와 김계원 씨의 대담을 보아도 박정희 대통령은 부마사태를 그다지 심각하게 생각하지 않았다는 사실을 알 수 있다.

朴대통령, 부마(釜馬)사태 심각하게 안 봐

- 권력자로서 朴대통령을 만난 사람들은 비정하다고 하지만, 행정하는 사람들은 그를 따뜻하고 합리적인 분으로 보더군요. 권력자냐, CEO냐를 두고 시각차가 크다는 느낌이 듭니다. 혹시 무서운 사람이라고 느낀 적은 없나요.

『별로. 당시에는 어느 정도 통치에 자신감이 있으셨다고 봅니다』

- 1979년 釜馬사태 당시 비상계엄령은 과잉조치가 아니었나요.

『저도 크게 염려하지 않았어요. 그런데 김재규가 (부산에) 갔다 와서 「보통이 아니다」라고 해요. 저에게 「실장님, 판단을 잘못하고 있다」고 해요. 차지철은 반대로 「괜히 (김재규가) 놀라서 저렇다」고 반박했어요. (두 사람의 시각차가) 대통령의 판단을 흐리게 한 것 같아요』

- 朴대통령이 돌아가시기 하루 전에 국가안보회의를 열었지요. 당시 釜馬사태 분석보고를 했는데, 朴대통령이 釜馬사태를 계기로 국정쇄신을 하려 하셨지요.

『그런 것 같아요. 하지만 당시 朴대통령은 釜馬사태를 그다지 심각하게 생각하지 않았어요』

그런데도 회식석상에서 경호실장이 몇 백 명을 사살하더라도 진압하라고 말했고, 박대통령이 경호실장의 말에 맞장구를 쳤다는 이야기인가? 도대체 말이 되지 않는 소리다.

박정희 대통령은 무척 따뜻하고 속이 여린 사람이었다. 박정희 대통령이 섬유공단을 시찰하던 중, 어린 여자 직공에게 '네 소원이 무엇이냐'고 물어본 적이 있다. 앳된 여자 직공이 '다른 아이들처럼 학교에 가서 공부해 보는 것이 소원입니다.'라고 대답하자, 야간학교를 세우라고 지시해 직업전선에 일찍부터 나설 수밖에 없었던 대한민국의 모든 청소년들에게 배움의 기회를 제공했던 일화는 유명하다. 그는 버스안내양들의 방한 코트 제작을 의뢰받아 방한 바지를 함께 제작해 무료로 납품한 (주)태흥의 권태홍 사장에게 손수 감사의 편지를 보냈다. 편지에서 '가정형편이 불행하여 상급학교에 진학도 못하고 직업전선에 나와서 고된 일을 하면서 국민들에게 봉사하고 있는 이들 소녀'라고 표현했던 그를 보면, 하급 노동자들의 삶에 가슴아파하며 그들의 고통에 얼마나 공감했는지를 알 수 있다.

그는 반정부 데모를 한 학생들에게도 가혹한 처벌을 하지 않았다. 이명박과 이재오 등 6.3 세대에 대한 처벌 또한 그다지 가혹한 처사는 아니었다. 국가 전복을 획책한 간첩들 다수가 사형을 당했지만, 그들은 마땅히 국민들의 생명과 안전을 위해 이 사회와 격리되어야 하는 자들이었다.

가뭄이 들자 갈라진 논바닥에 주저앉아 농민들을 걱정하며 펑펑 울던 대통령이 그다지 격렬하지도 않은 데모를 진압하기 위해 몇 백 명을 죽이라는데 찬성했다는 것은 공상과학소설에나 나올 법한 허황된 소리에 불과하다.

머나먼 타국 땅인 서독에 가서 광부들과 간호원들과 부둥켜안고 울음바다를 만들던 그분이, 아내를 흉탄에 잃고 눈물로 밤을 새우면서도 조국의 안보를 위해 하루하루 피 말리는 나날을 보냈던 사람이 무슨 권력에 미련이 있어 무고한 국민을 몇 백 명씩 죽이더라도 데모를 진압하란 말에 동조했다는 것인가? 특전사 대위출신인 차지철이 그런 소릴 했다고 해도, 대통령이 이 말에 동조했다는 것인가? 설혹 이런 소리를 들었다고 해도 일국의 정보를 한 손에 쥐고 있는 권력 서열 2위 중앙정보부장이 이 말을 듣고 '울컥'해서 총을 쐈다는 이야기인가? 전혀 이치에 맞지 않는 터무니없는 소리일 뿐이다.

김재규의 단독범행을 둘러싼 추가적인 의문

김재규가 정권을 잡기 위해 단독으로 범행을 저질렀다면 그 사후조치가 너무도 어설프지 않은가? 김재규의 단독 범행이었다면, 그의 행보를 다음과 같이 예상할 수 있다.

① 박대통령 시해
② 박대통령 시신 및 현장인원 전원 중정 본부(남산)로 압송
③ 긴급사태를 알리고(계엄) 전 국무위원 및 각군총장 정보부로 호출
④ 청와대 경호실요원 긴급체포
⑤ 임시 국가지휘본부를 중앙정보부내에 설치하고 비상사태 선포, 계엄령 선포
⑥ 임시 국무회의 명의로 대통령 권한대행 선출
⑦ 정권 장악 및 박대통령 살해과정 조작 발표
⑧ 유신헌법에 의해 대통령 선출(김재규)

김재규의 단독범행이었다면 그 이후의 시나리오는 위와 같이 진행되는 것이 맞지 않을까?

하지만 박대통령을 시해한 시점부터 12.12 에 이르기까지 당시에 일어났던 일들을 분석해 보면, 김재규의 행동은 틀림없이 자신이 다치지 않고 정권을 장악하게 될 것이라는 확신에 찬 행동이었다는 것을 알 수 있다.

앞에 언급한 합동수사본부의 수사내용 발표에서는 김재규의 단독범행이고, "시해사건은 김재규가 집권을 노려 일으킨 범행이며 군이나 미국 CIA 의 개입은 전혀 없었다"고 부연하고 있다.[8]

---

[8] http://news.khan.co.kr/kh_news/khan_art_view.html?artid=201505102137465&code=210100#csidx74ab4dce559fe94bc2fd32ef7161210

하지만 무소불위의 절대권력을 가지고 있던 박정희대통령을 살해하고, 아무런 저항 없이 대통령이 될 것이라고 김재규가 생각했을까?

만약 이렇게 생각했다면 그는 중앙정보부장으로서 전혀 자격이 없는 인물이다. 용인에 천재적인 박대통령이 그 정도로 생각이 없는 자를 중앙정보부장이라는 중책에 기용했을까?

김재규가 자신은 무슨 일이 있어도 안전하게 대통령이 될 것이라 확신하고 범행을 저질렀다는 것이 합리적인 결론이다. 이것은 거대한 세력을 이룬 공모자들이 없이는 생각할 수도 없는 일이다. 그렇다면 과연 이러한 공모자들은 누구이며, 10.26 사태의 이면에는 어떤 음모가 도사리고 있었을까?

핵무기 개발을 저지하기 위한 미국의 음모라는 데 대한 의문

미국의 31대 대통령이었던 케네디는 선거유세 기간 중 댈러스에서 어디에선가 날아온 총탄을 맞고 살해당했다. 총을 쏘았다고 알려진 오스왈드는 감옥에서 살해당했고, 아직까지 범인이 누구라는 것조차 명확히 밝혀지지 않은 영구미제 사건이다.

이 정도는 되어야 세계 최고의 국가가 개입된 암살이라고 의심할 법 하지 않을까?

아무리 핵무기 개발을 저지하기 위한 것이라지만, 우방국의 대통령을 살해한다는 계획을 세운다는 것이 말처럼 쉬울까? 그것도 범인이 누구라는 것을 뻔히 알리면서 이런 짓을 벌인다는 것이 가능할까? 미국이 전 세계의 비난을 감수하고, 외교문제까지 무릅쓰면서 벌일 수 있는 일일까?

김재규가 CIA의 하수인이란 설도 있으나 이것도 설득력이 약하다. 김재규는 김종필, 김형욱, 이후락에 이어 네 번째로 정보부장에 올랐으며 당시 상황은 카터 대통령의 철군에 맞서 자주국방을 강력하게 추진할 때였다. 재래식 무기뿐 아니라 미사일과 핵무기를 개발하기 위해 해외 과학자를 불러들였던 당시였고, 이 과정에서 중앙정보부장이 담당한 역할도 상당했을 것이다.

특히 김재규는 1977년 코리아게이트 사건 시 미국 연방 하원의 프레이저 청문회에 나가 박정희 대통령의 유신 정권과 관련한 비밀스러운 사건들을 거침없이 폭로했던 김형욱을 살해한 의혹을 사고 있었다. 그런 자를 미국 CIA의 하수인이라고 생각하는 것은 논리적으로 맞지 않는다.

특히 미국 CIA가 대통령을 살해한 김재규를 구해줄 수도 없을뿐더러, 대통령으로 만들어 주기란 더더욱 불가능한 일이다. 수사과정에서 CIA가 우방국의 대통령 살해를 종용했다는 것이 밝혀질 경우 전 세계적으로 얼마나 큰 외교적 부담을 감안할지 생각해 보면 절대로 있을 수 없는 일이다. 만약 미국이 개입되어 있다면 사전에 시해음모를 알고서도 묵인하는 정도이거나, 시해음모를 꾸미는 자들을 부추기는 정도였을 것이다.

시해사건 당시에 추진되던 박정희 대통령의 정책들

이상에 살펴본 바와 같이 지금까지 발표된 합조단의 시해사건 전반에 대한 발표내용은 박정희 대통령 시해사건의 동기, 배후, 관련자 등을 명쾌하게 밝혀주지 못하고 있다.

그렇다면 무엇이 절대 권력자를 죽음으로 몰고 간 것일까? 대통령의 시해 말고는 해결할 수 없는 일이 무엇이었을까? 왜 김재규는 대통령을 시해하고도 자신이 무사히 권좌를 차지할 것으로 믿고 시종일관 여유가 있었을까? 김재규의 수하들은 단순히 김재규의 명령에 의해 대통령 시해에 가담했을까? 왜 시해당일 국무총리였던 최규하는 비서실장인 김계원의 보고를 받고도 이를 묵살했을까? 대통령 권한대행으로 취임했던 최규하는 왜 서둘러 통일주최국민회의를 개최하여 대통령에 당선되었을까? 당시 헌법에 의하면 1980년 1월 26일까지 여유가 있었는데도 불구하고 일찍 대통령 선거를 했을까?

육군소장의 직위에도 불구하고 어떻게 전두환은 갑작스럽게 정권의 실세로 떠올랐으며 대권까지 꿈꾸게 되었을까? 당시 대통령 시해사건으로 중앙정보부장인 김재규가 체포된 상태에서 보안사령관인 전두환을 합동수사본부장에 임명한 것은 국가의 정보를 단 한사람에게 온전히 맡기는 일이었는데 무슨 이유로 최규하는 전두환에게 그런 막강한 권력을 부여했을까?

1212 사태는 분명한 하극상인데 왜 최규하는 전두환을 체포하거나 해임하지 않고 정승화의 연행을 재가했을까? 당시의 정치상황은 조기개헌과 최규하의 정국구상 발표로 [서울의 봄]이라 일컬을 정도로 고무적이었는데 왜 야당에서는 여기에 순응하지 않고 계속 시위를 일으켰을까?

어느 누구도 이런 의문점을 밝혀 줄 수 없는 지금, 이런 의문을 해결하기 위해서는 당시 대통령이 추진하던 정책들을 세심히 살펴보고 이 정책들이 미칠 영향을 분석해 보는 것이 유일한 방법일 것이다.

1975년도부터 시해 당시까지 박대통령이 추진하던 정책과 주요 사건들이다.

① 1975년

인혁당 사건이 발생하고, 1975년 4월 30일 월맹군의 공격으로 사이공이 함락당하고 베트남이 멸망했다.

이에 충격을 받은 미국은 닉슨독트린을 선언하고 주한미군을 철수하기 시작했다. 이에 충격을 받은 박대통령은 자주국방 강화를 선언하고 국산무기 개발에 심혈을 기울이게 되었다.

② 1976년

7월 2일 남베트남과 북베트남간의 적화통일이 되어 베트남 사회주의공화국이 성립되었으며,

8월 18일에는 판문점 도끼만행 사건이 발생하여 남북간에 긴장이 고조되었다.

③ 1977년

박정희 대통령은 북한의 위협과 수도권 인구밀집을 방지하고 국토의 균형발전을 위해 수도이전을 결단하고 2월 10일 **"임시행정수도 이전계획"**을 발표했다. 1977년 7월부터 부가가치세가 도입되어 부과되기 시작했다.

그 외에 9월 6일에는 미국 법무부가 의회 로비 활동과 관련하여 박동선을 수뢰 혐의로 기소하였으며 11월 11일에는 이리역 폭발사고가 일어났다.

④ 1978년

1970년 경부고속도로 개통이후 줄곧 건설된 강남지역의 한강교량으로 강남개발이 본격화되었으며, 최초의 국산 장거리 미사일인 백곰(사거리 180km)이 개발되었다.

⑤ 1979년

신민당 총재였던 김영삼의 의원직이 박탈되었고 이로 인해 부마사태가 일어났다. 또한 중앙정보부장이었던 김형욱이 파리에서 실종되었으며 박대통령이 시해되던 10월 26일에는 삼교천 제방공사가 준공되었다.

삼교천 제방공사는 박대통령의 최후의 역작이었던 신행정수도 이전과 연계하여 인구 800만의 자유무역지대와 20만톤 화물선 수십척이 자유롭게 드나들 수 있는 가로림만 프로젝트의 핵심을 이루는 사업으로 자유무역지대와 배후공단에 용수를 공급하기 위한 공사였다.

이 정책들 가운데 박정희 대통령의 죽음과 관련될 수 있는 것을 찾아 본다면 10.26의 전말을 추리해 볼 수 있을 것이다. 대통령을 시해할 정도로 막대한 동기와 이해관계가 얽힌 일이라면 핵무기 개발과 신행정수도 이전을 생각해 볼 수 있다.

우연인지 필연인지 박대통령의 사망 이후 30년이 지난 해에 수도이전을 추진했던 또 한 명의 전직 대통령이 비극적으로 생을 마감했다.

수도이전을 추진했던 과거의 역사에는 어떤 일이 일어났을까?

10.26의 실마리를 찾기 위해 서경천도를 추진했던 고려 인종시대와 화성으로 천도를 추진했던 조선의 정조시대를 돌이켜 보자.

고려의 서경천도계획과 묘청의 난

묘청과 정지상, 백수한등은 고려 인종 때 사대사상과 부패로 정체된 체제를 개혁하고자 서경천도를 추진했다. 하지만 개경세력의 극심한 저항에 부딪혀 반란으로 비화되었고, 기득권을 지키고자 하는 김부식 세력이 이들을 모두 살해했다.

정조의 화성 천도계획

조선후기 개혁정치를 꿈꾸던 조선의 마지막 성군 정조는 기득권인 노론의 세력을 약화시키고 개혁정책을 추진하기 위해 아버지 사도세자의 성묘를 핑계로 화성 행궁을 짓고 비밀리에 천도를 추진했다. 하지만 그가 49세라는 젊은 나이에 갑자기 사망하면서 천도 계획은 무산되었다.

독살을 당했다는 기록은 없으나 속속들이 밝혀지는 사료들에 따르면 정순왕후가 정점에 있는 노론세력들에 의해 독살되었다는 것이 거의 정설로 굳어지고 있다.

800년 전 수도이전을 추진했던 묘청과 그 일파의 죽음, 200년 전 개혁정치를 위해 수도이전을 추진했던 정조의 죽음, 38년 전 수도이전을 추진하다 부하의 손에 살해당한 박정희 대통령의 죽음, 그로부터 30년 후 또 다시 수도이전을 추진했던 어느 전직대통령의 의문의 죽음은 과연 아무런 연관이 없는 우연의 일치일까?

박대통령의 시해 동기는 궁정동 술자리에서 찾을 것이 아니라, 그가 추진하던 정책을 바탕으로 과거의 역사에서 공통점을 찾아야 할 것이다.

그리고 역사는 정의의 편이 아니라 승리자의 편이라는 사실을 알고, 승자들이 어떻게 역사를 자신에게 유리한 방향으로 왜곡했는지 살펴 후세에 바른 역사를 물려주어야 할 것이다.

김재규의 박대통령 시해동기

권력 서열 2위 김재규가 박대통령을 시해하는데 필요한 조건은 다음 세 가지로 요약할 수 있다.

① 시해 이후 절대적인 안전이 보장되어야 한다.
② 현재의 직책보다 더욱 나은 위치를 확보할 수 있어야 한다.
③ 강한 시해 동기가 있어야 한다.

위의 동기 중 ①과 ②의 조건에 해당하는 것은 바로 대통령 자리다. 자신의 안전이 틀림없이 보장되고, 여기에 더해 반드시 대통령이 된다는 확신이 없다면 절대로 저지를 수 없는 일이다.

여기에 더해 ③번, 강한 시해 동기가 있어야 한다.

①②③번을 동시에 충족시키는 조건은 과연 무엇이었을까?

과연 그는 자기 혼자서 일을 저지르고 대통령까지 될 수 있다고 자신했던 걸까? 만약 김재규가 CIA의 사주를 받아 시해한 것이라면, 미국이 김재규를 대통령으로 만들어 줄 수 있었을까? 절대로 불가능하며, 단지 케네디를 죽인 오스왈드처럼 토사구팽의 신세로 전락할 뿐이다. 이러한 사실을 누구보다도 깊이 생각했을 김재규가 CIA의 사주를 받아 대통령을 살해했다고? 전혀 설득력이 없는 가정일 뿐이다.

그렇다면 이 나라에서 대통령을 시해한 김재규를 무사히 대통령으로 만들어 줄 수 있는 세력들은 누구일까? 누가 과연 그 정도로 막강한 힘을 가지고 있었고, 그들이 반드시 박대통령을 살해해야만 하는 동기는 무엇이었을까?

1026의 동기가 된 시대적 배경들

5.16 군사혁명과 일심회(하나회) 구성

5.16 군사혁명으로 정권을 장악한 박정희 대통령은 자신의 권력에 도전하는 것을 매우 경계하며 항상 군부와 정치권의 동향을 주시했다.

그는 자신의 혁명 동지들조차 완전히 신뢰하지 못하고 늘 경계해 왔으며, 이를 위해 중앙정보부와 보안사를 만들어 정치인들과 군부 내의 동향을 감시해 왔다. 이런 와중에 1962년에는 대통령의 고향인 경상북도 출신 군인들 - 손영길, 전두환, 노태우, 정호용 등을 중심으로 일심회라는 사조직이 생겼다.

이러한 사조직이 과연 박대통령이 묵인하지도, 의지하지도 않았는데 스스로의 친목을 위해 자발적으로 결성될 수 있었을까? 당시는 장교들이 다방에 가서 차 한 잔 마시는 것까지 보고될 정도로 철저한 감시가 이루어지던 시기였다. 그렇다면 결론은 하나, 일심회(하나회)는 대통령의 필요에 따라, 대통령의 의지가 반영되어 결성된 조직이었다고 평가할 수 있다. 즉, 하나회는 박대통령이 키워 온 친위조직이었던 것이다.

단적인 예로 하나회 장교들은 진급이나 인사에 절대적인 특혜를 받았고, 금전적으로도 상당한 지원을 받았다. 심지어 하나회에 소속된 지휘관이 부대행사를 마련하는 날에는 지역 내 기관장, 지역 인사들까지 빠짐없이 참여해 지원을 아끼지 않았고, 알 수 없는 출처로부터 들어오는 돈과 물품 지원도 상당했다. 그래서 그들은 부대의 공금을 유용할 필요도 없었고, 부하들도 충분히 챙길 수 있었다. 하나회는 이렇게 조직을 키워나갔다. 한편 박대통령은 외아들까지 육사에 보냈고, 1년에 한 번씩 졸업반 생도들을 청와대나 경회루에 초청해 회식 자리를 마련했다. 정부 내에도 정규 육사출신들을 들여놓고 개혁을 꾀하고자 소위 "유신사무관"이라는 제도를 만들었다.

구 군부의 고위층들은 군인이라기보다는 준재벌(準財閥)이었다.
박정희 이전의 대한민국 경제는 군원경제

6.25가 끝나고 5.16 혁명을 거칠 때까지 대한민국의 경제는 군원경제의 모습을 띠고 있었다. 미국의 원조가 아니면 국가의 운영이 불가능할 정도로 아무 것도 없는 거지국가, 그것이 바로 당시 대한민국의 자화상이었다.

당시에 군 생활을 한 사람들은 사병 출신들까지 호시절(?) 이야기를 하곤 한다. 목재, 합판, 시멘트, 철근 등 건축자재는 물론 식량, 유류, 각종 건설장비 및 차량에 이르기까지 군원물자가 사회로 흘러들어 나라의 경제를 유지하던 시절이었다. 시멘트, 목재, 합판 등의 건축자재가 화물차에 실린 그대로 민간인들에게 넘겨졌고, 휘발유 또는 심지어 자재를 실은 화물차가 통째로 넘겨지기도 했다. 멀쩡한 건설장비에 시뻘건 페인트칠을 한 후 고철로 위장해 넘기는 경우도 있었다.

이렇게 벌어들인 돈은 고스란히 고위층 군인들의 수중에 들어갔다. 이때 넘겨진 자동차는 얼마 전까지만 해도 GMC(일본발음으로 '제무시')라는 이름으로 산판에서 벌목용으로 운용되었다. 당시에 민간에게 넘어갔던 캐터필러 사의 불도저와 구레이다와 같은 건설장비 또한 최근까지도 건설현장에서 종종 목격된다. 군인들의 이와 같은 애국(?)이 없었으면 대한민국의 경제는 훨씬 비참한 처지였을 것이다. 아마도 미군들 또한 이런 사실을 알면서도 묵인했을 것이라 추측된다. 혹은 2차 세계대전을 통해 세계 최대의 경제대국으로 등장한 미국이 2차 대전에서 사용했던 넘쳐나는 장비들을 처리하는 방법이었는지도 모른다.

당시 우리 군대는 영농군대

당시 정부는 국가 예산이 부족해 군인들에게 부대 운용비는 물론 월급도 제대로 주지 못했다. 그러다 보니 자력갱생의 차원에서 부족한 사병급식을 위해 영농을 장려했고, 장교 하사관들에게는 부대에서 생산되는 쌀과 부식을 가져다 먹도록 허락했다.

이 당시에는 부대 내에서 돼지를 키우고 밭을 만들어 채소를 재배했다. 실제로 그 당시 각급 부대에는 돼지를 키우고 채소를 재배하는 영농병이 따로 있었다.

하지만 이렇게 키운 돼지와 채소를 부대원들에게 공급하지 않고 치부의 수단으로 삼는 비양심적인 지휘관들도 있었다. 그들은 이렇게 벌어들인 돈을 서울을 오가며 진급을 위한 로비자금으로 상납했다.

당시의 초급장교는 돈을 모아서는 안 되는 분위기였다.

당시의 군부대 PX는 부대장이 운영했다. 여기에서 판매되는 중요한 물품 중 하나는 막걸리였다. 당시 군부대의 상황을 돌이켜 보면, PX 안에 커다란 항아리를 묻어 놓고 민간업자가 막걸리를 납품하면 물을 절반쯤 섞어 병사들에게 팔았다. 좀 더 많이 팔기 위해 갓 전입해 온 장교들에게 휴일 당직을 맡기고(때로는 6개월 정도를 고정으로 맡기기도 했다) 소대 간에 운동경기를 시켜 사기진작이란 명목으로 회식 자리를 마련하도록 권장했다.

물론 회식비용은 소대장을 비롯한 초급장교들의 주머니에서 나왔다. 찢어지게 가난했던 그 시절, 병사들이 부모님으로부터 용돈을 받는다는 것은 상상하기 어려웠다. 그래서 초급장교들이 모든 회식비용을 부담했고, 그러다 보니 이 당시에는 "초급장교들은 돈을 모으려 해서는 안 된다. 병사들에게 쪼다소리 듣는다."는 말이 돌 정도였다. 이러한 방법으로 PX가 벌어들인 돈은 부대 운영비란 명목으로 모조리 지휘관들에게 돌아갔다.

5.16이 일어나고서도 이러한 관행은 상당히 오랜 기간 지속되었다. 이후 복지근무단이 생겨 PX가 복지근무단으로 넘어갔으나, 그 후에도 상당히 많은 돈이 상급부대나 정치권의 선배들에게 들어갔다는 것은 능히 짐작할 수 있는 일이다.

군부개혁에 대한 저항의 상징 윤필용사건

박정희 대통령은 군부를 개혁할 세력으로 정규육사 출신들을 염두에 두었고, 이 가운데 핵심세력으로 하나회를 생각했던 것 같다. 실제로 박정희 대통령은 유례가 없을 정도로 그들을 빠르게 진급시켜 군 요직에 배치했고, 사기를 높여주는 한편 그들의 의견을 상당히 존중했다.

구군부 출신들은 밑에서 빠르게 밀고 올라오는 소장파 군인들의 기세에 상당한 위기를 느끼는 것이 당연했고, 이들을 견제하고자 일으킨 사건의 하나가 당시 수도경비 사령관이었던 윤필용의 쿠데타 음모사건이었다.

이 사건으로 윤필용이 구속되었고, 참모장 손영길을 비롯한 상당히 많은 육사 출신들이 강제로 전역당했다. 뒤늦게 모함이란 것을 알았지만, 박정희 대통령으로서는 자신의 손으로 자신이 키우던 새싹들을 잘라낸 뼈아픈 실책이었다.

한국 지하경제 재벌의 탄생

2009년 말, 한국의 지하경제 자금이 전체 경제규모의 약 38%, 금액으로는 약 270조원 정도로 추산된다는 뉴스가 보도되었다. 하지만 혹자는 한국경제의 50%

이상이 지하경제라고 분석하기도 한다. 과연 이 자금의 주인은 누구이고, 대한민국의 지하경제는 어떻게 형성되었을까?

지하경제 형성의 출발점은 청계천개발

5.16 군사혁명 이후 가장 먼저 착수했던 사업은 당시 서울시장 김현옥이 추진한 청계천 개발이었다. 김현옥은 6.25 사변 이후 무허가 판자집만 넘쳐 났던 청계천을 철거해 상가를 개발했고, 부동산 개발에 재미를 느낀 그는 차후 강남지역을 개발하기 위해 강남일대의 부동산을 헐값에 대규모로 매입했다.

그 당시까지도 땅은 오직 농사를 짓기 위한 생산수단이라는 것이 세간의 통념이었다. 따라서 당시에는 시골 논밭의 가격이 서울의 주택가 땅값을 상회했다. 한강을 건널 다리도 없었고, 오래 전부터 인분을 처리하고 채소를 심어 한양에 공급하던 말죽거리, 잠실 등 강남 일대는 더더욱 헐값에 가까웠다.

하지만 정치권의 핵심 인자들과 그 주변 사람들은 청계천과 서울시내 개발 계획을 듣고서 재산을 불릴 기회를 잡을 수 있었다. 그들은 거저나 다름없는 강남 일대의 땅을 사 놓으면 나중에 금싸라기로 바뀐다는 정보를 알게 된 것이다. 그들은 정부에서 강남땅을 사들이는 것을 보고, 곧 강남이 개발된다는 사실을 감지하고 강남 일대의 땅을 정신없이 사들이기 시작했다.

과연 그들은 어떤 계층들이었을까? 오래 전부터 재산을 모아 온 부유층일 수도 있고, 전방에서 근무하는 남편과 떨어져 서울의 집에서 군용차량, 운전병, 당번병들을 부리며 정치권에 줄을 대던 사모님일수도 있을 것이다. 혹은 정치권 쪽 사람일 수도 있고, 이재에 밝은 사업가일수도 있을 것이다. 어떤 사람들이건, 직간접적으로 정부의 개발정책을 미리 알 수 있는 사람들이었다는 것은 분명하다.

이들은 끼리끼리 정보를 나누며 열심히 땅을 사 모았고, 정부의 정책이 발표되기보다 한발 앞서 금싸라기가 될 땅을 미리 구입해 막대한 부를 형성하기 시작했다. 이들은 한국경제의 노른자위를 형성할 강남일대를 그들의 무대로 삼았다.

이 과정에서 이들은 그들의 부와 신변의 안전을 지켜줄 사람들을 키우기 시작했다. 평소에 업무관계로 얽혀있지 않은 이들이 공동체를 이루고 교류할 수 있는 통로는 종교행사였다. 이들은 신(神)의 이름 아래 세속의 이익을 위해 뭉치기 시작했다. 가장 손쉽게 뭉칠 수 있었던 종교는 교세확장이 용이한 개신교였다. 천주교만 해도 교황청과 교구청의 통제를 받는 탓에 성당 하나만 건립하려 해도 교구청의 승인을 받아야 하는 등 제약이 많았고, 교구로부터 생활비를 지급받는 신부들은 금전문제에 얽히는 데 익숙하지 않았다. 불교 또한 머리를 깎은 승려가 도심 한복판에 마음대로 사찰을 짓기란 어려웠다.

이렇게 개신교를 주축으로 뭉친 이들은 재산축적에 방해가 되는 자들에게 마음껏 마귀의 누명을 씌우고, 하나님의 이름으로 그들을 처단하기 위해 기본적인 양심마저 내팽개칠 수 있었다.

지하경제의 대부들이 키운 세력은 누구일까?

이렇게 막대한 부를 축적한 사람들은 자신들의 재산과 신변을 지속해서 지켜줄 우군이 필요했다. 집권 세력 쪽으로도 이런 사람들을 키우는 한편, 정권교체에 대비해 야당 쪽 인사로도 키워 낼 필요가 있었을 것이다. 이렇게 키운 사람들이 3 김으로 일컬어지는 기성 정치인들과 이명박 일당들이었음은 어렵지 않게 짐작할 수 있다.

당시에는 큰 손의 전화 한 통이면 재벌 회장도 즉시 달려왔다는 소리가 있을 정도로 이들은 대한민국 경제의 보이지 않는 큰 손이었다. 이들은 베일에 가린 지하경제를 주무르며 정책을 좌지우지하기도 하고, 서민경제를 쥐락펴락할 수 있을 정도의 막강한 영향력을 행사했다.

지금은 고인이 된 정주영 씨가 자신의 가족들을 모아놓은 자리에서 이명박을 일컬어 "저놈은 종놈으로도 쓸 수 없는 놈이다."라고 말했다는 이야기가 전해진다. 이런 그가 어떻게 현대건설의 사장까지 올라갈 수 있었을까? 종놈으로도 쓸 수 없는 자가 현대건설의 사장이 된 것도 이해할 수 없는데, 사장이 되고 나서 현대건설을 거의 말아먹다시피 한 그가 어떻게 그 이후로도 승승장구할 수 있었을까?

또한 이명박은 정주영 씨가 대통령에 출마하자마자 지금까지 자신을 키워 준 정주영 씨를 배신하고 재빨리 김영삼의 밑으로 들어갔다. 왜 그는 은인을 배신하고 김영삼의 밑으로 들어가 현대가를 분열시키고 정주영 씨의 발목을 잡았던 걸까? 이토록 무능하고 신뢰할 수 없었던 이명박을 매스컴을 동원해 기적을 일군 사람으로 미화시키고, 대통령까지 만든 세력은 누구일까?

박근혜 대통령은 후보시절에 지하경제의 양성화를 선거공약으로 내세웠다. 한국의 지하경제의 뿌리는 상당히 오래되었다. 혹자는 박정희 시대의 청계천 개발에서부터 이들 세력이 형성되었다고 말하고, 고려시대의 개성상인들로부터 비롯되었다고 말하는 사람들도 있다.

박근혜 대통령이 지하경제 양성화를 공약으로 내세운 것은 이러한 지하경제의 문제를 잘 알고 있기 때문이 아니었을까? 나아가 부친이 시해된 배경에 지하경제의 핵심세력들이 있다는 것을 알고, 이를 뿌리 뽑기 위한 의도는 아니었을까? 박근혜 대통령이 차명계좌를 차단한 것이야말로 지하경제의 뿌리를 뽑기 위한 마지막 시도였다고 볼 수 있을 것이다.

경부고속도로 건설과 강남개발

경부고속도로가 건설되고 한남대교(제3한강교)가 개통하면서 강남지역은 개발의 문을 열게 된다. 청계천 개발 이후 강남지역의 땅을 싹쓸이한 초기의 투기족들은 정부의 개발계획을 미리 빼내는 한편, 개발계획 수립 시 자신들에게 유리한 방향으로 압력을 행사했다. 또한 박대통령의 개혁정치에 사사건건 보이지 않는 저항을 시도하기도 했다.

박정희 대통령은 월남전 패망 이후 위기감에 단행한 일련의 긴급조치로 말미암아 정치적으로 큰 부담을 안게 되었다. 또한 핵무기와 미사일 개발로 미국과의 관계가 극도로 악화된 상황에서 학생층을 중심으로 이른바 [민주화운동]이라는 이름을 내세운 반정부 데모가 끊이지 않았다. 하지만 북한의 교과서에는 남한에서 일어난 모든 민주화 시위와 반정부운동, 파업은 모두 김일성 교시에 따라 일어난 것이라고 기술하고 있다.[9]

이 말이 사실이라면 북한의 의도에 따라 남한에서 학생들을 직접 움직였던 사람들은 누구일까? 학생들이 자발적으로 움직인 것일까? 학생운동의 배후세력은 북한이겠지만, 남한에서 직접 이들을 선동하고 움직인 세력들은 누구였을까? 아마도 박정희의 개혁정치가 제대로 이루어지고 수도까지 이전한다면, 자신들의 재산을 송두리째 잃게 될 기득권 세력과 이들이 지원하는 야당 정치인들이었을 것이다. 경부고속도로 건설현장에서 드러누워 농성하는 김대중의 사진을 보며, 정치적으로 별 도움도 안 되는 일에 그가 자발적으로 그렇게 꼴사나운 짓을 벌였을까 하는 의심이 든다. 그의 이러한 행동 또한 개혁저항세력의 사주에 의한 것은 아니었을까?

당시 박대통령은 극심한 번민에 둘러싸여 맨 정신으로는 스스로를 감당할 수 없는 지경에 이르렀던 것 같다. 인사불성이 될 정도로 술을 마셔 경호원들에게 업혀 들어왔다는 이야기도 당시 경호원들로부터 전해진다. 이런 박대통령을 위로하고자, 혹은 자신의 영향력을 극대화하고자 경호실장 차지철은 지속적으로 대통령에게 술과 여성을 제공했고, 박대통령의 후계를 노리는 자들의 움직임도 더욱 노골화되기 시작했다. 하지만 대통령이 죽은 지 수십 년이 지났지만 정치권에 그 흔한 사생아 문제가 불거져 나오지도 않고, 수많은 회유와 위협에 시달렸을 것이 분

---

[9] http://www.yonhapnews.co.kr/bulletin/2015/10/14/0200000000AKR20151014185900004.HTML

명한데도 마지막 저녁을 같이 했던 두 여성의 입에서 단 한마디도 대통령을 비난하는 말이 나오지 않는 것으로 미루어 볼 때, 이 문제를 갖고 박대통령을 공격하는 세력들이 얼마나 터무니없는 비난을 일삼는지를 알 수 있다.

임시 행정수도 이전계획과 2000 년대 국토 재배치계획

박대통령이 최후의 야심작으로 추진했던 계획이 바로 1977 년 2 월 10 일에 발표한 임시 행정수도 이전계획과 2000 년대 국토 재배치계획이다. 급격히 늘어나는 서울의 인구를 분산하고, 서울에 대한 북한의 직접적 위협을 피하며, 2000 년대 국민소득 3 만 불 이상의 선진복지국가를 만든다는 야심찬 계획이 바로 박정희 대통령의 임시 행정수도 이전계획과 2000 년대 국토 재배치계획이었다. 박정희 대통령은 임시수도의 경제적 기능을 지원하기 위해 가로림만 프로젝트를 진행했다. 물론 이러한 표면적인 이유 말고도, 이미 감당할 수 없을 정도로 거대한 세력이 되어 버린 개혁저항세력들을 일시에 무력화시키려는 의도도 있었다고 생각된다.

1977 년 2 월 10 일 발표된 수도이전 계획은 기득권 세력들에게는 청천벽력과도 같은 소식이었을 것이다. 강남의 거대한 토지를 깔고 앉아 호시탐탐 개발의 기회만 노리고 있는 이들에게 수도를 이전한다는 것은 하루아침에 자신들의 기득권을 모조리 잃게 된다는 것을 의미했다. 하지만 이 계획은 착실하게 진행되어 가장 주요한 기반사업인 삽교천 제방공사가 완료되기에 이른다. 삽교천 제방공사는 단순한 제방공사를 넘어, 가로림 신항만을 중심으로 한 인구 8 백만 명의 공업자유화지역에 용수를 공급할 가장 중요한 기반시설이었다. 국민들에게 이 야심찬 계획을 발표하고 추진하기만 하면 되는 순간이 다가왔던 것이다. 박대통령으로서는 참으로 가슴 벅찬 일이었지만, 이와 동시에 개혁저항세력인 지하경제의 대부들에게는 더 이상 거사를 미룰 수 없는 시점이 다가왔던 셈이다.

박대통령 시해동기와 배후세력

지하경제 구성세력들의 위기감

OECD 의 발표에 따르면 한국의 지하경제 규모는 GDP 의 38-50% 정도인 것으로 추산하고 있다. 하지만 어느 누구도 정확한 규모는 알 수 없고, 2009 년도 기준으로 약 270 조원 정도인 것으로 알려져 있다.[10] 이런 지하경제는 박정희 대통령 시절에 추진한 개발정책에 기생해 생겨났고, 역대 대통령들의 강남개발정책에 편승해 급속도로 세를 불렸다. 이들에게 박정희 대통령의 수도이전 계획은 그들로서는 어떻게든 막아야 할 치명적인 비수와도 같았다. 수도가 이전한 허허벌판에서 강남을 개발한들 재산 가치의 상승은 미미할 것이고, 그렇게 된다면 그들이 자손대대로 대한민국을 좌지우지할 수 있는 기틀이 송두리째 망가질 것이기 때문이다.

박정희 대통령의 남다른 추진력으로 하루하루 진행되어 가는 수도이전과 자유무역지대 형성을 보면서 그들이 초조함을 이기지 못했을 것이라는 사실은 능히 짐작할 수 있다. 사실상 대한민국을 쥐락펴락하고, 자손만대로 영원한 부를 물려줄 재산의 기반이 송두리째 날아갈 위기에 처한 이들에게 박정희 대통령을 살해하고자 하는 강력한 동기가 형성되었을 것이라는 분석은 어찌 보면 당연하다고도 볼 수 있다.

또한 당시 박정희 대통령은 부가가치세 제도를 새로이 도입했다. 당시 제 2 차 오일쇼크와 미국의 경제제재가 맞물린 상황에서 부가가치세를 시행하다 보니 중소상공인들의 불만이 늘어났고, 이들은 학생들의 시위사태를 이용해 세무서를 공격하는 등 자신들의 불만을 표출하기도 했다. 박정희 대통령을 제거하려던 지하경제세력들은 당연히 이런 기회를 놓치지 않고 이용하려 들었을 것이다.

---

[10] http://news.donga.com/3/all/20091103/23851047/1

그렇다면 그들은 대통령을 시해할 수 있는 최적임자로 누구를 물망에 올렸을까? 최측근에서 늘 총기를 휴대할 수 있고, 강력한 권력마저 휘두를 수 있는 중앙정보부장 김재규야말로 더할 나위 없는 적임자였을 것이다. 그렇다면 시해의 대가는 무엇이었을까? 당연히 대통령의 자리를 주겠다는 약속이라고 추리할 수 있다. 그들에게는 박정희가 아니라면 어느 누가 대통령이 되든 상관없는 일이었고, 지하경제 세력의 일원으로 추측되는 김재규가 대통령이 된다면 더욱 든든한 일이었을 것이다.

실제로 김재규의 언행을 종합해 보면 이러한 분석과 한 치의 틀림없이 맞아 떨어진다. 김재규는 '부가가치세 철폐하라'는 구호가 등장했던 부마사태 현장에 다녀온 다음 박정희 대통령에게 사태의 심각성을 과장했고, 오래 전부터 영애와 가깝게 지내던 최태민 목사를 원수인 양 제거하려 들었고, 시해 이후에도 어설프게 스스로를 민주화 인사로 포장하려 들었다. 그의 배후에 내각 및 구군부와 공모한 지하경제 세력들이 있다고 생각하면 그의 이해할 수 없는 행동들을 수미일관하게 설명할 수 있다.

정승화를 비롯한 구 군부세력의 위기감

박대통령의 개혁정책으로 불안과 불만을 품게 된 사람들 중에는 구 군부의 고위층들도 포함되어 있었다. 군 개혁으로 검은 돈의 출처가 차단되고, 하나회를 비롯한 정규육사출신 소장파 장교들이 박대통령의 강력한 비호로 빠르게 치고 올라오자 이들은 위기감을 느끼기 시작했다.

이들이 내심 불만을 품고 있었다는 것은 뻔히 예측할 수 있다. 따라서 이들이 직접 시해에 가담하지는 않았을지라도, 시해 계획을 묵인하거나 동조했을 가능성을 배제할 수 없다. 김재규가 박대통령 시해 당시 궁정동 만찬장 가까이에 참모총장 정승화를 미리 불러 대기시켰던 점과 그 후 정승화의 행동을 보면 정승화가 박대통령 시해사건에 전혀 무관하다고는 보기 어렵다. 이들에게도 박대통령의 죽음은 군에서 자신들의 권력을 좀 더 오랫동안 유지할 수 있는 기회를 제공했을 것이기 때문이다.

박대통령의 핵무기 개발에 대한 미국의 불안감

월남 패망 이후 패배 의식에 젖어있던 미국은 주한미군 전면 철수 계획을 실행으로 옮기기 시작했다. 실제로 미국은 제 7 사단을 철수했고, 주한미군 철수계획은 박정희 대통령에게 현실로 다가온 커다란 위기였다.

이에 박대통령은 방위산업을 육성하기 시작하고, 핵무기 개발계획을 수립해 상당한 정도까지 진행했던 것으로 알려져 있다. 만약 남한이 핵무기를 개발하면 일본, 대만, 북한까지 핵무기를 개발할 수 있다. 미국으로서는 가장 바라지 않는 상황이었을 것이다. 남한의 사정을 속속들이 알고 모든 정보를 수집해 오던 미국이 한국 내의 이런 움직임을 몰랐다고 보기 어렵다. 따라서 미국은 대통령 시해의 내막과 배후를 알고서도 내정간섭이라는 이유로 모르는 척 했을 것이 분명하며, 10.26을 기획한 세력들은 미국의 승인(?)이라는 강력한 지지를 확보했다고 철석같이 믿었을 수도 있다. 또한 미국이 이들 저항세력을 이용해 박정희 제거라는 내심 바라던 그림을 이루고자 했을 가능성도 있다.

시해의 배후 및 주도세력

이와 같은 여러 가지 정황으로 미루어 볼 때 시해의 배후 및 주도세력들로 이들 말고 다른 세력을 상상하기란 불가능하다. 이들은 줄곧 박정희 대통령의 개발정책에 깊이 개입하거나 기생해 거대한 지하경제의 기반을 형성하고 있었다. 그들로서는 이러한 기득권을 계속 지켜 나가기 위해 대통령 시해라는 최후의 수단을 선택할 수밖에 없었을 것이다. 여기에서 대통령을 시해한 다음에도 그들을 보호해 줄 수 있는 군 세력을 확보하고자 대통령의 정규육사출신 편애에 불만을 품고 있던 구군부의 고위층들을 비호세력으로 포섭했으리라 예측할 수 있다. 이를 둘러싼 구군부와 신군부 사이의 대립이 12.12 사태로 귀결된 것이다.

박대통령 시해 및 숨겨진 의문점
시해 이후 배후세력은 왜 침묵했나?

박대통령 시해 이후 김재규가 취한 행동을 보면 이해가 가지 않는 일이 한 두 가지가 아니다. 우선 그의 태도가 너무나 당당하고 뻔뻔스러웠다는 점이다. 마치 자신은 절대로 죽지 않을 것이라 확신하는 듯한 모습이었다. 뉴스를 보는 국민들은 그의 여유로운 모습을 보고 분을 이기지 못해 펄펄 뛸 정도였다. 당시 시해 현장에 있었던 심수봉 씨 또한 1994년도 인터뷰에서 김재규는 범행 당시에 오래 전부터 거사를 계획했던 듯 매우 냉정하고 침착하게 총을 쐈다고 말하고 있다.

무엇이 이토록 그를 자신 있게 만들었을까? 하지만 이 엄청난 일의 마지막 결과는 너무나 허망했다. 그는 대통령 시해에 대한 죄를 혼자 뒤집어쓰고 형장의 이슬로 사라져 버렸다. 하지만 아직까지도 기억에 생생히 남는 것은 그가 죽음을 맞는 최후의 순간까지 너무나 여유로워 보였다는 점이다. 어떻게 그럴 수 있었을까? 아마도 김재규는 배후세력이 끝까지 자신을 구해줄 것이라 믿고 있었던 것 같다. 그토록 여유로웠던 그의 모습 탓에 다양한 추측이 오고 갔다. 혹자는 민주화를 위한 투철한 신념으로 스스로를 희생했기 때문이라고 말하고, 혹자는 미국이 개입한 일이므로 마지막에는 CIA가 구해줄 것이라 생각했기 때문이라고 말하는 사람도 있다. 심지어 그가 비밀리에 미국으로 망명해 아직 죽지 않고 살아있다고 주장하는 사람들도 있다.

박정희 대통령의 시해를 기획했던 배후세력이 누구인지는 앞서 상세히 언급했다. 하지만 왜 이들 배후세력은 아무런 행동도 하지 않고 침묵했을까?

이유 1. 신군부(전두환)가 재빨리 행동한 탓에 기회를 잃었다.

당시 전두환이 사령관으로 있던 보안사령부는 군부 내의 모든 정보를 장악하고 있었고, 심지어 정치권과 민간인의 사찰 권한까지 보유하고 있었다. 정치권을 사찰할 수 있었던 보안사가 대통령을 시해하려는 정치권의 움직임을 전혀 짐작조차 못했다는 것은 납득할 수 없는 일이다. 만일 보안사가 이러한 움직임을 알고 있었다면, 왜 사전에 막지 않았을까?

이러한 의문의 답은 여러 가지 면에서 생각해 볼 수 있다.

첫째, 중앙정보부장이던 김재규가 방해 공작을 펼쳤을 가능성이다. 보안사가 정치권과 민간인까지 사찰했다 할지라도 보안사는 어디까지나 군기관이다. 보안사는 국방부장관의 통제를 받는 기관이므로 장관급의 지위에 있던 중앙정보부장에게 파워가 밀리는 것이 당연하다. 전두환의 입장에서는 뚜렷한 증거도 없는 사안을 보고해 사단을 일으킬 수는 없었을 것이다.

둘째, 경호실장이었던 차지철의 제왕적 월권행위를 고깝게 생각했다는 가정이다. 당시 경호실장이던 차지철이 호가호위를 했던 정황은 여러 가지 자료를 통해 나타난다. 차지철은 대통령의 심리상태가 불안한 점을 이용해 대통령과의 직접적인 접촉을 막고 자신을 통해 보고하도록 하는 등 지나친 월권행위를 일삼았고, 이러한 월권행위는 극심한 반발을 불러왔다. 그는 수도경비사령부를 아예 자신의 개인 부대처럼 취급하기도 했다. 이런 상황에서 전두환도 공수부대 대위 출신인 차지철을 고깝게 생각하고, 그의 몰락을 지켜보려 했다는 가정이다.

셋째, 최악의 가정이지만, 전두환이 대통령을 시해하려는 정치권의 움직임을 파악하고서도 이를 자신이 대권을 잡을 기회로 이용하려 했다는 가정이다. 한겨레신문이 《5공전사》를 입수해 보도한 바에 따르면 전두환은 10.26 사태가 일어난 지 일주일만에 12.12를 계획해 군을 장악하려 했다. 이처럼 모든 것을 사전에 알고 있던 전두환은 사전에 정승화의 동선을 예상해 재빨리 김재규를 체포했고,

박정희 대통령의 시해를 종용한 배후 세력들은 행동할 타이밍을 완전히 빼앗겼다는 가정이다.

자, 그렇다면 여기에서 생각해 보자. 그들이 대통령 시해를 조건으로 김재규에게 차기 대통령 자리를 약속했다면, 김재규는 단순한 그들의 말만 듣고서 거사를 계획했을까? 그럴 리는 만무하다. 그 정도의 엄청난 일을 벌이려면 자신의 안위를 보전할 확실한 '채권 증서'가 필요했을 테고, 최소한 시해를 공모한 자들이 자필 서명한 연명부 정도는 제공받아야 이를 담보로 거사에 임했을 것이다. 만일 합수부가 수사과정에서 이 연명부를 입수했다면 그 이후의 사태는 어떻게 진행되었을까? 구군부, 최규하를 비롯한 전 내각이 이 사건에 연루되어 전두환에게 약점이 잡힌 형국이라면, 12.12 사태와 80년 봄의 정치상황, 5.18 과 최규하의 사퇴에 이르기까지 모든 당시의 사건들을 톱니바퀴 맞추듯 매끄럽게 설명할 수 있다.

이유 2. 우유부단했던 정승화의 성격

정승화는 성격이 우유부단한 탓에 과감한 행동을 하지 못했다. 12.12 사태 이후 사람들은 정승화를 우유부단한 성격 탓에 '죽 쒀서 X 줬다'고 비웃을 정도였다. 하지만 그를 시해의 주도세력이라고 보기에는 어려우며, 김재규 등 주도세력을 위한 들러리 역할을 해야 했던 처지에 불과했을 것이다. 그에게는 구체적인 거사 계획까지는 전달이 되지 않았을 수도 있다.

당시 계엄사령관이었던 정승화는 자신이 박대통령 시해사건에 깊이 개입되어 있지 않다는 것을 보여주고, 계엄사령관이라는 직책상 결과적으로 자신이 원하는 방향으로 진행이 될 것이라 생각했을 것이다.

이유 3. 목적을 이룬 후의 토사구팽이었다.

배후세력들은 박대통령 시해라는 목적을 이룬 다음이라면 누가 대통령이 되던 별 상관이 없었을 것이다. 절차상으로는 당연히 국무총리였던 최규하가 대통령

권한대행을 맡을 것이고, 그 다음에는 그 동안 자신들이 키워놓은 자들 중 한 명이 선거를 통해 자연스럽게 대통령이 될 것이기 때문이다. 오히려 자신들과 시해를 공모했던 김재규가 대통령이 된다면, 자신들의 약점을 알고 있는 더욱 골치 아픈 존재가 될 수 있다는 생각에 침묵했던 것이 아닐까? 아마도 김재규는 사형이 집행되는 순간까지 배후세력들이 자신을 구해주고 대통령으로 만들어 줄 것이라고 굳게 믿었을 것이다. 배후를 밝히면 자신을 구해줄 세력이 없어진다는 생각에 끝까지 침묵하며 목에 밧줄이 걸리는 순간까지 자신의 최후를 믿지 않았을지도 모른다. 시드니 셀던 원작, 〈깊은밤 깊은 곳에〉 라는 영화에 등장한 비극의 여주인공처럼.

배후세력과 5공세력과의 연관성

(1) 김재규의 사형집행과 민주주의 회복발언에 대한 평가

박대통령을 시해한 김재규는 최종 사형선고가 내려진 지 4일 만인 1980년 5월 24일 교수형이 집행되었다. 그 날은 광주에서 일어난 5.18 사태가 막바지에 접어든 날이었으며, 5공 주도세력들이 [국가보위비상대책위원회(국보위)]를 만들어 최규하 대통령의 최종결재를 기다릴 때였다.

국가원수를 시해한 사람에 대한 사형치고는 너무나 성급한 사형이 아닐 수 없다.

이토록 엄청난 일을 저지른 자라면 최소한 1년 이상을 두고 빠트린 부분은 없는지, 더 큰 배후가 있는 것은 아닌지 등을 더욱 신중하게, 샅샅이 조사하는 것이 상식 아닐까? 일국의 정보를 한 손에 쥐고 있던 중요 인물, 김형욱 살해의 배후인물로 의심되는 인물, 대통령을 시해한 인물이라는 것을 감안해 볼 때 그의 사형을 그토록 빨리 집행한 것은 아무리 생각해 보아도 납득이 어려운 처사다. 대체 그의 사형 집행을 이렇게 서둘러야 했던 이유는 무엇일까?

2008년 1월 25일 뉴스에서 [김재규 옥중면담록 최초공개]란 제목으로 김재규의 옥중 면담록이 공개되었다. 여기에서 그는 한결같이 [자신은 자유민주주의 회복을 위해 박대통령을 시해했다.]며 자신을 사형시키면 사회적으로 큰 혼란이 온다는 등의 발언을 했다고 한다.

과거사위원회에서는 이 발언을 근거로 김재규를 [민주화인사]로 하자는 논의도 있었다고 한다. 하지만 잘 생각해 보면 김재규의 이 말은 정말로 터무니없는 헛소리에 불과하다. 호시탐탐 적화를 노리는 북한의 위협 속에서도 강력한 경제개발정책으로 연 10% 대의 경제성장을 이루던 당시, 정권의 2인자가 국가의 상황도 모른 채 종북 세력들이 주장하는 민주화 운동 운운했다는 것도 말이 안 되고, 김재규가 그런 사람이었다면 박대통령은 절대로 그에게 중앙정보부장이라는 중책을 맡기지도 않았을 것이다. 이런 말을 믿는 사람들이 얼마나 생각이 짧고 판단력이 부족한지를 알려주는 증거일 뿐이다.

그렇다면 그는 왜 이런 말을 굳이 애써 과시하듯 내뱉은 것일까? 박대통령의 수도이전을 반대하기 위해 [민주화]를 표방했던 자신의 동조자들, 혹은 배후세력에게 보내는 메시지라고 보면 퍼즐이 들어맞는다. 실제로 당시에 김재규와 김계원을 직접 조사했던 전창열 변호사는 다음과 같이 말하고 있다.

전 변호사는 그 길로 궁정동 안가로 가 박정희 대통령 시해 현장 검증에 나섰다. 현장은 어느 정도 정리가 돼 있었지만, 그에게는 말할 수 없는 충격이었다. "운명적으로 10·26 사건을 처리할 수밖에 없었습니다. <u>저는 사건처리 전체를 총괄지휘하는 한편 김재규와 김계원에 대한 직접 조사를 맡았습니다. 김재규의 범행동기와 목적을 밝혀야 했는데, 확실하게 밝혀지는 못했습니다. 알 수가 없었죠. 왜냐하면 김재규는 나중에 점점 민주투사로 자기가 논리를 구성하고 주장해 남으려고 했지만, 나는 '그건 아니지 않느냐' 생각했습니다. 혁명을 하겠다는 사람이 너무 어설펐습니다. 어느 누구와도 연계를 하지 않고 자기 부하들한테만 그 이야기를 했</u>

고, 시해하고 난 다음 남산터널 근방에서 어디로 갈지 방향조차 정하지 못해 우왕좌왕하다 체포되기에 이르렀습니다. 대통령을 현직 정보국장이 살해하는 사건이 이후에도 발생한다면 폭력의 악순환이 되풀이되면서 후대에 좋지 않은 영향을 줄 테니 용납해서는 안 된다고 생각했습니다. 그가 민주투사로 불릴 수도 있겠지만, 항상 사람의 양면성이라는 게 있는데, 절대적으로 옳거나 그른 건 없다는 게 제 생각입니다."[11]

그의 사형 이면에는 용도가 끝난 그를 부담스러워 하는 배후세력과, 너무나 거대한 배후세력을 제거하기보다는 그들의 약점을 잡아 정권을 획득하려는 5공 세력들간에 결탁이 있었으리라 보는 것이 타당하지 않을까? 김재규는 그렇게 토사구팽 신세가 되어 사라져 갔다.

(2) 김재규의 배후세력과 5공과의 결탁

지금까지의 분석은 단지 필자가 꾸민 소설처럼 들릴지도 모른다. 하지만 지금도 세상 어딘가에서 소설같은 이야기가 끊임없이 현실로 벌어지고 있다. 바람에 스치는 풀잎 하나도, 우리가 하루하루 헤쳐 나가는 평범한 일상에서도, 언제나 인과율이 적용된다.

하물며 세계 최빈국을 불과 20년도 안 되는 짧은 기간에 선진국의 대열에 서게 만든 거대한 인물의 죽음 뒤에 도사린 인과관계와 이해득실이 그렇게 간단할 수 있을까? 어쩌면 박대통령 시해의 배후세력은 5공 세력들로서도 감당하기 힘든 거대한 집단이었는지도 모른다.

---

[11] http://news.khan.co.kr/kh_news/khan_art_view.html?artid=201505102137465&code=210100]

10.26은 단순히 경제개발을 위해 헌신하고 서민의 삶을 걱정하던 걸출했던 지도자 한명이 사라져 간 과거의 역사가 아니다. 우리가 10.26에 깊이 주목해야 하는 이유는 10.26이 지금도 계속되는 역사라는 점이다.

김재규와 공모해 박정희 대통령을 살해한 범죄자들과 이 기회를 정권탈취에 이용했던 파렴치한 자들이 국정과 경제를 자신들의 입맛대로 좌지우지해 오고 있는 것이다. 이들이 민주화란 이름으로 국가를 농단하고, 진정한 경제개발보다는 부동산 투기로 거품을 만들어 대한민국의 부를 독식하고, 심지어 적과 내통하는 짓도 서슴없이 저지르는 것은 아닐까? 아래의 도표가 모든 사실을 증명해 주고 있다.

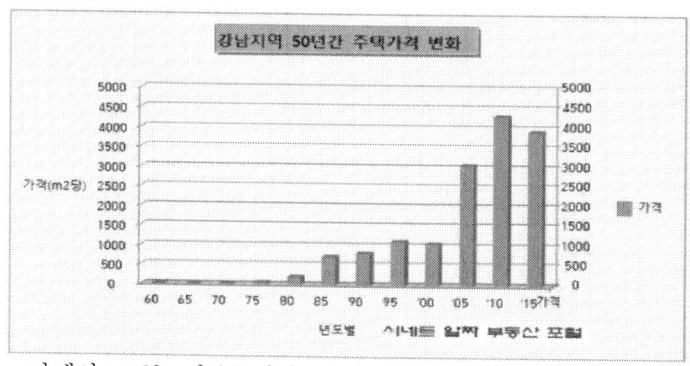

아래의 도표는 정부수립이후 정부예산의 증가를 나타낸다.

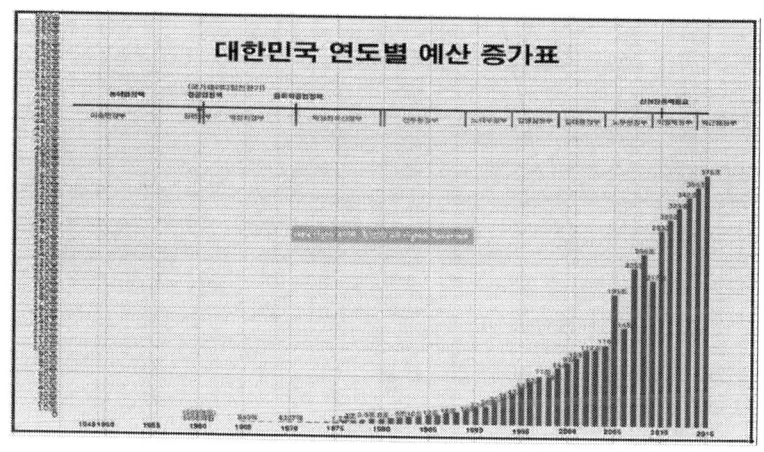

박정희 대통령 시절에 비해 정부예산이 1,000 배 이상 증가하는 동안 국민의 삶의 질은 어떻게 되었을까? 1,000 배 이상 좋아졌을까? 실업률 제로에 가깝던 일자리는 어찌 되었을까?

1,000 배 이상 많아진 예산으로 더 이상 적으로부터 위협을 받지 않게 되었을까?

아래의 도표는 1970 년 이후 고정투자 및 정부지출을 나타내고 있다. 그 시절 빈약한 정부재정에도 정부와 국민들이 얼마나 허리띠를 졸라매고 경제발전을 위해 노력해왔는지를 알 수 있다. 지금의 1/1000 에도 못 미치는 쥐꼬리만한 예산을 갖고서 경제개발을 위한 투자와 실업률 제로라는 두 마리 토끼를 잡은 것이다.

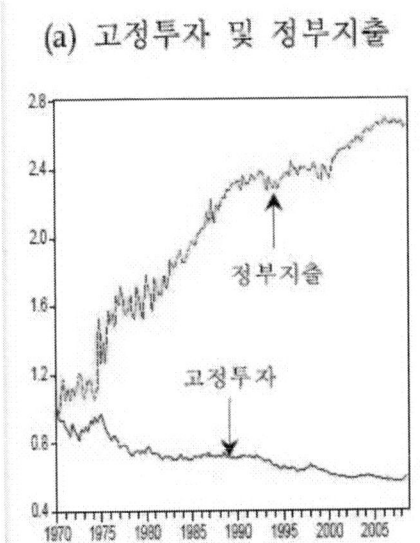

이를 보면 박정희 대통령과 산업화세대들이 경제개발을 위해 얼마나 허리띠를 졸라매고 많은 피땀을 흘려왔는지 알 수 있다. 반면 80 년대 이후에는 급격한 정부지출에 비해 투자는 점점 감소했고, 특히 민주화세력들이 정권을 잡은 후에는 정부지출이 폭등하고 부동산 가격은 천정부지로 치솟아 올랐다. 60 년대 예산보다 천 배나 많은 예산을 쏟아 붓고서도 이루어 놓은 것이라고는 헬조선이라는 불명예뿐이다.

과연 이것이 무엇을 뜻할까? 어렵게 개척한 길을 다시 가지 않는 것은 길을 몰라서 못가는 것이 아니다. 처음 갔던 길이 누군가의 안내로 쉽게 간 길이라면 혼자 가려 할 때는 길을 잃고 헤맬 수도 있다. 하지만 혼자서 어렵게 길을 개척해 놓고 이 길을 잃어버렸다는 것은 말이 되지 않는다. 이는 갈 길을 잃은 것이 아니라 제대로 된 길을 알면서도 고의적으로 가지 않는 것이다. 즉 이들은 탈취한 권력을 무기로 이 나라의 모든 것을 손아귀에 넣기 위해 IMF 경제위기까지 일으켜 국부(國富)와 중산층의 재산을 가로채고, 이렇게 갈취한 재산을 더욱 부풀리기 위해 부동산 거품을 조장했고, 북한이 붕괴된다면 그 동안의 모든 진실이 탄로날 것이 두려워 북한이 무너지지 않도록 대북지원의 대열에 앞장서고 있는 것이다. 이처럼 북한과도 같이 국민들의 밥줄을 틀어쥐고 옴짝달싹 못하게 통제하면서 국민들을 말 잘듣는 노예로 만들고 나아가 자신들만의 영구집권을 꾀하고 있는 것이다.

또한 자신들이 저지른 죄악이 탄로날까 봐 두려워 아무런 죄도 없는 그분의 딸을 대통령의 권좌에서 끌어내리고 감옥에 가두고 없는 죄를 만들어내기 위해 안간힘을 쓰고 있는 것이다.

10.26 의 재조명 없이는 진정한 민주주의도, 진정한 국가경제도 이룰 수 없다. 박정희 대통령이 염원하던 21 세기의 대한민국은 모든 국민이 풍요롭게 사는 진정한 복지국가, 민족중흥과 인류공영을 선도하는 참된 선진국이었다. 그가 꿈꾸던 대한민국은 1979 년에 1 억불도 되지 않던 외채를 2,000 억불 이상으로 끌어올린, 화려한 외모에 곪아터진 속 빈 강정의 대한민국이 아니었다.

1961 년 5 월 16 일, 3,600 명의 젊은 군인들을 이끌고 한강을 건너와 18 년간의 길지 않은 기간에 5 천년 역사를 통틀어 한 번도 이루지 못한 거대한 역사를 이루고 자신이 거느리고 한강을 건너왔던 숫자와 똑같은 3,600 명의 품에 안겨 전 국

민의 오열 속에 영원히 돌아올 수 없는 한강을 건너 역사 속으로 떠나간 그 분. 지나친 결벽이 혹시 독선으로 비난받을까 말없이 남편의 뒤에서 궂은일을 마다않으며 백목련처럼 살아 왔던 육영수 여사. 머리가 하얗게 센 노인들조차 백목련이 폭풍우에 스러지듯 적의 흉탄을 맞고 떠나가신 그 분을 어머니라 부르며 오열하던 비운의 역사를 우리는 기억해야 한다.

그로부터 수십 년의 세월이 흘렀어도 또다시 새봄이 오면 어김없이 이 땅에는 하얀 백목련이 흐드러지게 피어나듯 대한민국의 역사가 계속되는 한 그분들의 모습은 겨레의 기억에 영원히 남아있을 것이다. 아무리 파렴치한 거짓의 무리들이 박정희 대통령의 업적을 깎아 내리려 발버둥을 쳐도, 이미 그의 업적은 세계사의 흐름에 지울 수 없는 흔적을 남긴 지 오래다.

등소평의 '흑묘백묘(黑猫白猫)', 베트남의 '도이모이'를 보라. 박정희의 '세계시장을 향한 수출 공업화 모델'은 이미 전 세계 개발도상국의 경제 개발 모델의 교과서로 자리 잡은 지 오래다. 동북공정(東北工程), 한글공정만이 두려운가? 이미 중국은 박정희工程까지 도입해 우리가 버린 박정희를 가져갔다. 그 결과 불과 30년도 안된 사이에 세계 2위의 경제 강국으로 올라섰다. 우리가 버린 박정희를 다시 찾아오지 않는 한, 대한민국은 영원히 2류 국가의 굴레를 벗어나지 못할 것이다.

제4장 6.25 전쟁 이후 최대의 비극 5.18 광주사태

5.18을 연구하는 많은 사람들은 5.18 당시 북한군이 광주에 내려왔다는 사실을 증명하는 데 온 힘을 쏟고 있다. 하지만 이들은 연구의 방향을 잘못 잡고 있다. 북한이 어떤 식으로든 광주에 개입했다는 것은 상식적으로 당연한 일이다. 늘 대한민국을 적화시키기 위해 호시탐탐 기회를 노리던 김일성이 박정희라는 제일 강력한 숙적이 없어진 천재일우의 기회를 그냥 흘려버릴 수 있었을까? 김일성의 입장에서는 박정희 대통령이 사라진 마당에 5.18과 같은 사태를 대한민국 적화를 위

한 절호의 기회로 이용하는 것이 당연하다. 5.18의 진압에 참가했던 사람들 또한 규모는 차치하더라도, 분명히 북한이 어떤 식으로든 개입했을 것이라 확신하고 있다.

여기에서 제일 중요한 것은 북한군이 광주에 내려왔다는 사실 자체가 아니다. 그보다는 '북한군이 "어떻게" 광주에 내려올 수 있었는가'라는 사실이 중요하다. 5.18을 연구하는 많은 사람들은 북한군이 광주에 내려왔다는 사실 자체에만 집착할 뿐, 대체 그들이 어떻게 광주에 내려올 수 있었는지를 속 시원히 설명하지 못한다. 아무런 설명이 없거나, 10.26 사태 이후 20~30명이 조를 짜서 배로 침투했다는 식의 근거 없는 추정만을 일삼을 뿐이다.

'5.18 당시 북한군이 "어떻게" 광주에 침투했는가?'라는 사실은 한국의 현대사를 뒤집어 놓을 수도 있는 폭탄의 뇌관과도 같은 비밀이다. 정치권, 언론 등 모든 대한민국의 제도권을 비롯해 전두환과 5,6공 인사들까지 북한군 개입의 진실이 밝혀지는 것을 꺼려하는 이유가 바로 여기에 있다.

김대중 내란음모의 진실

5.18의 발단이 된 것은 [김대중 내란음모]였다.
아래의 내용은 내란음모로 구속된 김대중에 대한 공소장의 일부다.

〈前略〉1980년 5월 12일 북악파크 521호실에서 장기표, 심재권으로부터 『전국 26개 대학의 학생회장단 45명이 5월 11일-12일까지 서울대 학생회관에서 철야회의를 하여 '휴교령 발동시 단호한 투쟁을 전개한다'는 등의 결의를 하고 16일에도 전국대학 학생회장단은 이화여대에서 회의를 열어 새로운 투쟁방식을 협의하기로 하였는 바, 학원시위가 점차 확산될 것으로 전망된다』는 등의 동향을 보고 받고, 고대, 연대 등 명문대학의 동정을 잘 살피라고 지시하는 한편, 폭력에 의한 정부전복을 결의하고

1980 년 5 월 15 일 '난국수습을 위한 비상시국대책회의의 소집을 제의한다'는 제목의 성명서를 발표하게 함으로써 서울시내 각 대학생 수만명이 서울시청, 서울역 등 도심지에서 집결하여 전개하고 있는 격렬한 가두폭력시위를 자극, 격화하도록 조종하고

1980 년 5 월 15 일 자가에서 문익환, 예춘호, 이문영, 서남동, 이해동 등과 회합하여 예춘호, 이문영 등이 초안하여 온 국민연합 명의의 '민주화촉진 국민대회 선언문'을 검토한 바 5 월 7 일 '민주화촉진 국민선언'에서 요구한 '불법불의한 비상계엄의 즉각 해제', '신현확총리와 전두환보안사령관의 즉각 퇴진', '정치범의 전원 석방과 복권 및 부당하게 해고당한 근로자의 복직', 언론의 자유보장', '유정회, 통일주체국민회의와 정부개헌심위위원회의 즉각 해체 등에 대하여 <u>정부의 명확한 답변을 5 월 19 일 10 시까지 국민앞에 밝힐 것</u>'을 촉구하고 위의 요구가 관철되지 않을 때는 5 월 19 일 정오를 기해 국민은 투쟁에 나설 것을 선언하고, 선언문을 수정 성안하여 서명한 후 이를 발표하도록 하여, 문익환, 심재권을 시켜 동 선언문 30 부를 복제하여 각 신문, 방송기관과 서울대, 고대, 연대, 이화여대, 성균관대 등 학교에 배포함으로써 학생들의 폭력시위를 절정에 달하도록 조종하고

1980 년 5 월 17 일 북악파크 호텔 521 호실에서 문익환, 예춘호, 고은태, 이문영, 서남동 한승헌 등과 회합하여 문익환으로부터 '제 2 국민선언문'을 5 월 16 일 발표하였다는 말을 듣고 이를 확인한 후, 회합 참석자들에게 민주화촉진 국민운동 본부를 시급히 결성하자고 강조하면서 5.16 일 귀국한 최규하 대통령이 시국대책에 관한 발표가 있을 것으로 예상되니 일시 관망 하다가 계속 조치가 불투명할 시에는 '<u>제 2 국민선언문'에서 예고한 바와 같이 전국민적 봉기를 실행하자고 결의하는 등 내란을 음모했다.</u> 〈後略〉

상기 공소장의 내용은 김대중이 내란을 음모했다는 증거로 지금까지 인용되고 있다. 공소장 내용을 보면 김대중은 내란을 음모한 것이 확실해 보인다.

하지만 이것이 과연 진실일까?

앞에서도 언급했지만 검찰의 공소장 또한 당시의 승자에 의한 기록일 뿐이다. 따라서 진실을 밝혀내려면 모든 편견을 배제하고 당시의 객관적인 상황을 바탕으로 일반인의 상식에 따라 판단해 보아야 한다.

대통령 시해 이후 비상계엄이 발동된 상황에서 내란을 일으키겠다고 공언하고, 정부를 상대로 최후통첩을 한다는 것이 제 정신으로 할 수 있는 일일까? 이를 가리켜 혹자는 이러한 전 국민적 봉기를 실행하자는 것이 북한군을 불러들일 수 있다는 확신에서 비롯된 것이라고 말한다. 하지만 곰곰 생각해 보면 이는 도대체 말이 되지 않는 소리다. 대체 북한군을 얼마나 불러들여야 전국적인 내란이 가능한 걸까? 김대중이 그러한 엄청난 규모의 북한군을 전국에 삼엄한 계엄령이 선포된 마당에 무슨 수로 배후에 침투시킨다는 말인가?

《5공전사》에는 "노태우 장군에 의하면 (10·26)사건의 수사를 완결하기 위하여 정 총장을 수사해야겠다는 합수본부장 전 장군의 결심이 이미 11월 초에 확고히 섰으며 다만 적절한 시기만 기다려 온 것"이라고 나와 있다. 이처럼 전두환과 5공 세력들은 10.26이 일어난 지 불과 1주일 만에 12.12를 일으켜 계엄사령관이었던 정승화를 제거하려는 계획을 세웠다. 그렇다면 김대중 내란음모 또한 전두환과 5공 세력들이 대권을 잡기 위한 음모의 연장선일 가능성을 생각해 보아야 한다. 당시 김대중이 제2국민선언문을 발표했던 정황은 다음과 같다.

5월 16일 전국 59개 대학 총학생회장단은 이화여대에서 회의를 열고 비상계엄을 5월 22일까지 해제하고, 현 과동정부는 민주적 정부에게 연내 정권을 이양하고 정치일정을 5월 22일까지 명백히 공개하라고 요구했다. 이날 국민연합은

'제2차 민주화촉진선언문'을 발표했다. '5월 7일 제1차 선언에서 요구한 사항에 대해 5월 19일까지 정부가 명확한 답변을 할 것'을 요구하고, '이 요구가 관철되지 않으면 5월 22일 정오를 기해 대정부 투쟁에 돌입할 것'을 선언했다. 이와 함께 발표한 투쟁방침은 다음과 같다.

민주애국시민은 유신체제를 종결짓는 민주투쟁에 동참하는 의사표시로 검은 리본을 가슴에 단다.

비상계엄은 무효이므로 국군은 비상계엄령에 의거한 일체의 지시에 복종하지 말 것이며, 언론은 검열과 통제를 거부하고 전 국민은 민주화 투쟁을 용감히 전개한다.

정당, 사회단체, 종교단체, 노동자, 농민, 학생, 공무원, 중소상인, 민주애국시민은 5월 22일 정오에, 서울은 장충단 공원, 지방은 시청 앞 광장에서 민주화촉진 국민대회를 개최한다.

이 성명이 나오게 된 경위에 대해 김대중은 먼 훗날에 다음과 같이 설명했다.

14일 그날에는 또 하나 특기할 만한 일이 있었다. 문익환, 이문영, 예춘호, 이해동 씨 등 재야 민주 세력의 지도자들이 나를 찾아와 성명서를 내보이며 서명을 요청했다. 이미 윤보선 전 대통령 등은 서명이 되어 있었다. 그런데 성명서 끝의 '우리의 요구'를 보니 참으로 가공할 내용이었다. 그 중 첫 번째가 '군은 무장을 해제하고 병영을 나와라'하는 주장이었던 것이다.

국군에게 전선을 포기하라는 이야기였다. 물론 당사자들은 계엄군이나 후방부대를 말하는 것이었겠지만 문서는 그냥 '군'으로 되어 있을 뿐이었다. 비상계엄 중에 이런 성명을 내면 '즉결 처분'을 당한다 해도 할 말이 없었다. 나는 강력하게 반대하여 세 시간 동안 격론을 벌인 끝에 원안을 버리게 했다. 대신 '계엄령의 즉시

해제'와 '신현확, 전두환의 퇴진'으로 압축해서 성명을 새로 썼다. 훗날 나는 나를 담당한 수사관으로부터 그 일과 관련된 이야기를 들을 수 있었다.

"그때 만약 그 성명을 원안대로 냈더라면, 아마 당신 목숨이 몇 개 있어도 부족했을 거요."

(김대중, '나의 삶 나의 길' 서울: 산하출판사, 1997. 235~236)

5.18 광주사태를 '김대중의 내란이다'라고 주장하는 측과 '전두환의 내란'이라고 주장하는 측은 위와 같은 당시의 상황을 철저히 정 반대의 입장에서 분석한다. 아래는 5.18 광주사태가 전두환의 내란이라고 주장하는 입장에서 당시 상황을 설명한 내용이다.

〈이 모든 단체행동 등이 비상계엄령이 선포된 상황에서 일어났다. 전두환이 바라던 일이었다. 전두환은 5월로 들어서면서 '충정부대'를 대도시 주변에 배치하여 시위 진압을 위한 만반의 준비를 완료했다.

분위기가 심상치 않았다. 위기를 느낀 김대중은 5월 16일 아침 김영삼에게 급히 연락, 동교동 집에서 회동한 뒤 시국수습 6개항을 제시했다. 김영삼과 김대중은 비상계엄령의 즉각 해제, 모든 정치범의 석방과 사면, 복권 단행, 정부주도하의 개헌 포기, 정치일정의 연내 완결 등을 주장하고, 학생들에게는 '질서와 평화를 유지하기 위해 최대한의 자제력을 발휘해 줄 것'을 요망했다. 그러나 이미 때는 늦었다. 민주화 요구가 가두시위의 형태로 증폭되어 사회 혼란이 조성되기를 기다리던 전두환 일당은 칼을 뽑았다.〉 (〈1980년 대한민국〉(이윤섭 저 78페이지)

한편, 5.18 광주사태를 김대중의 내란이라고 주장하는 측은 당시 상황을 아래와 같이 분석한다.

《김대중의 내란 음모 사건은 5월 18일이 아닌 5월 15일에 이미 시작되었다고 보는 견해가 타당할 것이다. 그달 오후 1시 반 경에 시위대 중에서 뛰쳐나온 괴청년들이 시민버스를 탈취한 후 그 버스로 남대문 앞 경찰저지선을 들이받아 전경 한 명이 즉사하고, 여러 명의 경찰관이 중상을 입은 사건이 있었는데, 그들이 이런 무리한 폭력시위를 한 이유는 윤상원 일당의 목표를 관철시키기 위해서였다. 광주사태 주동자 윤상원의 전민노련은 이미 5월 15일에 청와대와 중앙청과 각 방송국들을 접수할 음모를 세워놓고 있었다.》(김대령 Facebook 2016. 2. 25. 게시물)

실제로 위 분석에서와 같이 김대중의 거리 투쟁 세력이 반정부 시위를 기획하고 실행했던 것 또한 분명한 사실이었고, 당시 대학생이었던 심재철, 유시민, 문재인 등이 이러한 시위를 주도한 것도 부정할 수 없는 사실이다.

위 두 가지 대립되는 설명을 보라. 어느 입장에 따르건 일방은 완전한 선, 다른 일방은 완전한 악으로 도무지 교집합을 형성할 여지가 없어 보인다. 5.18을 두고 1980년에는 김대중의 내란, 1995년에는 전두환의 내란이 되어 같은 사건을 두고 정반대의 결론이 나온 것도 이처럼 서로 공통분모를 찾을 수 없는 대립하는 입장을 반영하고 있다. 그렇다면 도대체 왜 같은 역사적 사건을 두고 이처럼 정반대의 해석이 나오는 것일까? 도대체 무엇이 진실일까? 누누이 언급하지만 역사의 해석에서 일방은 선, 일방은 악이라는 프레임에 따라 현상을 파악하면 오류에 빠지기 마련이다. 역사의 흐름을 제대로 파악하려면 인간은 각자의 욕망을 지닌 존재이고, 이러한 욕망이 인과관계와 시대상황의 흐름에 따라 어떻게 작용했는지를 분석해야 한다.

김대중이 당시에 반정부 투쟁을 주도했던 것은 사실이다. 하지만 과연 김대중이 여기에서 나아가 평양과 내통해 총기를 탈취하는 폭동을 기획했을까? 전국에 비상계엄령이 선포된 상황에서 내란을 일으키겠다고 공언하고, 정부를 상대로 최후통첩을 한다는 것은 정신병자가 아닌 이상 불가능한 일이다. 당시 〈매일경제〉 기사에서도 나온 것처럼, 김대중은 5월 16일에 김영삼과 회합을 갖고 질서와 평화 유지를 위해 학생들에게 최대한 자제력을 발휘해 줄 것을 촉구했다. 또 양김 씨는 15일 학생 시위 과정에서 사망한 경찰관과 학생 경찰 쌍방의 부상자에 대해 심심한 애도의 뜻을 표했다.

〈김영삼, 김대중은 16일 상오 동교동 김씨 자택에서 회합을 갖고 학생들은 질서와 평화 유지를 위해 최대한 자제력을 발휘해 줄 것을 촉구했다. 이 날 양김씨는 회담이 끝난 후 박권흠 신민당 대변인을 통해 이같이 밝히고 1) 최근의 비상시국 타개를 위해 정치일정의 연내 완결을 목표로 한 일정 발표 2) 비상계엄령의 즉시 해제 3) 정부주도 개헌안 작업포기 등 6개 항에 대해 합의했다고 발표했다. 또 양김 씨는 15일 학생 시위 과정에서 사망한 경찰관과 학생 경찰 쌍방의 부상자에 대해 심심한 애도의 뜻을 표했다.〉 - 〈매일경제〉 1980년 5월 16일자 기사 전문

하지만 이후 사태는 기묘하게 돌아가기 시작한다. 김대중의 구속과 함께 광주에서 시위가 일어나더니, 갑자기 600명의 대학생이 시위를 지원하기 위해 관광버스를 타고 온다는 소문과 함께 정체불명의 괴한 600명이 광주 시내에 도착한 것이다. 그렇다면 생각해 보자. 이렇게 시위가 확산됨으로 말미암아 단기적으로 가장 큰 이득을 보는 세력은 누구일까?

대규모 폭동이 전국적으로 확산되어 쿠데타가 성공한다면 김대중이 가장 큰 이득을 보게 될 테고, 심각한 폭동이 일어나지만 이 폭동을 멋지게 제압한다면 전두환 세력이 가장 큰 이득을 보게 될 것이다. 두 세력 가운데 누가 더 절박한 상황이었고, 누가 더 강한 힘을 지니고 있었을까?

한국 현대사 최대의 비밀을 밝히다

전두환과 5공 세력들은 대통령 시해사건에 현 정권의 많은 사람들이 연루되었음을 알고 이를 약점으로 잡아 정권을 차지하기로 공모했을 가능성이 농후하다. 이를 위해 가장 시급한 것은 구군부를 축출하고 군 전체를 완전히 장악하는 일이었다. 이러한 계획이 바로 12.12 사건으로 구체화되었던 것이다.

전두환은 일단 군을 완전히 장악하는 데는 성공했다. 하지만 최규하 정권이 국민에게 발표한대로 개헌을 실시하고, 10.26과 무관한 사람이 대통령에 당선되어 정권을 잡는다면 그들은 하극상 반란사범으로 사형을 면치 못했을 것이다. 전두환의 입장에서는 이미 호랑이의 등에 올라타 끝까지 가야만 하는 형국이었다. 그렇다면 그는 여기에서 최규하를 끌어내리고 자신이 대통령이 되느냐, 아니면 자신이 처형당해 죽느냐라는 양자택일의 선택지만이 남아 있었을 뿐이다.

게다가 당시 전두환은 미국의 인정을 받지 못해 대단히 큰 마음고생을 하고 있었다. 일본의 〈산케이 신문〉은 12월 23일자 서울발 기사로 '신뢰할 만한 복수의 외교 소식통'을 인용, "전두환 보안사령관은 머지않아 사단장으로 전출될 것이며, 부임하는 것과 동시에 군복을 벗고 예편할 예정인데 그 배후에는 미국의 강력한 요청과 압력이 개재되어 있다"고 보도했다. 다음날인 24일자 〈아사히신문〉도 '서울 소식통'을 인용, '미국은 군사면의 책임을 명확히 하기 위해 전두환 소장의 실질적인 퇴진, 구체적으로 동 소장의 퇴역을 강력히 요구하고 있다"고 보도했다. 당시 한국 정가와 언론계에는 미국의 압력으로 전두환이 퇴역할 것이라는 이야기가 그럴듯하게 나돌았었다. 12.12 군사반란 직후 보안사령부에 잡혀가 조사를 받고 나온 한 예비역 장성의 증언은 전두환이 겪었던 마음고생을 잘 말해준다.

《내가 보안사에 붙잡혀 들어가자 집사람이 생각다 못해 전두환 장군의 부인 이순자 씨를 찾아갔다. 집사람은 이씨와 아우 형님하면서 잘 지내온 사이였다. 집사람이 "어떻게 남편을 살릴 수 없느냐"고 사정을 하자 이씨는 "우리 형편도 마찬가지다. 미국이 인정을 안 해줘 남편이 일이 실패했다고 졸도했다"고 말했다고 한다. 당시 전 장군은 위컴 사령관이 12.12 거사를 인정하지 않는다는 것을 어떤 인사를 통해 분명히 전해오자 크게 상심했다는 말을 나도 들은 적이 있다.〉(《1980년대 대한민국》 이윤섭 저 18페이지)

그렇다면 이런 절체절명의 상황에서 그가 대통령이 될 수 있는 방법은 무엇이었을까? 당시 그는 최규하 세력의 약점을 잡고 있었지만, 김영삼, 김대중을 위시한 민주화세력도 자신이 대통령이 되기에는 큰 부담이자 걸림돌이었다. 또한 당시 거의 이름이 알려지지 않았던 그가 최규하를 협박해 대통령이 된다 해도, 대다수 국민들의 반발을 어떻게 감당할 수 있겠는가? 이런 상황에 처한 그는 최규하를 끌어내리고, 김영삼, 김대중을 위시한 민주화세력을 일망타진하고, 국민들의 공감마저 얻을 수 있는 일타삼피의 음모를 꾸미게 된다.

생각해 보라. 당신이 전두환이라면 이러한 절체절명의 상황을 타개하기 위해 어떤 음모를 꾸미겠는가? 바로 민주화세력이 주도한 대규모 폭동이 일어나고, 자신이 멋지게 이러한 국가적 위기를 제압한다면 모든 목적을 달성할 수 있다. 우선 최규하 정부의 무능을 부각시키는 동시에 민주화세력을 일망타진할 수 있기 때문이다. 또한 무능한 최규하 정부에서 비롯된 혼란을 완벽히 처리한 믿음직한 집단으로 새로이 부상해 불안감을 느낀 국민들의 반발을 잠재울 수도 있다.

이에 그는 군사적 위기를 일으킬 음모를 꾸민 다음, 이를 계기로 전국으로 계엄을 확대해 최악의 경우 최규하 대통령까지 구속할 것을 각오하고 김대중을 구속한 것이다. 지역감정을 이용해 내란을 유도하려는 첫 단추가 바로 5.17의 김대중 구속이었고, 김대중을 구속한 죄목은 다름 아닌 내란음모였다.

'김대중은 내란을 음모했고, 구속된 김대중을 석방하라는 시위가 격화되어 대규모 폭동이 일어나고, 이를 전두환이 완벽히 제압한다.' 전두환의 입장에서는 일타

삼피의 완벽한 시나리오가 아닌가? 아니나 다를까 김대중을 구속한 이후, 광주에서는 그를 석방하라는 시위가 일어나기 시작한다. 이제 여기에서 대한민국 현대사의 가장 큰 비극이 시작된다.

전두환이 계획한 목적을 달성하기 위해서는 과격한 시위 정도를 넘어 총기를 든 폭동 수준의 내란이 벌어져야 한다. 당시 과격한 시위가 일어난 것은 분명한 사실이었고, 전두환은 내심 이러한 상황을 두고 쾌재를 부르고 있었을 것이다. 여기에서 김대중과 김영삼은 성명을 발표해 학생들의 자제를 촉구했다. 하지만 전두환의 입장에서는 이 시점에 그들의 시위를 폭동 수준으로 확대시켜야 했다. 그렇다면 누구에게 총기를 들려서 폭동을 유도할 수 있을까? 내란 수준의 유혈 폭동이 일어나려면 총기 탈취가 필요하고, 총기를 들고 무장 폭동을 주도할 세력이 있어야 한다. 아무리 전두환이 음모를 꾸몄던들, 자신의 부하들을 그러한 세력으로 가장시켜 계획을 실행할 수는 없었을 것이다. 그도 사람인 이상 차마 부하들에게 어떻게 총기를 들고 같은 국민들 속에 들어가 폭동을 일으키라고 지시할 수 있겠는가? 이는 소수의 인원으로 벌일 수 있는 일도 아니고, 최소 몇 십 명 이상이 투입되어야 하는 엄청난 음모였다. 아무리 부하들에게 그러한 일을 시킨다 한들, 수백 명에 이르는 부하들을 통해 말이 새어나갈 위험을 감수하기는 어려웠을 것이다. 그렇다면 그가 생각할 수 있는 유일한 방법은 무엇이었을까?

바로 여기에서 10.26사태 이후 40년간 꽁꽁 숨겨져 왔던 대한민국 현대사 최대의 비밀이 등장한다. 전두환 측이 생각해 낸 방법은 바로 김일성과 내통해 북한군을 끌어들이는 방법이었다.

누가 광주사태에 북한군을 끌어들였을까?

5.18이 김대중이 사전에 북한과 내통해 일으킨 내란 음모이자 폭동이라고 주장하는 사람들과, 5.18은 전두환의 내란에 맞선 광주시민들의 민주화 운동이라고 주장하는 사람들은 각자 당시의 상황을 달리 해석하며 각자의 견해를 내세운다.

한 가지 상황을 두고서 완전히 다른 견해가 대립되고 있는 것이다. 이토록 같은 상황을 두고 정반대의 해석이 공존한다는 것은 양 진영의 주장 모두가 한편으로 맞다는 이야기일 수 있다. 한 쪽을 일방적인 선, 다른 한 쪽을 일방적인 악으로 양분해 모든 현상을 해석하려 들면 사태를 객관적으로 볼 수 없다. 5.18의 비밀을 둘러싼 진실을 끝까지 밝히지 못하는 이유는 이처럼 일방은 선이고 일방은 악이라는 이분법적 프레임에 매몰되어 있기 때문이다. 당시 부마사태, 사북사태 등 박정희 대통령의 사후 김일성이 남한의 혼란에 어떤 식으로든 개입하려 했다는 것은 충분히 예상할 수 있다. 중앙정보부 또한 이러한 움직임을 감지했을 테고, 당시 전두환은 중앙정보부 서리로서 중앙정보부마저 완전히 장악하고 있었다. 그러한 전두환으로서는 부마사태와 사북사태에 간첩들이 개입해 시위를 확산시켰던 것은 물론, 10.26 이후 소규모로 북한 특수군이 해안으로 침투해 부마사태와 같은 반정부 폭동을 계획하고 있다는 사실을 감지하고 있었을 것이다. 아래 탈북자들의 5.18 증언록 《화려한 사기극의 실체》에서는 이러한 움직임이 실제로 있었다는 것을 보여주고 있다.

(11명의 침투요원들은 잠수함에서 내리기 전에 당과 수령, 조국과 인민을 위해서 최후의 한 명이 남을 때까지 목숨을 바치며 적들의 손에 잡히면 무조건 자폭을 한다는 서약서에 서명을 하였다고 한다. 잠수함에서 하선하여 남쪽의 안내원을 따라 도착한 곳은 남조선의 전라도 지역인 목포라는 해안가 도시의 작은 상점가게 안방이었다. 침투인원들은 그곳에서 7명의 현지 북한요원들(이 7명은 이미 전에 북한에서 파견되어 내려온 공작조)을 만났고 그들을 통해서 앞으로 전라도 지역에서 계획하고 있는 작전내용과 이를 위한 사전 준비 작업이 무엇인지에 대한 임무사항을 전달받았다.) [화려한 사기극의 실체 5.18 - 자유북한군인연합 지음 76쪽]

여기에서 주목할 것은, 이들은 이미 전라도 지역에서 모종의 계획이 진행되고 있다는 사실을 알고 사전에 침투했다는 사실이다. 그 계획을 미리 알았기에 11명의 후발대가 목포 지역에 침투해 미리 침투해 있던 선발대와 조우하고 사전 준비 작업을 시작했던 것이다. 5.18은 북한군이 침투해 일으킨 폭동이라고 주장하는 측에서는 바로 이러한 사전작업들이 김대중과 북한이 내통한 증거이며, 김대중과 북한군이 광주사태를 통해 대한민국을 적화시키려 한 것이라는 주장을 견지하고 있다.

하지만 생각해 보라. 뭔가 이상한 점을 느끼지 못하겠는가? 광주사태가 일어나기 1년 전, 1979년 김영삼이 제명되면서 이에 항의하는 학생 시위가 일어났고, 이 시위가 곧 부마사태로 확대되었다. 마찬가지로 광주사태가 어떻게 촉발되었는지를 돌이켜 보라. 1년 전 일어났던 부마사태를 그대로 재현하는 듯, 김대중이 구속되자 전남대 학생들은 김대중을 석방하라는 시위를 시작한다. 곧이어 정체불명의 괴한 600명이 나타나 대중들을 선동하면서 총기를 든 무장폭동으로 격화되었다.

뭔가 이상하지 않은가? 미래를 예측할 수 있는 전지전능한 신이 북한의 공작을 지휘한다면 모를까, 시위가 곧 일어날 것이라는 사실을 사전에 예측하고 뒤이어 필요한 조치를 미리 취해놓기란 불가능하다. 그렇다면 누군가가 시위가 일어날 상황을 꾸민 다음, 북한과 내통해 미리 세운 계획에 맞춰 북한군을 끌어들였다는 결론을 도출할 수 있다. 자, 그렇다면 '김대중 구속'이라는 시위를 유도하기 위한 필요충분조건을 현실로 옮긴 세력은 누구였을까? 바로 전두환의 신군부였다. 혹자는 김대중이 북한과 내통해 북한군을 끌어들여 내란을 일으켰다고 하지만 이는 상식적으로 말이 되지 않는 소리다. 1장에서 살핀 바처럼 600명의 대규모 북한군이 광주에 침투했다는 것은 분명한 사실이며, 전국에 삼엄한 계엄령이 발동된 대규모의 북한군을 끌어들인다는 것은 불가능했다. 신군부 측에 북한군을 데리고 와서 폭동을 일으킬 테니 협조해 주시오."라 제안하고 신군부 측의 승낙을 받는다면 모를까, 당시의 모든 정황을 고려한다면 이러한 엄청난 일을 벌일 수 있는 집단은 당시 모든 군권을 장악하고 있던 전두환 측뿐이라는 결론으로 귀결된다.

    5월 17일 자정에 신군부는 김대중을 체포했고, 전남대 학생들이 5월 18일에 이에 항의하는 시위를 시작하면서 광주사태가 촉발되었다. 부마사태로 학습효과를 거둔 전두환 측은 김대중의 구속과 동시에 대학생들의 석방 시위가 당연히 일어날 것으로 예상하고 김대중을 구속한 것이다. 이에 전남대 학생들의 시위가 일어나자마자 이 상황을 사전에 예측하고 만반의 준비를 갖춰 놓았던 전두환은 김일성에게 대규모의 북한군을 파견(?)해 며칠 정도 총기를 들고 폭동으로 격화시킨 다음 철수해 달라고 요청했고, 김일성은 이 제안을 대한민국을 적화시킬 절호의 기회로 이용하고자 기꺼이 응했던 것이다. 한 마디로 동상이몽의 거래였다. 전두환은 김일성에게 그 대가로 무언가를 약속했을 것이 분명하다. 하지만 김일성은 이참에 교도소를 습격해 수감 중인 좌익 사범들과 함께 폭동을 확대시키면, 바로 휴전선에서도 밀고 들어가 대한민국을 적화시킬 계획을 세웠다고 추측할 수 있다. 서로 이렇게 동상이몽을 하다 보니, 김일성이 당시 파견한 북한군에게 지시해 교도소를 습격하는 순간 서로간의 약속은 깨졌던 것이다. 교도소를 습격하던 북한군이 몰살당한 것도, 김일성이 전두환을 상대로 아웅산에서 테러를 시도한 것도, 이처럼 서로의 약속이 틀어진 탓이 아니었을까?

    하지만 이 추악한 결탁에서 비롯된 비극은 여기에서 끝나지 않았다. 이후 김일성은 전두환과 공모한 5.18 북한군 침투라는 엄청난 사건을 대한민국을 통째로 집어삼키기 위한 무기로 활용하게 된다. 386 민주화세력들의 발호와 2017년 박근혜 대통령의 탄핵 사태 또한 이 엄청난 현대사의 비밀과 직접적으로 이어져 있다.

5.18의 진실을 밝히겠다는 많은 사람들이 아직도 5.18을 둘러싼 비밀을 밝히지 못하는 이유는 어느 한쪽의 주장에 일방적으로 매몰되어 있기 때문이다. 그래서 십년 이상을 5.18에 매달려 있으면서도 5.18 북한군의 명백한 증거인 '광수'를 발견하지 못한 것이다. 다시 한 번 말하지만, 모든 역사는 인과관계에 따라 진행되고 사람이란 각자의 욕망을 지닌 존재다. 그리고 그러한 욕망이 인과관계를 따라 이어져 역사를 형성한다. 이 사실을 간과하고 일방은 선, 일방은 악이라는 틀에 갇히는 순간 오류에 빠지기 마련이다.

북한군은 어떻게 광주에 들어왔을까?

앞의 1장에서 살핀 것처럼 5.18 광주사태 당시 북한군 600명이 광주에 침투했다는 사실은 누구도 부정하기 힘든 객관적인 증거로 뒷받침된다. 여기에서 우리는 가장 중요한 화두에 주목해야 한다. 그렇다면 북한군 600명은 광주에서 시위가 발생한 지 이틀 반 만에 어떻게 광주까지 들어올 수 있었을까?

5.18 전문가라고 자타가 공인하는 J모 씨는 그의 저서에서 "북한군 600명은 10.26 이후 20~30명씩 조를 짜서 축차적으로 침투했다."고 주장한다. 과연 그의 주장이 현실적으로 가능한 일이었을까?

그의 주장에 따르면, 김일성은 10.26 사태가 발생하자마자 정확히 7개월 이후 김대중이 구속되어 광주에서 시위가 일어날 것을 예측하고 20~30명씩 병력을 축차적으로 침투시켰다는 이야기가 되어버린다. 도대체 이게 말이 되는 소리인가? 김일성이 신이 아닌 이상, 7개월 이후 일어날 일을 정확히 예측해 그에 대비했다는 것인가? J모씨의 논리가 이러한 점에서 벽에 부딪히자, 혹자는 '미리 알았던 것이 아니라, 만일의 사태에 대비해 미리 병력을 내려 보낸 것이다.'라고 주장한다. 하지만 이러한 주장 또한 말이 되지 않는 것은 마찬가지다.

사람은 하루에 3끼를 먹어야 살 수 있다. 하루에 1인당 소비하는 식량은 약 800그램이다.(북한군 1일 보급기준) 그렇다면 600명이 하루에 소비하는 식량은 얼마나 될까? 480,000 그램, 즉 480 킬로그램이다. 한 달이면 14.4 톤이고 7 개월이면 100.8 톤이다. 이런 막대한 분량의 식량을 무슨 수로 조달한다는 말인가? 식량뿐만 아니라 기타 필요한 소모품을 고려하면 상상을 초월하는 물량이다. 따라서 이러한 주장 또한 말도 안 되는 억지일 뿐이다.

침투수단도 문제다. 혹자는 5.18 당시 광주에 왔었다는 김명국(가명)의 증언을 예로 들면서 해상으로 침투했었다고 주장한다. 또한 자유북한군인연합 공동대표 최중현 씨는 4 군단 70 정찰대대 출신 이덕선 씨로부터 들은 이야기를 인용해 대형 공작선과 잠수함으로 투입했다고 말하기도 한다.

〈자유북한군인연합 공동대표인 최중현 씨는 4 군단 70 정찰대대 출신 이덕선 씨로부터 당시 인민무력부정찰국 소속 정찰대대들이 광주에 투입된 정황에 대해 비교적 자세히 들었다고 했다. **대동강 하류에 있는 남포시 인근에서 고깃배로 위장한 대형 공작선에 300 명을 태우고 출발, 공해상을 거쳐 북한에서는 백암이라고 알려진 서해상으로 침투했다. 나머지 300 명은 북한 동해안 신포지역의 마양도에서 출발해서 잠수함을 타고 전남 지역으로 투입되었다는 것이다……. 여기서 투입하기로 예정된 수와 실제로 광주에 도착하여 활동한 인원수는 다를 수 있다. <u>투입시도가 있었다는 말과 출발인원 전원이 침투에 성공했다는 말은 다르기 때문이다.</u>** 다만 우리는 300 명 단위로 두 무리의 북한군이 출발하였다는 증언에 귀를 기울여 볼 뿐이다.〉 [김대령 역사로서의 5.18 제 2 권 184 페이지]

하지만 이러한 증언에서는 중대한 맹점을 볼 수 있다. 위 글을 인용한 저자 또한 의문을 제기하듯, 투입시도가 있었다는 말과 출발인원 전원이 침투에 성공했다는 말은 엄연히 다르다.

북한이 간첩을 침투시킬 수 있는 반잠수정은 서해안에 6 대가 배치되어 있었다. 반잠수정은 5t 크기로 길이 8.75m, 폭 2.5m이며, 승조원 3 명, 안내 및 공작원 2

~3명 등 모두 5~6명이 탈 수 있다. 만약 북한 특수부대가 해상으로 침투했다면 100대의 반잠수정이 소요되고 6대를 풀가동한다고 해도 34회를 왕복해야 한다. 무슨 인천상륙작전을 하는 것도 아니고…도무지 말도 안 되는 억지가 아닐 수 없다.

J모씨는 10.26 이후 20~30명씩 조를 짜서 지속적으로 침투했었다고 주장하고 있다. 아마도 그는 간첩선 모선을 염두에 두고 이러한 주장을 펼치는 것 같다. 하지만 과연 간첩선 모선으로 600명이라는 대규모 병력을 침투시킬 수 있었을까?

간첩선 모선은 어선을 개조한 것으로 국가정보원이 웹진에 공개한 '공작모선'은 간첩 호송을 전담하는 무장선박(통상 27~35m)이다. 이 공작모선의 속도는 35~40노트이며, 선미(船尾) 내에 해안침투용 반잠수정(공작자선, 통상 5~10톤, 8.5~13m)을 탑재하고 있다. 북한은 간첩모선을 이용해 공작지역의 공해까지 이동한 후, 후미에 싣고 있던 공작자선을 이용해 해안으로 침투한다.

간첩모선이 직접 우리 눈에 띄었던 것은 1983년 8월 13일에 울릉도 근해에서 우리 구축함에 발견되어 격침된 사례가 유일하다. 간첩모선은 공해상에서 가까운 연안 해안에 간첩자선을 침투시키는 것이 주 임무이며, 직접 해안까지 들어왔던 일은 없다. 따라서 만일 북한군특수부대원 김명국(가명)씨가 해상으로 들어왔었다면, 이는 소수의 인력만 따로 차출해 분산침투하기 위한 목적이었을 것으로 분석된다. 위와 같은 사실로 미루어 보아 10.26 이후 20~30명씩 조를 이루어 (해상으로) 침투했다는 J모씨의 주장은 전혀 타당하지 않다는 것을 알 수 있다.

물론 10.26 이후 10명 내외의 특수부대원들은 사회를 혼란시키고 후방을 교란할 임무를 띠고 침투해 광주사태가 일어나기 훨씬 전부터 침투해 무기고 위치를 알아보는 등, 사전에 어떤 식으로든 대한민국의 혼란스러운 상황을 이용할 공작을 펼쳤다고 볼 수도 있을 것이다. 하지만 당시 연고대생 600명으로 알려진 대대급의 북한 특수군은 갑자기 징발되어 육상으로 침투한 것이 분명하다. 5월 18일 광주에서 시위가 일어났다는 소식을 들었거나, 혹은 누군가가 미리 5월 18일에 광주에서 시위가 일어날 것임을 북한에 알려주었고, 이 사실을 듣고서 (미리 준비하고 있다가) 시위가 일어나자마자 침투한 것이 당시의 모든 상황을 매끄럽게 설명해 주는 합리적인 설명이다. 실제로 하바로스크에서 탈북자들을 돕고 있는 익명의 여성 선교사는 〈참깨방송〉 김종환 대표와 전화 인터뷰를 통해 북한군 1개 대대가 하루아침에 급파된 사실을 명확히 증언하고 있다.

〈**하루아침에 1개 대대가 내려오기 위해서**..그 때 남쪽에서는 장발이 유행이었다고 합니다. 북한에서 이거를 어떻게 해야 되냐 고민하다가...북한 군인들은 빡빡머리였거든요. 그래서 **가발공장을 가동시켜서 하룻밤에 200개를 만들어서 그걸 뒤집어쓰고 내려왔다**는 그런 말을 한 적이 있어요. 시베리아에서 벌목공들이 많이 나왔는데, 그 벌목공들을 감시하고 있는 보위부가 있어요. 그 보위부 대장으로부터 그런 이야기를 들었습니다.〉

〈장농이 하나 있었대요.... 이것저것 정리하다가 장농을 들어냈는데, 장농 뒤에 흰 백묵으로 글씨가 씌었었대요. '**난 지금 남조선에 급파되어 내려간다. 내가 돌아오지 않는다면 광주사태에서 죽고 돌아오지 못하는 걸로 알고 있어라.**' 돌아오지 못한 경우 누군가 이걸 봐 주기 바라는 마음으로 써 놓은 것 같다고 했습니다.

'그분 결국 못 돌아왔답니까?' '못 돌아왔답니다.'〉

〈하바로스크에서 살고 있는 북한 의사가, 원래는 의사가 아니었는데 침술을 배워서 무국적자로 살고 있습니다. 어떻게 당신이 러시아로 오게 되었느냐. 벌목공으로 왔는데 자신은 탈북했다. 자신은 침술을 좀 배워서 무면허로 북한 사람들도 고쳐주고, 현지인들도 고쳐주고 하며 하바로스크에서 산다.... 광주사태에 **북한이 전격적으로 개입해서 1개 대대가 내려갔을 뿐 아니라,** 더 많은 숫자가 자기가 알고 있는 한 *600 명 이상이 내려갔고 김일성 장군이 아쉬워하며 또 한 번의 광주사태를 만들어 달라고 했다는 이야기를 들었습니다.*⟩ [12]

이와 관련해 풀어야 할 또 다른 의문이 있다. 5 월 21 일 새벽, 20 사단 지휘부는 호남고속도로 톨게이트 부근에서 낫을 든 괴한들에게 14 대의 차량을 탈취당했다. 이 괴한들은 당연히 광주에 침투한 북한 특수군이었을 것이고, 시간적 차이를 생각해 보면 이들 북한 특수군은 시위가 일어난 지 약 이틀 반나절 만에 광주까지 내려왔음을 알 수 있다. 자, 그렇다면 생각해 보자. 북한 특수군 600 명은 이틀 반 만에 광주까지 어떻게 내려올 수 있었던 걸까? 과연 이것이 물리적으로 가능한 일이었을까?

아래 사진은 휴전선 철책의 모습이다. 600 명의 병력이 이 철책을 뚫고 아무도 모르게 침투한다는 것이 과연 가능한 일일까?

---

[12] https://www.youtube.com/watch?v=q1Wq1I4C30g&t=1s

도저히 불가능한 일이다. 누군가의 말대로 땅굴을 통해 들어왔다 치자. 그렇다고 해도 전혀 말이 되지 않는 것은 마찬가지다. 휴전선에서 광주까지의 거리는 최소 500km 가 넘는다. 이 거리를 60 시간만에 도보로 침투한다고? 쉬는 시간 없이, 잠도 안자고 이틀하고 또 반나절을 시속 10km 의 속도로 뛰어야 겨우 가능한 일이다.

더구나 그 당시는 비상계엄 상황이었다. 모든 마을과 부락마다 예비군이 동원되어 목진지를 점거하고 삼엄한 경계를 펴고 있었다. 또한 마을에 있는 개들은 어떻게 피했을까? 개의 청각은 사람의 청각에 비해 4 배나 예민하며, 후각은 100 만 배가 발달해 있다. 사람을 속일 수는 있어도 개의 청각이나 후각을 속이기란 불가능하다. 그렇다면 도대체 이들은 어떻게 광주로 침투할 수 있었던 것일까?

대규모 병력이 목포지역에 하선해서 도보로 이동하는 것 또한 불가능했다. 개 짖는 소리만 들어도 신고할 때였고, 그 당시 간첩신고 보상금은 최고 3 천만원(지금 가치로 10 억이 넘는다)으로, 간첩을 제대로 신고하는 것은 로또가 당첨되는 것 이상의 행운이었다. 게다가 당시에는 통행금지시간이 있어 밤 12 시 ~ 새벽 4 시까지는 이동이 불가능했다.

여기에서 모두가 경악할 만한 결론이 도출된다. 이상의 증언들이나 정황을 종합해 볼 때 북한군 600 명의 주력은 이른바 5.18 전문가들의 주장대로 수개월에 걸쳐 내려왔거나 배를 이용한 것이 아니라, 광주사태가 일어나기 직전에 휴전선을 버젓이 통과해 육로로 광주까지 내려왔다는 결론에 이른다.

그렇지 않다면 그들은 어떻게 휴전선 철책을 통과했기에 넘어온 흔적조차 발견되지 않고, 휴전선을 넘어온 후 광주까지는 어떤 방법으로 이동할 수 있었을까? 이러한 의문을 감안하면 북한 특수군은 누군가와의 내통으로 휴전선에 설치된 철문을 당당히 넘어와 미리 대기하고 있던 예비군 수송 버스로 위장한 관광버스를 나눠 타고 광주까지 들어온 것이 분명하다. 만일 600 명의 북한 특수군을 배나 잠수함으로 실어 날랐다는 증언이 사실이라면, 역시 사전 내통에 따라 전남 지역 해안에 한 사람도 빠짐없이 무사 상륙해 미리 대기해 둔 관광버스로 실어 나른 것이다. 광주에서의 시위가 격화되던 20일, "서울에서 연고대생 600명이 관광버스로 시위를 지원하기 위해 내려온다."는 유언비어가 돌았다. 여기에서 퍼즐이 맞춰진다. 아주 친절하게 그들이 어떻게 침투했는지를 알려주고 있지 않은가? 여기에서 가능성은 두 가지로 요약된다. 1) 북한군 600명은 누군가와의 사전내통으로 문산~장파리 지역의 휴전선을 넘어 와서 미리 대기하고 있던 15~20대의 관광버스를 나눠 타고 예비군수송차량으로 위장해 광주까지 직행했거나, 2) 역시 사전 내통에 따라 600명의 북한 특수군이 배와 잠수함을 타고 무사히 전남 지역 육지에 상륙한 다음, 미리 준비해 놓은 여러 대의 관광버스를 타고 광주까지 직행한 것이다. 아래 서울지방검찰청의 사건 기록에서도 그러한 정황이 명확히 드러난다.

*(02:30경 용산을 출발, 고속도로를 경유하여 08:00시경 광주에 도착한 20사단 지휘차량 인솔대는 광주공단 입구에서 진로를 차단한 수백 명의 시위대로부터 화염병 공격을 받고 사단장용 지프차 등 지휘용 지프차 14대를 탈취당하였는데, 그 과정에서 사병 1명이 실종되고(수일 후 복귀), 2명이 부상을 입었으며, **09:00시경 20사단 지휘차량을 타고 온 시위대 300여 명과 고속버스 5대를 타고 온 시위대 300여 명**이 아시아 자동차 공장을 점거하고, 장갑차 4대와 버스 등 차량 356대를 탈취하여 광주시내로 진출하였음(서울지방검찰청, 1995, 92~93))*

이밖에도 1980년 5월 22일, 광주 현장에 있었던 동아일보 김영택 기자는 600명에 이르는 정체불명의 시위대가 하루아침에 계엄군의 포위망을 뚫고 어떻게 나타날 수 있었는지를 두고 의문을 표시하며, 신군부 측이 광주 시위를 악화시키기 위해 500명의 시위대를 의도적으로 투입시켰다고 주장한 바 있다. 실제로 44개 무기소의 총기를 탈취당한 5월 21일, 계엄군은 상부의 지시에 따라 광주시 외곽으로 퇴각했다. 5월 21일 19시 30분, 계엄사령부는 전투교육사령부에 광주시 외곽 도로망을 완전 차단하라는 지시(작전지시 80-5 호)를 발동했고, 시내에서 철수한 계엄군은 외곽봉쇄작전을 수행했다. 그때부터 광주시는 완전히 고립되어 작전이 종료될 때까지 계엄군의 허락 없이는 시내에서 벗어나지도, 들어가지도 못했다.

〈오후 3시 8분에는 서울에서 500여 명의 대학생들이 도청 광장에 있다고 해서 이들을 환영하는 행사가 크게 벌어졌다. 이들 대학생들과 분수대를 가운데 두고 빙 둘러 앉거나 서있는 시민들로 광장은 꽉 차 있었다. 시민들은 서울에서 대학생들이 도착했다는 안내방송이 나오자 함성을 지르고 박수를 쳤다. 광장은 떠나갈 듯 요란했다. 이제 순수한 광주시민의 항쟁이 아니라 전국적인 지원을 받고 있는 항쟁으로 믿게 되었다. 백만 원군을 맞은 느낌이었다.

그러나 이들이 과연 진짜 대학생이었는지 커다란 의문이 아닐 수 없다. **왜냐하면 광주 외곽은 이미 20사단 병력까지 동원되어 철옹성같이 봉쇄되어 있는데 어떻게 500여 명이라는 대규모 인원이 광주에 들어올 수 있었는가, 하는 의문이다.**〉
[김대령《역사로서의 5.18》제2권 187 페이지, (김영택, 1988, 139)]

『500여 명의 시위대를 新군부 측이 의도적으로 투입시켰다』(金泳澤씨의 주장)

진술조서(제2회 · 1996년 2월 7일 · 요지)

金泳澤(당시 동아일보 광주 주재기자)

5 · 18 광주사태, 新군부 측에서 의도적으로 야기

문 진술인은 5 · 18 광주사태와 관련하여 당청에 왜 서신을 우송했나요.

답 서신내용에 기재된 바와 같이 5 · 18 광주사태는, 全斗煥 보안사령관 등 新군부 측에서 12 · 12 사건을 통해 군권을 장악하고 다시 정권까지 탈취하기 위한 구실을 만들기 위해 의도적으로 광주시민들을 폭도화시킨 후 이를 진압함으로써 결국 정권장악에 이르게 된 것으로 생각되므로 그에 대한 근거자료를 제공하여 주기 위해서 제가 위와 같은 서신을 우송하여 드린 것입니다.

문 그럼 全斗煥 등 新군부 측에서 정권을 장악하기 위해 광주사태를 유발하고 이를 무력으로 진압한 것이라는 말인가요.

답 예, 제가 5·18 광주사태 당시에 동아일보 광주 주재기자로 재직하면서 느낀 바로는 분명히 5·18 광주사태는 全斗煥 등 新군부 측에서 의도적으로 야기한 것으로 생각합니다.

문 왜 그렇게 생각하나요.

답 5월 22일 15시 08분경 저는 도청 앞 광장에서 취재 중에 있었는데, 항쟁본부에서 다음과 같은 내용의 방송이 있었습니다. 즉, 광주도청 앞을 비롯하여 금남로 등 주요 시위지역 곳곳에 500여 명 정도의 대학생들이 광주항쟁 지원 차 서울에서 내려왔다는 내용의 방송이었습니다. 그런데 당시의 상황은 이미 20사단 병력까지 동원하여 광주가 철옹성처럼 봉쇄되어 외부 사람들은 한 사람도 드나들 수 없는 상황이었는데 어떻게 그런 다수의 대학생들이 광주시내로 들어올 수 있었는지 이해가 가지 않습니다.

제가 생각하기에는 全斗煥 등 新군부 측에서 의도적으로 투입하지 않고서는 불가능한 일이라고 생각합니다. 또한 그 다음날인 5월 23일 13시경 광주도청 앞을 비롯하여 금남로 등 주요 시위지역에 복면을 한 시위대가 나타나 시위를 더욱 과격하게 확산시키며 주도했는데, 그것 또한 全斗煥 등 新군부 측에서 처음부터 정권을 장악하기 위해 의도적으로 광주시민 등 시위대들을 자극하여 시위를 확산시킴으로써 정권장악을 위한 구실을 만들기 위해 이루어진 일련의 행위라고 생각합니다.

崔圭夏 정부의 무능·한계 인식시키고자

문 왜 全斗煥 등 新군부 측에서 대학생으로 보이는 사람들을 의도적으로 광주 시위현장에 투입시켜 시위를 확산시켰다고 보는가요.

답 광주사태를 의도적으로 악화시킴으로써 崔圭夏 정부의 무능과 한계를 대외적으로 노정토록 하여 군부가 전면에 나서야만 나라가 안정되고 발전될 수 있다는 인식을 국민들에게 심어 주고 이를 통하여 자신들이 정권을 장악하기 위한 기반을 마련하려는 의도 하에 그와 같은 행위를 했다고 생각합니다.

문 진술인은 서울에서 내려온 대학생들이라고 하는 사람들이 시위현장에 투입된 상황을 실제로 보았나요.
답 예, 제가 당시 취재하면서 위와 같이 항쟁본부에서 스피커를 통하여 발표하는 것을 듣고 있었는데, 그 당시 도청 앞 광장에 20~30 명 정도의 젊은이들이 도착하자 기존의 시위대들이 박수를 치며 환영했고, 서로 간에 만세를 부르면서 시위 분위기를 한층 더 고조시켰습니다.

문 다른 시위현장에서는 위와 같은 광경을 보지 못했는가요.
답 저는 당시 도청 앞에서 취재를 하고 있었기 때문에 그곳 광경만을 보았을 뿐 다른 곳에서의 광경은 보지 못했습니다.

문 그들이 직접 시위하는 장면은 보지 못했나요.
답 예, 그들은 위와 같이 환영을 받은 후 기존의 시위학생들과 함께 어울렸고, 그들의 복장도 기존의 시위대들과 구별되었던 것이 아니었기 때문에 그들이 어떻게 시위를 했는지는 구체적으로 잘 모릅니다.
문 그전에도 연·고대생 30 여 명이 광주시내에 도착했다고 했는데, 어떤가요.

답 위와 같이 대학생으로 보이는 사람들 500여 명이 광주시내에 나타나던 날 10시 45분에 저는 도청 앞에서 취재하고 있었는데, 항쟁본부에서 스피커를 통하여 연·고대생 30명이 광주에 도착했다고 하며 위와 같은 방법으로 환영행사 하는 것을 보았습니다.

문 위와 같이 대학생들로 보이는 사람들을 新군부 측에서 의도적으로 투입했다면, 왜 시위대 측인 항쟁본부에서 그들을 환영했을까요.

답 그것은 시위대들이, 그 대학생들을 新군부 측에서 의도적으로 위장투입했다는 것을 전혀 몰랐기 때문이라고 생각합니다.

문 그 다음날인 5월 23일 오후경 복면부대가 나타나 시위를 더욱 과격화시키고 확산시켰다고 했는데, 그들이 구체적으로 어떻게 시위하던가요.

답 저는 당시에 도청 앞 및 금남로 일대에서 복면부대들이 하는 시위광경을 지켜보았는데, 그들은 수십 대의 버스와 트럭 등 차량을 타고 다니면서 몽둥이를 각자 하나씩 들고 차량을 치면서 『全斗煥 물러가라』, 『신현확 물러가라』, 『계엄해제하라』, 『金大中 석방하라』는 등의 구호를 외쳤습니다. 이를 통하여 주위에 있는 기존의 시위대들로 하여금 시위를 과격하게 하도록 유도했으며, 그때부터 시위는 더욱 가열되고 확산되었습니다.

그들은 기존의 시위대학생 등이 총기를 반납하고 대화로써 사태를 해결하려고 하자 이를 반대하며 총기를 반납하지 못하도록 제지하고, 『우리는 끝까지 투쟁을 하여야 한다』고 외치면서 시위를 과열시켰습니다.

문 복면부대들이 언제까지 시위를 주도했나요.

답 그들은 5월 26일, 再진입작전이 임박하자 어디론지 전부 자취를 감추었습니다.

복면부대, 광주 무등갱생원들로 시위에 투입?

문 진술인의 서신내용을 보면 위 복면부대들은 정규 정보원이 아니라 무연고자인 광주 무등갱생원 원생들로서 광주사태 당시 위와 같은 의도하에 이용당한 후 전부 집단으로 살해된 것으로 보인다는 취지의 설을 접했다고 했는데, 어떠한 경위로 그와 같은 말을 듣게 되었나요.

답 저는 최근까지도 全斗煥 등 新군부 측에서 정권찬탈을 기도하고 시위대들을 폭도화시키기 위한 구실을 만들기 위해 광주사태를 의도적으로 악화·확산시킬 의도로 정규정보원을 투입한 것으로 알고 있었습니다.

그런데 1995년 12월 초순경 이름을 밝힐 수 없는 저의 친지로부터 그 당시 투입된 복면 부대원들은 정규정보원들이 아니고 광주 무등갱생원 원생들로서 그들은 시위에 투입되어 위와 같이 이용당한 후 집단 살해되었다는 소문이 있다는 말을 들었습니다. 이에 따라 저는 단순히 첩보제공의 차원에서 김상희 부장검사에게 사신을 보냈을 뿐입니다.

문 진술인은 그와 같은 소문을 직접 확인하여 본 사실이 있나요.
답 제가 직접 그 소문의 진위여부에 대해서는 확인한 사실이 전혀 없습니다.

문 진술인에게 위와 같은 소문을 전해 준 진술인의 친지는 그와 같은 소문을 어떻게 듣게 되었다고 하던가요.
답 단순히 광주 일대에 그러한 소문이 있다고만 했을 뿐 그 구체적인 소문의 진원지 등에 대해서는 전혀 말한 사실이 없습니다.

문 진술인은 검찰에 위와 같은 첩보를 제공했으면서도, 그 첩보의 진원지인 진술인의 친지를 왜 밝힐 수 없다고 하는가요.

답 오랫동안 언론기관에서 기자로 재직한 저로서, 그 첩보의 원천이라고 할 수 있는 위와 같은 소문의 진위에 대해 자신이 없고, 더 나아가 확실하지도 아니한 소
문으로 인하여 쓸데 없는 파문이 일어나는 것을 원하지 않기 때문입니다.

문 그렇다고 하더라도 위와 같은 소문을 진술인에게 전해준 진술인의 친지에 대해 다시 한 번 그 소문의 진원지 등을 확인하여 줄 수 있는 것은 아닌가요.
답 제가 다시 한 번 저의 친지와 접촉하여 그 소문에 관하여 확인하여 보기는 하겠으나, 더 이상 새로운 내용의 말이 있을 것으로는 기대하지 않습니다.

문 무등갱생원이 어디에 위치하고 있는 아는가요.
답 그 점에 관하여는 전혀 아는 바가 없습니다. 다만, 광주 동부경찰서 관할지역에 위치하고 있다는 말을 들은 적이 있을 뿐입니다.

문 진술인의 서신상에 광주사태 진압 이후 무등갱생원들이 전부 사라졌다고 했는데, 그 점에 관하여 확인한 사실이 있나요.
답 앞서 말씀드린 바와 같이 저의 친지가 전해준 소문내용의 일부일 뿐 그 진위 여부에 대해는 아는 바가 전혀 없습니다.

문 광주사태 당시 무등갱생원 원장이었던 박금현이 갱생원을 새로 짓고 다시 갱생원들을 수용하기 시작했다고 했는데, 그것이 사실인가요.
답 그것 역시 저의 친지가 저에게 전해준 소문내용의 일부일 뿐 사실인지 여부는 알 수 없습니다.

문 무등갱생원 원장이라고 하는 박금현의 인적사항에 대해 알고 있나요.

답 광주 무등갱생원장을 상당히 오랜 기간 했다고 한 것으로 미루어 보아, 매우 연로할 것이라고 생각될 뿐 그 이상 자세한 인적사항에 대해서는 알지 못합니다.

5 · 18 광주사태는 新군부의 사전음모

문 진술인은 「5 · 18 再수사는 어떻게 해야 하는가」라는 제하의 서신에서 광주사태가 全斗煥 등 新군부 측의 사전음모에 의하여 계획된 사건이라고 했는데, 그 이유는 무엇인가요.

답 그 이유는, 저의 저서인 「광주 5 · 18 민중항쟁」의 333~342 면에 상세히 기재되어 있고, 위 서신상에도 요약되어 있는데, 계엄사가 주도하여 재야인사들이 학생들의 시위를 자제하도록 당부하는 성명을 신문에 싣지 못하도록 하거나 가급적 작게 싣도록 한 점, 5월 17일 당국의 민주화 일정을 관망하기 위해 시위를 중지하기로 결의한 전국 56개 대학 학생회장단을 연행한 점, 金大中과 만나지도 않은 정동년을 金大中 배후조종에 의한 5 · 18 주동자로 몰아 사형선고까지 한 점, 시위와 아무 관련이 없는 신혼부부 또는 정상적으로 직장에서 일하는 가정부들까지 마구 구타하며 연행한 점, 5월 18일 공수부대가 시내에 투입되지도 않은 상태에서 정호용 특전사령관이 동국大에 주둔 중인 최웅 11 공수연단장에게 『우리가 밀리고 있으니 빨리 출동하라』고 명령한 점, 시내를 빠져나가려는 선량한 시민들을 시내로 몰아넣고 총질을 마구 한 점, 新군부 측에서는 5월 17일 비상계엄 전국확대조치와 동시에 국가보위를 위한 비상기구의 설치를 기도하면서 시위자제를 결의한 학생들을 강제로 연행하는 등 시위를 오히려 자극했다는 점, 자기들의 정권찬탈 음모계획이 누설되는 것을 두려워한 나머지 5월 17일 全軍주요지휘관 회의록 등 9건의 군작전관계서류를 없애 버렸다는 점 등입니다.

[출처] 김영택(金泳澤) 당시 동아일보 광주주재기자의 5 · 18

한국논단 발행인이자 1980년 5월 당시 조선일보 도쿄특파원이었던 이도형 씨는 2013년 7월 9일, 인터넷방송에 출연해 5.18 전날인 1980년 5월 17일에 약 10만 명의 인민군 군단병력이 해주와 개성일대에 집결했었다고 증언하고 있다.

이상에서 살펴본 정황과 이도형 씨의 증언을 참고하면 북한군 600명은 남한 측 누군가와의 내통에 따라 아주 자연스럽게 한 명도 실패하지 않고 휴전선을 넘어 광주로 침투할 수 있었다는 결론에 도달한다.

그렇다면 과연 누가 북한과 내통해 북한군 600명을 불러들이고 이들을 광주까지 운송했을까? 5.18을 폭동이라고 주장하는 사람들은 하나같이 김대중과 김일성이 내통해 북한군 600명을 불러들였다고 주장한다. 하지만 이는 말도 안 되는 소리다. 적과 내통하고 나라를 팔아먹으려 해도 그만한 능력이 있어야 할 수 있다. 동네 양아치나 서울역의 노숙자가 나라를 팔아먹고 싶다고 해서 그게 가능하겠는가? 절대로 불가능하다. 마찬가지로 그 당시 김대중이 아무리 북한과 내통해 적을 불러들이고 싶었다 해도, 그들의 능력으로 그러한 일을 벌인다는 것은 불가능했다. 설혹 내통이 가능했다고 해도, 무슨 수로 전방의 철책 또는 비상 계엄하의 삼엄한 경계망을 뚫고 북한군을 침투시킨 다음, 수십 대의 버스까지 동원해 첩첩이 버티고 있는 검문초소에 걸리지 않고 광주까지 이동할 것인가?

12.12 사태로 군을 완전히 장악해 국가 전체의 경계망을 완벽히 통제할 수 있는 전두환의 신군부와 내통하지 않고서 이러한 일을 벌이기란 불가능했다. 왜 전두환과 5공 세력이 5.18 북한군 개입설을 부정하는지 이제야 이해가 갈 것이다. 1980년 이후 40년간 꽁꽁 숨겨 왔던 현대사 최대의 비밀이 풀리는 순간이다.

그렇다면 여기에서 또 다른 의문이 등장한다. 전두환 측은 그렇다 쳐도, 왜 5.18 단체와 민주화세력, 그리고 광주시 측은 5.18의 북한군 개입 사실을 부정하는 걸까? 이들은 심지어 5.18 북한군 침투설을 언급하기만 해도 명예훼손으로 처벌하는 법까지 만들겠다고 엄포를 놓고, 사생결단으로 5.18 북한군 개입설을 부정하고 있다. 이들이 이렇게까지 북한군 개입사실을 부정하는 이유는 무엇일까?

그 이유는 후반에 밝히기로 하고, 5.18 사태가 진행되는 과정을 둘러싼 심각한 의문점들을 추가적으로 살펴보자.

20사단 지휘부 습격 및 지휘차량 탈취문제

21일 새벽, 20사단 지휘부는 시위 진압 차 광주를 향해 내려오고 있었다. 하지만 낫으로 무장한 50여명의 시위대가 이 20사단 지휘부를 습격해 14대의 지휘차량을 탈취했다. 이 사건을 두고 J모 씨는 간첩이 20사단의 이동시간을 알려주어 지휘부가 습격을 당했다고 분석한다.

하지만 과연 이 분석이 맞는 것일까? 시위 진압 차 내려가는 지휘부는 경비 중대의 삼엄한 경호 하에 이동했을 것이다. 주요 직위자는 실탄을 휴대하는 것이 당연하다. 사단장과 참모들을 삼엄하게 경호하고 내려가는 한 개 사단이 낫으로 무장한 50여 명에게 지리멸렬하게 패퇴하고 지휘 차량을 탈취당한다? 대체 이것이 말이 되는 소리인가? 아무리 시위대에 대한 인명피해를 우려해 무기사용을 자제했다 하더라도, 무장을 하고 폭동을 진압하러 가는 부대가 자신들을 습격하고 장비를 탈취하려는 폭도들에게 군장비를 빼앗긴다는 것은 상식적으로 말이 되지 않는다. 낫을 든 북한 특수군이 총기로 무장한 1개 사단을 제압한다? 낫이 총기를 제압하는 무기라면, 아예 낫으로 전군을 무장시키는 편이 낫지 않겠는가? 김영택 기자 또한 워낙 말이 안 되는 이야기다 보니, 당시 상황을 다음과 같이 묘사하고 있다.

《광주사태와 관련하여 보병전투부대 20사단은 한이 많은 사단이다. 20사단 병사들은 광주사태 당시 단 한 번도 진압봉을 들어본 적이 없었다. 오히려 민간인들이 5월 21일 아침 휘두르는 낫에 여러 명의 병사들이 여기저기 찢겨 만신창이가 되었을 뿐이다.

영화 화려한 휴가에서 시위대가 공수부대더러 12시가 되기 전에 떠나라고 최후통첩을 보내는 장면이 나오는데, **며칠 동안 제대로 자지도 못하고 식사도 못했던 공수부대가 그때 즉시 떠날 수 없었던 이유는 도청 경비를 대신 맡기로 한 20사단 병력이 오지 못했기 때문이다. 20사는 광주로 오는 도중 낫을 든 괴한들의 기습을 받아 인솔대가 궤멸당하고 모두 도망갔다. 1개 사단이 50명의 민간인의 습격을 받아 피투성이가 된 부상병들을 내버려둔 채로 도망가야 했던 것도 부끄러운데,** 설상가상으로 수십 년 동안 한미외교의 입방아감이 되었었다. 20사는 한미 연합사령관의 승인 없이 이동할 수 있는 부대였음에도 5.18측은 늘 이점을 집요하게 물고 늘어지며 미국을 공격해 왔던 것이다.

쉽게 말해 때린 놈이 맞은 이에게 "너 미국이 승인해 주어 출동했던 것이지?"라고 질타하며 누명을 뒤집어씌웠던 것이다. 그간 여론에서는 미국이 사전 승인했다는 주장만 강조했으나, **그 내막은 1개 사단이 50여 명의 낫을 든 민간인들에게 얻어터지고 사단장 지휘 차량 등 지휘 차량용 지프차 14대를 모두 빼앗기고 '걸음아 나 살려라'하고 도망친 사건이다.** 5월 21일 오전 8시에 발생한 이 희한한 사건을 김영택 동아일보 광주주재 기자가 보도한다.〉(김대령 《역사로서의 5.18》 제2권 220페이지)

〈오전 8시쯤 고속도로를 통해 밤을 새워 광주에 온 20사단의 일부 병력이 광주 공단입구에서 무장한 시위대와 충돌했다.

이들은 전날 밤 10시 서울 주둔지에서 광주 출동 명령을 받고 일부는 용산역에서 열차 편으로, 일부는 차량으로 출발, 밤을 세워 21일 아침 광주에 도착한 것인데 도착하자마자 시위대와 조우하고 말았다.

시위대원 50 여 명은 20 사단 병력으로부터 14 대의 지프차를 탈취하는 데 성공했다. 그러나 막강한 육군의 전투사단 병력이 오합지졸인 시위대원 50 여 명에게 지프를 탈취당했다는 것도 이해할 수 없는 대목이다.〉 (김대령 《역사로서의 5.18》 제 2 권 198 페이지)

더구나 사병 1 명이 시위대에게 사로잡혔다가 나중에 무사히 풀려나온 사실도 깊이 생각해 볼 문제다. 북한 특수군의 입장에서 주적에 해당하는 국군을 아무런 해를 끼치지 않고 풀어준다? 과연 이것이 사전에 모종의 합의를 하지 않고서 가능한 일이었을까?

또한 군경 사망자 22 명의 사망원인을 주목할 필요가 있다. 군경 사망자 가운데 오인사격으로 사망한 11 명 말고는 총격에 의한 사망자는 거의 없었다는 사실을 깊이 생각해 보아야 한다. 북한 특수군이 광주에 내려왔다면 최소한 교전 또는 저격을 통해 수백 명의 국군이 사망했을 것이라는 근거를 내세우며 5.18 북한군 개입설을 부정하는 사람들도 있다. 실제로 총기를 든 정체불명의 외지인들은 교도소를 습격했던 것 말고는 국군에 대한 적대행위를 거의 하지 않았다. 시민 사망자의 대부분이 카빈 소총을 맞고 사망한 것을 볼 때, 그들은 시위를 격화시키기 위해 주로 시민들을 살해했다.

그렇다면 퍼즐을 맞춰 보자. 북한군 특수부대는 어떻게 20 사단 지휘소 차량을 습격해 14 대의 차량을 탈취할 수 있었던 걸까? 이렇게 말이 안 되는 일이 벌어졌다면, 이를 다른 시각에서 생각해 보는 것이 상식이다. 해답은 자연스럽게 도출된다. 전두환 측과 북한군이 사전에 내통했으며, 전두환 측은 북한군이 광주에서 활동하기에 용이하도록 차량 탈취를 가장해 교통수단을 제공했다고 보는 것이 당시의 상황을 매끄럽게 설명할 수 있는 합리적인 추론이다. 그렇다면 북한군에게 붙잡혔던 사병은 어찌된 것일까? 영문을 모르는 사병은 시위대에게 저항하지 말고 차량을 내주라는 사단장의 명령을 듣지 않고 저항하다가 포로로 잡혔던 것으로 짐작된다.

무기고 습격 및 총기와 실탄탈취 문제

J모씨는 불과 4시간 만에 44개소의 무기고를 습격해 5천여 정의 총기와 25만 발에 달하는 실탄을 탈취할 수 있었던 것은 특수훈련을 받아 신출귀몰하는 북한군 특수부대만이 가능한 일이며, 무기고의 세밀한 위치 또한 간첩이 사전에 정확한 정보를 제공했기 때문이라고 주장한다.

이러한 가정은 총기 탈취를 둘러싼 모든 것을 설명해 주지 못한다. 한 가지 의문을 제기해 보자. 전남 지역의 44개소 무기고 가운데 단 한 곳도 이들의 습격에 저항하지 않았던 이유는 무엇일까? 대체 이 황당한 상황을 어떻게 설명할 수 있을까?

그 당시 시위대(북한 특수군)는 무장을 하지 않은 상태였다. 하지만 무기고를 지키고 있던 보초들은 무장을 갖추고 실탄을 소지한 상태였다. 더구나 당시에는 시위대가 무기고를 습격할 것이라는 사전첩보도 있던 상황이었다. 그런데 전라남도 전 지역 44개소 무기고의 모든 보초들이 아무런 저항을 하지 않았다? 과연 이게 가능한 일인가? 모두가 약속이라도 한 듯, 44개 무기고가 저항 한 번 하지 않고 비무장 시위대에게 총기와 탄약을 고스란히 탈취당한 상황을 어떻게 해석해야 할까? 다음과 같은 네 가지 경우 말고는 다른 가능성을 생각하기가 불가능하다.

1) (시위대가 무기고를 습격할 것이라는 첩보에도) 보초에게 실탄을 지급하지 않았거나,
2) (시위대가 습격하면) 저항하지 말고 무기를 내어 주라는 명령을 받았거나,
3) 실탄도 지급하지 않았을 뿐더러, 저항하지 말고 무기를 내어주라는 명령을 받았거나,

4) 시위대에 의한 무기탈취 가능성을 알면서도 고의적으로, 혹은 기타 이유로 적절한 조치를 취하지 않은 경우다.

위의 네 가지 경우 말고도 44 개소 무기고의 모든 보초들이 어느 누구도 저항 한 번 하지 않고 무기를 탈취당하는 경우를 상상할 수 있을까?

더욱이 당시는 대통령이 시해되고, 김대중이 내란 음모로 구속되어 비상계엄이 발령된 상태였다. 물론 그 당시 예비군 무기고 관리는 상당히 허술한 면이 있었다. 대부분의 무기고가 지역 파출소나 경찰서 등에 위치해 있었고, 무기고의 경비도 지역 방위병이 담당하는 경우가 대부분이었다. 북한 특수부대가 아니더라도, 이러한 상황에서 제대로 마음만 먹으면 일반시민들이라도 무기탈취가 가능했을 수도 있다.

하지만 문제는 무려 44 개소 무기고가 약속이라도 한 듯 아무런 저항 없이 모두 탈취당했고, 이렇게 경계가 허술한 무기고를 시위대가 습격한다는 첩보를 듣고서도 그대로 방치했다는 점이다. 정말로 시위대에 의한 무기탈취를 우려했다면, 무기를 군부대 또는 기타 안전한 곳에 옮기는 것이 상식 아닐까? 시간이 없어 그 정도의 조치가 불가능했다면 경계 병력이라도 보강하는 것이 당연한 일 아닐까? 그랬더라면 총기 탈취로 인한 대량의 사상은 방지할 수 있지 않았을까? 그렇다면 이는 군권을 완전히 장악하고 있던 전두환 일당이 시위를 유혈폭동으로 유도하기 위해 무기를 탈취하도록 방치한 것이 아니겠는가?

교도소 습격 시 사망한 시신은 누가 옮겼을까?

5.18 당시 사망자의 공식통계는 민간인 162 명, 군인 23 명, 경찰 4 명 등 총 189 명이다. 그러나 이 통계는 잘못된 통계다. 5.18 에서 사망한 인원은 최소 631 명 이상이다.

공식통계상에 나와 있는 189명과 무명용사묘지에 묻혀있는 신원미상의 시신 12구, 2014년도에 청주의 공동묘지에서 발굴된 북괴군 시신 430구를 합해도 최소 631명이라는 숫자가 도출된다.

당시 광주 현장에 있었던 다수의 목격자들은 광주사태 당시 수백 명 혹은 수천 명이 사망했다고 증언하고 있다. 수천 명이라는 숫자는 일부의 기억이 왜곡되거나 과장한 수치로 보이지만, 최소한 수백 명 이상이 사망했다는 진술이 다수의 목격자들로부터 들리는 것을 볼 때 최소 수백 명 이상이 사망한 것은 명백한 사실로 생각된다.

하지만 지금까지 광주사태와 관련해 수백 명이 사망했다고 기록하는 공식 문서는 하나도 찾아볼 수 없다. 참으로 이해할 수 없는 일이다. 총 6차례에 걸쳐 광주교도소가 습격당해 치열한 전투가 벌어진 기록은 다수 문서에서 찾아볼 수 있고, 당시 현장에 있었던 사람들 또한 이 사실을 기억하고 있다. 하지만 교도소 교전에서 사망한 사람들에 대한 기록은 어디에도 나와 있지 않다. 도대체 이게 어찌된 일일까?

전두환은 그의 자서전에서 아래와 같이 주장하고 있다.

전두환 "나는 광주사태 치유 위한 씻김굿의 제물"..회고록서 주장
"광주사태 충격 가시기 前 대통령 된 것이 원죄..십자가 지게 됐다"
"광주서 국군의 살상행위 없었고 '발포명령' 존재하지 않은 것 밝혀져"

그의 말대로 광주에서는 국군의 살상행위도 없었고, '발포명령자'도 없었다. 하지만 분명한 사실은 북한군 600명이 누군가와 내통해 광주에 들어와 우리 국민들을 학살했고, 광주 교도소 교전에서 수백 명의 북한군이 사망했다는 사실이다.

2014년 5월 13일, 청주시 홍덕구 휴암동 청주 축구공원 건립 현장에서 야산을 굴착하던 중, 칠성판에 뉘어 비닐로 친친 동여맨 신원미상의 시신들 430구가 발굴되었다. 이 시신의 유골들은 같은 크기의 칠성판 위에 눕힌 채 두껍고 흰 비닐에 싸여 있었고, 그 위에는 일련번호들이 기재되어 있었다. 특기할 만한 것은 유품이 일체 없었다는 점이다. 시신이 발견된 이후 이 시신들이 5.18 당시 실종자의 시신이 아니냐는 의견이 분분하자 5. 18 기념재단은 진실조사팀 인원 4 명과 정수만 전 5. 18 유족 회장, 그리고 전남대 의과대 법의학교실 박종태 교수와 함께 청주 유골 현장을 조사했다. 당시 이들은 청주시의 A 과장으로부터 "1994-95 년 가경동, 봉명동 등 3 곳의 공동묘지에 택지를 개발하던 중 무연고 유골로 인정된 유골을 현 위치(흥덕 축구공원)로 이장한 유골들이다."라는 설명을 들을 수 있었다. 청주시 '분묘개장허가대장'을 확인한 결과, 이 말이 거짓은 아니었다. 또한 흥덕경찰서 C 과장은 다음과 같이 말했다. "정밀조사한 결과 유골 수는 430 구다. 발견 당시 칠성판 위에 유골이 안치돼 있었고, 한 구씩 비닐로 씌워져 있었다. 시계, 옷, 신발 등 유품이 없었다. 비닐 위에 일련번호가 기재돼 있었다." 5.18 재단 팀은 현장조사를 하지 않고, 이 시신들은 5.18 과 무관하다는 결론을 내렸다.

그들이 이러한 결론을 내린 이유는 다음과 같다.

첫째, 발견된 유골 수가 이장 수와 거의 일치하고 '분묘개장허가대장'에 관련 기록이 남아 있는 점,

둘째, 무연고 묘를 처리하는 통상적인 방법은 아니지만 유골의 훼손을 막기 위해 칠성판 위에 유골을 안치하고 한구씩 비닐로 싼 후 일련번호를 기재한 점,

셋째, 유골 발굴 현장이 과거 공동묘지라는 점,

넷째, 유골을 비닐로 씌운 방법과 형태가 일정하다는 점,

다섯째, 옷, 시계, 신발 등 유류품이 발견되지 않았다는 점을 고려할 때, 5.18 당시 희생자의 암매장과는 관련성이 낮다는 것이다.

박종태 교수의 의견서에는 "형태가 일정하고 교란된 흔적이 없다. 칠성판과 비닐은 이장과정에서 포장되었다고 한다."는 내용이 추가되었다. 잘 생각해 보면 그의 말은 전혀 이치에 맞지 않는다. 발견된 시신의 흔적을 보면 이장 시 발견한 유

골을 비닐로 싼 형태가 아니다. 형태가 온전한 시신을 칠성판 위에 놓고 비닐로 싸 묶었지만, 세월이 흘러 시신이 부패되고 유골만 남아 느슨해진 형태다. 유골을 발견하고 나서 저렇게 느슨한 형태로 싸맨다는 것이 말이 되는가?

6.25 사변 이후에 대량의 시체가 발생한 사건은 1980 년 5.18 광주사태가 유일하다. 또한 발견된 시신은 칠성판(목판)위에 시신을 놓고 하얀 비닐로 묶은 후 일련번호를 써 넣은 것이 1980 년 광주에서의 시신처리 방식과 동일하다.

우리나라에서 비닐이 생산되기 시작하고 대량으로 사용되던 시기는 1970 년대 산업화가 시작된 이후였다. 그렇다면 그 시신들도 비닐이 대량으로 생산되던 1970 년대 이후에 묻힌 시신임이 분명하다. 따라서 이 430 구의 시신들이 광주에 침투한 북한 특수군의 것이라는 분석 말고는 다른 해석이 불가능하다.

〈청주에서 발견된 430 구의 시신〉

위의 사진은 청주에서 발견된 430 구의 시신이다. 사진에서 나타난 것처럼 목판 위에 시신이 얹혀 있고, 매장할 당시에는 단단히 묶었지만 시신이 부패해 유골만 남으면서 느슨해진 것을 알 수 있다.

아래 사진은 5.18 당시의 시체처리 사진이다. 이와 비교해 보면 청주의 유골이 처리된 방법과 동일하다는 것을 알 수 있다. 이 시신들의 대부분은 광주교도소를 습격하다 사살된 북한군 특수부대원의 시신이겠지만, 광주사태 당시의 시체 처리 방법으로 미루어 볼 때 당시 실종된 일반 시민의 시신이 포함되어 있을 가능성도 충분하다. 그렇다면 정밀조사를 실시해 단 한구라도 연고자를 찾아주는 것이 당연하지 않을까? 지금도 실종자의 가족들은 38년째 돌아오지 않는 그들을 애타게 찾고 있는데….

하지만 왜 5.18측에서는 DNA 검사 등 상식적으로 당연히 해야 할 조사를 의뢰하지 않고, 단순히 시청관계자의 말만 듣고 이 시신들과 5.18과의 관련성을 부정했을까? 최소한 시신을 싸맨 비닐이 언제 생산되었는지 확인해 보기만 했어도 이 시신들의 정체를 알 수 있었을 것이다. 이로 미루어 볼 때 5.18기념재단 측은 시신의 정체를 밝히기는커녕 처음부터 이 시신들이 5.18과 전혀 무관하다고 결론을 내려 놓고 형식적으로 점검한 것이 아닌지 의심할 수 있다.

〈5.18 당시 시체를 처리하는 모습〉

〈한국기자협회지〉에서는 "행불자가 가장 많이 발생한 시기는 5·18 초기라는 특징도 있었다. 5월 20일을 전후해 많은 사람들이 갑자기 사라진 것이다. 5월 21일에는 무려 20명의 행불자가 한꺼번에 발생했다. 전날인 5월 20일에도

13명이 사라졌다. 전체 행불자의 40% 정도가 이틀 동안 생긴 것이다."라고 기록하고 있다.

이것은 무슨 의미일까?

북한군 특수부대가 처음 광주 톨게이트에 나타난 것은 21일 새벽이었다. 광주사태 당시 사망자는 대부분 5월 21일 이후에 발생했다. 그런데도 5월 20일을 전후해 실종자가 많이 발생했던 이유는 광주시내 일대에 집결해 있던 북한군이 그들을 목격한 자들을 제거한 것으로 추리할 수 있다.

광주시와 5.18 단체들을 비롯해 이들의 주장에 동조하는 자들은 늘 실종자 가족들의 애타는 심정을 언급하며 그들이 광주사태의 피해자임을 내세운다. 하지만 정작 그들은 실종자 가족들을 찾는 데 아무런 관심이 없는 것 같다. 청주에서 발견된 시신을 대상으로 유전자 정밀 검사를 실시했다면, 당시 실종된 가족들 중 몇 명 정도는 나올 수도 있지 않았을까? 이처럼 광주교도소를 북한 특수군이 습격했고, 여기에서 500여 명의 북한특수군이 사망했다는 것은 다수의 증거로 뒷받침된다.

그렇다면 여기에서 또 다른 의문이 등장한다. 광주에서 처리한 이 시신들을 청주의 공동묘지 부근으로 누가 운반했을까?

44개 무기고의 총기를 탈취당한 5월 21일, 계엄군은 상부의 지시에 따라 광주시 외곽으로 퇴각했다. 5월 21일 19시 30분, 계엄사령부는 전투교육사령부에 광주시 외곽 도로망을 완전 차단하라는 지시(작전지시 80-5호)를 발동했고, 시내에서 철수한 계엄군은 외곽봉쇄작전을 수행했다. 그때부터 광주시는 완전히 고립되어 작전이 종료될 때까지 계엄군의 허락 없이는 시내에서 벗어나지도, 들어가지도 못했다. 그렇다면 이 시신들은 당연히 계엄군에 의해서 옮겨졌거나 계엄군의 허락 하에 운반되었을 것이다. 5.18사태 당시 광주교도소를 사수했던 부대원으로부터 진실을 들었다는 어떤 사람은 아래와 같이 밝히고 있다.

("500 여구 시신을 묻었다는 사람을 만난 적이 있다.

그 사람 말로는 **중정요원 2 명**이 교도소로 공수부대 투입을 요청했다고 했다.

야간전투때 사람이 많이 죽었다 했다.

기억이 아직도 뚜렷하다고 하는데 약 7 일간 전투했다더라.

날이 밝아오면 야간에 사살했던 시체를 교도소 담장으로 리어카 등을 이용해 암매장했고, 그 중에는 목숨이 붙어있는 경우도 그냥 묻어버렸으며, 팔다리 머리 등이 산산조각난 시체가 대부분이었고 하루에 45~50 명 정도의 시신을 처리했다 했다.

이분 증언이 사실이면 그 시체를 옮긴 것도 중정이겠지.")[13]

(5.18 광주 폭동당시 3 공수 부대원으로 광주 진압에 투입되어
교도소 전투에 참여하신분 증언입니다.

12.12 땐 1 대대 2 대대 3 대대중 제비 뽑기를 해서 걸린 대대가 출동했다 했으며
부산지역은 조용했는데 유독 광주가 심해 지원갔다고 했습니다.

저한테 당부 하기로는 호남사람들에게 공수부대 출신임을 숨겨달라 하더군요...
여자가 하는 선동방송 소리가 북괴 대남방송 같아 치를 떨었고 그렇게 고도의 힘든 훈련을 받는데 일반시위대에 밀리는것이 믿어 지지 않았으며 아직도 그당시 일이 꿈에 나타 난다 했습니다.

---

[13] http://www.ilbe.com/7089739159

중정에서 보낸 3 명의 요원들이 좌익수 3,000 명이 탈옥하면 나라가 뒤집어 진다 며

교도소를 지켜 줄것을 당부 10 일정도 전투를 했는데 그 과정에서 300 명인지는 알수 없지만 수많은 사람들이 죽었답니다. 그분 말씀으론 적어도 500 여명은 족히 넘었다 했습니다.

첫날에는 실탄을 지급받지 못한 상태에서 교도소로 가다가 시민군으로 보이는 차량에서

엠60 사격을 피해 들어갔고 구멍난 참호를 팠다 합니다.

참호속에서 전투를 하고 당시 북괴군인지는 알지 못했지만 그들은 엠60 을 쏘아 댔다 합니다.

차량 여러대가 교도소 주변을 여러번 돌았으며 주간에는 교전시 조준사격을 할 수있었고

적들은 엠60 공을 난사하여 교도소 담벼락에 총탄자국이 선모양으로 여러곳에 남아있었다 합니다.

아침이 되면 적들의 시신을 수습하여 교도소 근처에 묻었으며 10 일정도 매일 반복이었다 합니다. 그 과정에 완전히 사망하지 않은 사람도 매장했다 합니다.

야간에는 조준사격을 할수 없었으며 동이 트기 시작하면 적들은 돌아갔고

전투를 벌였던 계엄군이 직접 시체를 처리하고 총기,실탄을 노획했다 합니다.

많게는 아침에 시체 50 구 정도를 처리했으며 주간에 도로 양쪽으로 팀을 나누어 매복해있다가 1 조가 놓치면 2 조가 2 조가 놓치면 3 조가 들어오는 차량에 탄 적들에 사격을 가하여 사살하기도 했다는군요 이러기를 7 일 이상 반복했다 합니다..

증언자는 그들이 북특전사들인지 몰랐으며 히로뽕을 맞은 시민군인줄 알았다 합니다.

(트럭이 뒤집어 저 있었다는 말도 했습니다)

5.18 때문에 제대가 2주 늦어 졌다고도 했고도 하셨습니다.)[14]

이들은 왜 목숨이 붙어있는 자들도 그대로 묻어 버렸을까? 그 이유는 아마도 이들이 살아서 포로가 된다면, 매우 곤란한 상황이 벌어지기 때문이었던 것으로 짐작된다. 여기에서 중대한 실마리를 찾을 수 있다. 당시 교도소 교전에 참가했던 위 부대원은 중정요원 두 명 혹은 세 명이 공수부대의 투입을 요청했다고 증언하고 있다. 그렇다면 이 중정요원들은 어떤 임무를 수행하기 위해 교도소 습격 현장에 나와 있었을까?

지휘체계가 엄격하기로 이름난 중앙정보부이니, 직원 두어 명이 상부에 보고하지도 않고 아무도 모르게 시신을 처리했다는 것은 상상하기 어렵다. 그렇다면 당시 중앙정보부의 최고 책임자는 누구였을까? 중앙정보부장 김재규가 사망한 이후, 중앙정보부를 접수한 것은 전두환이었다. 광주사태는 1980년 5월에 일어났고, 1980년 4월 14일부터 1980년 7월 17일까지는 전두환이 중앙정보부장(서리)를 맡고 있었다. 중앙정보부 직원이 부대를 통제해 500 여구의 시신을 처리한 일을 어찌 조직의 수장인 전두환이 모를 수가 있겠는가?

일부 사람들은 5.18 당시 전두환은 합동수사본부장의 직위에 있었고, 따라서 광주사태와는 무관하다며 그를 옹호하기도 한다. 5.18은 계엄사령관 이희성이 최규하 대통령의 지시를 받아 계엄사령관의 책임 하에 진압했다는 것이다. 이들의 말대로라면 전두환은 완전히 허수아비라는 말인데, 어떻게 전두환이 광주사태

---

14 [출처] 광주교도소 담벼락에 시체 500 여구 직접 암매장하신분 증언

[링크] http://www.ilbe.com/7090393783

진압 후 대통령이 될 수 있었을까? 그들의 말대로라면 당연히 계엄사령관인 이희성이 대통령이 되는 것이 정상이 아닐까?

그 당시 모든 권한은 합동수사본부에 있었고, 합동수사본부장 겸 보안사령관 전두환은 중앙정보부장 서리를 겸하고 있었다. 또한 12.12 사태로 군은 전두환이 주도하는 신군부에 의해 완전히 장악되어 있는 상태였다. 이 사실을 감안해 볼 때 전두환이 5.18과 무관하다는 주장은 그야말로 궤변일 뿐이다. 이는 5.18의 진실을 규명하는 것이 아니라 또 다른 왜곡을 시도하는 것이다.

J모씨는 3~4명의 간첩이 계엄군 몰래 시체를 청주로 옮겼다고 주장한다. 하지만 조금만 생각해 보면 이는 상식적으로 말이 되지 않는 소리다. 당시 얼마나 광주 인근의 경계망이 삼엄했는가? 이러한 철통같은 경계망을 뚫고 3~4명의 간첩이 500여구의 시신을 훔쳐 내 청주 인근으로 운반할 수 있을까? 죽은 시체들이 스르륵 일어난 다음, 주문을 외워 보초병들을 일거에 잠재우고, 계엄군의 발이 닿지 않는 깊은 산 속을 어슬렁어슬렁 걸어가 청주의 공동묘지까지 간 후 스스로 무덤을 파고 누웠다는 환타지 소설이 현실이 되지 않고서야 불가능한 일이다. 그렇다면 이 시신을 청주에 옮겨 매장한 것도 전두환 측이라는 사실은 명확해진다.

위 사실들을 종합해 볼 때 5.18 사태의 진실은 다음과 같이 요약할 수 있다. 5.18은 전두환 일당이 군사위기를 일으켜 계엄 상황으로 유도해 정권을 장악하고자 일으킨 사건이다. 전두환은 김영삼 제명으로 부마사태가 일어났듯이, 김대중을 내란음모로 구속하면 광주에서도 당연히 이에 항의하는 시위가 일어날 것이라 예상하고 김대중을 구속했다. 전두환은 이렇게 일어난 시위를 유혈폭동으로 유도하기 위해 북한군을 끌어들였고, 북한군이 일으킨 광주사태를 해결하고 대통령 자리를 차지할 수 있었다.

5월 18일에 광주에서 대규모 시위가 일어날 것을 미리 통보받은 북한군은 5월 17일 해주지역에 북한군 10만 여명을 동원해 위기상황을 조성했다. 그 와중에 북한군 600명중 주력은 휴전선을 통과해 미리 대기시켜 놓았던 15~20여대의 관광버스에 타고 광주지역까지 이동했거나, 이미 김일성과 내통한 전두환 측의 묵인으로 600명을 태운 공작선이 해안가에 상륙해 600명이라는 엄청난 인원이 단 한 명도 실패하지 않고 모두가 완벽히 광주 시내로 침투할 수 있었던 것이다. 그 중 일부는 20사단 지휘부를 습격하는 것으로 가장해 14대의 지휘부 차량을 탈취했고, 20사단 사단장은 북한군의 이동 수단을 제공하기 위해 폭도들에게 탈취당한 것으로 꾸며 차량을 제공한 것으로 생각된다.

광주지역에 들어온 북한군은 지형을 정찰하는 동시에 작전계획을 점검하며 각 집결지역에 분산 대기하고 있었던 것으로 추정된다. 이들은 우연히 마주친 주민들을 비밀유지를 위해 살해하고 암매장했던 것으로 보인다. 실제로 당시에 실종된 실종자의 절반 정도가 시위가 격화되기 전인 20~21일 사이에 실종된 것으로 집계되고 있다.

한편 탈북자 김명국(가명)의 증언대로, 일부 병력은 분산수송을 위해 해주지역에서 배를 이용해 전남지역의 해안에 상륙했을 것이다. 무기고에 대한 정보제공 또한 시위를 유혈폭동으로 유도하기 위해 전두환 측이 북한군에게 해당 정보를 비밀리에 제공하고 그들을 무기고로 안내했을 가능성이 충분하며, 보안사나 중정 요원들이 시위대 속에 들어가 무기탈취를 선동했을 수도 있다.

이처럼 북한군을 불러들인 주체가 전두환이었다면, 왜 전두환과 5공 측이 그토록 북한군 개입설을 부정하려 들었는지, J모씨가 5.18의 진실을 같이 밝히자고 한 제안을 거부했는지, 전두환이 6.29선언 전날 밤, 노태우와의 독대 이후 왜 수도권 일대에 발령하려던 위수령을 모두 취소하고 권력을 포기했는지 등등 도무지 맞춰지지 않던 퍼즐들이 한꺼번에 맞춰진다.

이제야 이해가 가는가? 전두환 측이 5.18 북한군 개입의 진실을 두려워하는 이유가 여기에 있었다. J모씨가 광주사태의 주도 세력이 북한 특수군일 가능성을 본격적으로 언급하기 시작하자, 장세동은 "쓸데없는 짓 하지 마라"며 J모씨의 행보에 제동을 걸었다. 김영삼의 꼭두각시로 전락한 노태우가 87민주화세력에게 질질 끌려가며 5공 청산을 묵인하고 장세동까지 처벌하려 하자, 장세동은 "가만히 있어라. 내가 입 열면 여러 명 다친다."라고 역으로 노태우를 협박하려 들었다. 장세동이 숨기고 있던 비밀이 무엇인지 이제야 알겠는가? 전두환과 5공 측에서 5.18 북한군 개입설이 공론화되는 것을 어떻게든 막으려 들고, 두리뭉실하게 변명하며 덮이기를 바라는 듯한 태도를 보이는 이유 또한 명확해진다.

누누이 언급한 것처럼 인간은 각자의 욕망을 지닌 존재이며, 이러한 욕망이 인과관계의 흐름을 타고 일정한 결과물을 만들어 한 시대의 역사가 형성된다. 이러한 흐름을 고려하지 않고 일방은 무조건 선, 타방은 무조건 악이라는 외눈박이의 시각으로 사태를 파악하면 오류에 빠지기 마련이다. 그래서 J모씨는 5.18에 10년 이상을 매달리면서도 광수의 증거를 발견하지 못했을 뿐만 아니라, 2010년 천안함 폭침 직후 평양이 왜 광수의 증거 사진을 내보냈는지 또한 전혀 짐작하지 못했던 것이다.

왜 민주화세력은 5.18 북한군 개입을 부정할까?

그렇다면 여기에서 마지막 의문이 남는다. 전두환 측은 그렇다 쳐도, 왜 민주화세력들은 광주사태에 북한군이 개입한 사실을 부정하는 걸까? 그들은 5.18 북한군 개입설에 거의 경기를 일으키는 수준으로 반응하며, 이러한 이야기를 꺼내는 것 자체를 처벌하는 5.18 특별법까지 준비하고 있다. 곰곰 생각해 보면, 그들의 이러한 태도야말로 정말로 이해할 수 없다. 5.18 북한군 개입의 진실을 밝히는 것은 그들로서도 전혀 손해 볼 것이 없는 일이다. 만일 전두환 측에서 몰래 끌어들인 북한군이 그들을 살해한 것이라면, 그것이야말로 적국과 합세해 내란을 일으킨 세력에 희생된 고귀한 민주화 투사가 되는 길이 아닌가? M16 소총이 아닌 칼빈 소총을 맞고 사망한 사람들의 수가 훨씬 많다는 사실을 애써 숨기지 않아도 될 것이 아닌가? 희생자들은 북괴군과 내란 세력에게 희생당한 순수한 희생자가 되는 것이고, 이들의 선동에 휘말려 총기를 든 시민들도 적국과 합세한 내란 세력의 음모에 휘말린 결과이니, 그들은 말 그대로 순수한 의도에서 민주화운동에 나선 것이라고 충분히 주장할 수 있지 않은가? 그렇다면 왜 그들은 그토록 북한군 개입설에 그토록 경기를 일으키는 걸까?

여기에는 상상을 초월하는 현대사의 비밀이 또 하나 숨어 있다. 이른바 민주화세력은 1987년에 이 사실을 가지고 전두환 측을 협박해, 87년 제9차 헌법 개정으로 자유대한민국의 간판을 내려버렸다. 이후 그들은 곧바로 연방제 적화통일을 시도했고, 대한민국 전체를 사실상 평양이 대리 통치하는 평양 종속 체제로 바꿔버렸다. 얼마 전 6.10 항쟁을 다룬 〈1987〉이라는 영화가 개봉했다. 영화에서 묘사하는 것처럼 6.10 항쟁과 6.29 선언, 87년 헌법 개정이 위대한 민주화 운동의 승리 같은가? 안타깝게도 독자들이 알고 있는 상식과는 달리, 6.29 선언과 87년 헌법 개정은 대한민국 자유민주주의 체제의 사망선고일이었다.

민주화세력들을 이용해 적화통일을 시도하던 김일성은 권력에 눈이 먼 야당지도층에게 5.18의 비밀을 알려주었을 것이 분명하다. 김일성의 입장에서 생각해 보라. 전두환과의 내통에 따라 광주에 침투시켰던 490명의 북한군이 사망했다면, 이 엄청난 비밀을 어떻게든 이용해 남한의 모든 정치세력을 자신의 휘하로 두려는 음모를 꾸미지 않았겠는가? 전두환의 임기가 끝나갈 무렵, 주사파들의 발호와 맞물린 국민들의 직선제를 요구하는 분위기는 김일성이 이러한 음모를 펴기 위한 최적의 타이밍이었다. 이 비밀을 알게 된 민주화세력들은 자유대한민국을 김일성의 손아귀에 통째로 넘겨주는 일인데도, 이 사실을 갖고 역으로 전두환을 협박해 '대한민국의 완전한 적화기도'라는 천인공노할 죄악을 저지르며 북한의 노예가 되기를 자처한 것이다. 하지만 동구권 붕괴로 연방제 적화통일 계획이 실패로 돌아가자, 이들은 차선책으로 준비해 두었던 사실상의 평양 대리 통치 체제를 구축해 이 나라의 국체(國體)를 30년에 걸쳐 야금야금 뒤바꿔 버렸다.

왜 이른바 민주화세력들이 5.18 북한군 개입설에 그토록 경기를 일으키는지 이해할 수 있겠는가? 그들이 이 비밀을 이용해 저지른 죄악이 전두환이 북한군을 끌어들여 광주시민들을 학살하고 권력을 장악했던 죄악보다 훨씬 무겁기 때문이다. 민주화세력들은 자신의 권력을 탐하기 위해 이 비밀을 국민들에게 알리지 않고 평양의 하수인을 자처했다. 만일 그들이 정말로 양심적인 민주화세력이었다면, 전두환 일당들이 저지른 이 엄청난 역사의 비밀을 국민들에게 공개하고 이 나라의 기강을 바로 세우려 했을 것이다. 하지만 민주화세력들은 오히려 이를 기화로 평양과 내통해 이 비밀을 자신들의 권력 유지 수단으로 천년만년 이용했다. 그들이 이 비밀을 숨긴 이유는 한 번 공개된 비밀은 더 이상 비밀이 아니며, 이 비밀을 공개한다면 자신들의 권력 찬탈 수단으로 이용할 수 없었기 때문이다.

왜 국부 이승만의 흉상이 파괴되어 시궁창 속에 뒹굴어야 하는지, 왜 외국에서조차 추앙을 받는 박정희 대통령이 독재자로 비난을 받아야 하는지, 왜 정권이 몇 번씩이나 바뀌어도 여전히 전교조가 기승을 부리는지, 왜 우리의 젊은 세대들이 홍위병으로 자라나게 된 것인지, 왜 젊은 세대들은 3포 세대, 6무 세대가 되어 취직도 못하고 결혼도 포기해야 하는지, 왜 아무런 죄가 드러나지 않은 박근혜 대통령이 '헌법 수호의 의지가 없다'는 황당한 이유로 파면당하고 그것도 모자라 구속을 당해 주 4회, 1일 열 몇 시간이란 혹독한 심문과 재판을 받아야 하는지..이 모든 불행의 비밀이 6.29 선언과 87년 헌법 개정에 숨어 있었다. 이 책에서는 87년도 이후 평양의 종속 체제로 전락한 대한민국의 현주소를 87체제라 부르기로 하며, 87체제의 서막과 그 불행의 씨앗을 낱낱이 다루기로 한다.

6.29 선언, 그리고 5.18이 탄생시킨 87체제의 진실

6월 28일 밤, 전두환-노태우 두 사람의 독대 현장을 좀 더 자세히 재현해 보자.

노태우는 조용히 자리에서 일어났다. 그는 망연자실한 듯 두 손으로 머리를 감싸고 있는 대통령을 내려다보며 이렇게 말했다.

"어쩔 수가 없었어. 미안하네. 광주사태 당시 우리가 김일성과 내통해 북한군을 끌어들였다는 사실을 그들이 알게 된 이상, 우리에게는 다른 선택의 여지가 없어. 이 사실이 국민들에게 알려지는 순간 우리 뿐 아니라 우리 동료들 모두 사형장으로 끌려가게 될 거야. 아니, 국민들의 돌팔매에 맞아 죽을 수도 있어. 더 이상 방법이 없네. 그들에게 협조해야 하네. 그들에게 협조한다면, 우리들의 목숨은 부지할 수 있을 걸세. 김영삼이 약속한 일이야. 이야기한 대로 발표는 내일 아침에 내가 알아서 하겠네."

전두환은 이렇게 반문했다.

"이게 과연 잘하는 짓이라고 생각하나? 정말 그를 믿어도 된다고 생각하나?"

노태우는 이렇게 대구했다.

"이 나라의 대통령을 바라보고 이십여 년을 정치권의 정상에서 달려온 사람일세. 그 사람이 철저히 약속한 일이니 염려하지 않아도 될 걸세. 이제 곧 개헌안을 마련할 수밖에 없네. 저들의 요구를 대폭 반영할 수밖에 없어. 마음에 안 들더라도 자네가 승인해 주는 것 밖에는 방법이 없네. 부탁하네."

노태우가 문을 닫고 나간 후에도 전두환은 여전히 머리를 감싼 채 그대로 앉아 있었다. 그날 밤 계획된 작전 시간이 째깍째깍 다가왔고, 초조해진 비서는 몇 번이나 슬며시 집무실의 문을 열어 보았다. 하지만 머리를 쥐어 싸맨 대통령은 그 자리에서 움직일 줄을 몰랐다.

그로부터 이십여 분 후, 수도방위사령부 장교들은 작전의 전면 취소를 통보받았다. 수도방위사령부 장교들은 석연치 않은 듯 머리를 갸웃거리며 새벽이 다 되어서야 집으로 돌아갔다.

위 두 사람의 대화는 지난 40년 간 베일에 가려져 있던 현대사 최대의 비밀이다. 영화 〈1987〉에서처럼, 6.29 선언이 6.10 항쟁의 결과물 같은가? 6.10 항쟁에 아무리 넥타이 부대가 합세했던들, 위와 같은 대화가 오고 가지 않았다면 6월 29일에는 노태우의 6.29 선언이 아닌 전두환의 충정작전이 벌어져 모든 시위대가 일망타진되었을 것이다.

이 사실을 어떻게 87 민주화세력들이 알게 되었는지는 어느 누구도 모를 일이다. 김일성의 비밀조직이 김영삼에게 먼저 접근해 이 비밀을 알려주고 노태우를 협박하도록 종용한 것인지, 노태우가 자신이 아닌 다른 사람을 후임자로 세우고 뒤에서 상왕노릇을 계속하려는 전두환의 의도를 알고 배신을 한 것인지, 김영삼 등 민주화세력들과 가까이 지내다 술자리에서 말실수라도 한 것인지, 이런 엄청난 사실을 김영삼에게 말해주면 김영삼이 자신을 완전한 동지로 생각하리라 착각해서 먼저 발설한 것인지는 노태우 자신이 밝혀야 할 문제다.

자 여기에서 생각해 보자. 위와 같은 현대사의 비밀을 알게 된 지금, 6.29 선언으로 우리가 얻은 것은 과연 무엇일까? 모든 국민들은 6.10 항쟁으로 쟁취한 6.29 선언에 따라 이 나라가 진정한 민주화를 이루었다고 믿고 있다. 하지만 앞서 설명한 것처럼, 6.29 선언이란 바로 자유민주주의의 최후를 알리는 항복 선언이었다.

이 불행의 씨앗은 전두환의 5공화국 정부가 너무나 끔찍한 현대사의 비밀을 안고서 출발한 데서 비롯된다. 1980년 5월, 전두환과 노태우 일당은 정권을 탈취하기 위해 북한군을 끌어들였다. 광주사태에서 수백 명의 국민을 무자비하게 학살한 자들은 계엄군이 아닌 북한 특수군 600명이었고, 김일성과 공모해 북한 특수군을 끌어들인 세력은 군사적 위기를 일으켜 정권을 잡으려 했던 전두환 일당들이었다.

박근혜 대통령이 후보시절 광주에 갔을 때, 누군가가 5.18에 대해 어떻게 생각하는지 질문한 적이 있다. 그녀는 당시 "광주시민들의 5.18은 분명 민주화운동이었다."라는 알 듯 모를 듯한 답변을 했을 뿐이다. 후보시절 박근혜 대통령이 했던 이 말은 그의 내공이 드러나는, 흠을 잡을 수 없는 정확한 표현이었다.

적국과 합세해 정권을 찬탈하려는 세력에게 자세한 내막을 모르고 저항한 것은 나름 순수한 민주화 정신이라고 볼 수 있지 않겠는가? 폭력이 난무하는 와중에도 질서를 유지하고 스스로 총기를 수거해 반납하는 시민정신이야말로 진정한 민주화 정신이 아니겠는가?

북한과 내통해 5.18을 유도하고 정권을 잡은 전두환은 임기 말에도 일해재단을 만들어 상왕노릇을 하려 했으나, 김영삼 일당이 이 비밀을 알게 되는 바람에 울며 겨자먹기로 노태우의 6.29 선언과 87년 헌법 개정을 받아들였다. 이후 노태우는 87체제 민주화세력의 꼭두각시가 되어 3당 합당을 통해 이들에게 정권을 넘겼다.

이 당시 민추협의 보호 아래 시위를 주도했던 대학생들은 주사파 활동을 하면서 상상할 수도 없는 추악한 죄악을 저질렀다. 주사파 핵심 세력들은 김일성 부자에게 충성맹세문을 바친 것은 물론, 주체사상 학습 기간 중에 집단혼숙(이른바 '떼X')을 일삼았다. 평양 정찰총국의 공작 요원들은 고스란히 이 장면을 비디오와 사진으로 찍어 그들의 충성맹세문과 함께 정찰총국 캐비닛에 보관했을 것이다.

지금의 5.18 세력이나 지금 정권을 잡은 자들이 말하는 '민주화운동'은 북한이나 공산주의자들의 전유물인 언어혼란전술에 지나지 않는다. 북한은 단 한 번도 남한을 민주주의 국가라고 말한 적이 없다. 그들은 대한민국은 파쇼정권, 괴뢰정권이며, 북한만이 민주화된 나라라고 말한다. 그들은 미국을 미제국주의 혹은 미제라 부른다. 우리는 바로 북한과 그 하수인들이 말하는 민주화란 말에 속아 나라를 빼앗기고, 30년이 넘도록 쓸개즙을 빨리는 곰처럼 그들에게 사육당하고 있다. 그래서 40여 년 만에 처음 우리 손으로 뽑은 진정한 대통령을 납치당하고서도 분노할 줄 모르는 것이다.

북한의 교과서에는 "남한의 민주화 시위와 반정부운동, 파업은 모두 김일성 교시에 따라 일어난 것으로, 특히 5·18 광주인민봉기는 주체의 기치에 따라 남조선 애국인민이 호응해 일으킨 가장 성공한 인민혁명사건"이라고 나와 있다.

한편 통일부 정보분석실의 분석에 따르면 북한의 5.18 행사는 매년 평양에서 먼저 열린 다음, 전 지역의 시, 도 단위에서 대규모로 개최된다. 평양대회에서는 부주석을 위시한 당-정 최고 수뇌부들이 참석한다. 행사의 요점은 광주민중항쟁의 염원을 기어이 달성하고, 남한에 전민적 봉기를 일으켜 미군을 몰아내고, 국정원과 국가보안법을 철폐하고, 정권을 타도하여 조국통일을 이룩하자는 것이다.

한국에서는 광주에서만 기념행사를 하지만 북한에서는 평양은 물론 전국의 시도 단위로까지 확산해 '전국행사'로 개최하며, 노동신문 사설, 평양방송, 중앙방송은 물론 각종 잡지 등에서 릴레이식으로 5.18 의 뜻을 기리고 남한 빨갱이들을 향해 반미-반파쇼-정권타도를 선동한다.

남한의 민주화세력이야말로 김일성이 남한의 적화를 위해 심혈을 기울여 키워낸 전사들이며, 5.18이 탄생시킨 87 체제야말로 북한의 김일성이 남한을 적화통일하기 위해 세운 허수아비 정권인 것이다. 그리고 이렇게 탄생시킨 87 체제가 남한을 적화시키기 위해 최초로 기획한 결정적인 시도는 바로 임수경의 평양방문이었다.

임수경의 평양방문과 남북청년학생공동선언문 발표는 단지 주사파 대학생들의 불장난이 아니라, 87 체제라는 거대한 북한 허수아비들이 배후에서 적화통일을 완성하기 위해 벌인 일이다. 임수경은 1989년 7월 1일 평양에서 열렸던 세계청소년축전에 남한대표로 참가하기 위해 열흘에 걸쳐 동독 등 유럽을 경유해 평양으로 들어갔다. 그 당시 임수경을 평양에 보낸 것은 지금 문재인의 비서실장으로 있는 임종석이었다. 자세한 내용은 나중에 언급하겠지만, 한 가지 먼저 짚고 넘어가야 할 것은 그 당시는 일반인의 해외여행이 지금처럼 자유롭지 않았다는 사실이다.

과연 임수경이 얼마나 자유롭게 영어회화가 가능했는지는 모르지만, 중대한 의문점 하나는 해외여행이라고는 난생 처음인 그녀가 어떻게 우리 정보당국의 감시를 피해 무사히 평양까지 들어갈 수 있었느냐는 것이다.

그녀의 평양방문을 계획한 임종석 또한 해외여행의 경험이 전무한 대학생 신분이었던 점을 고려한다면, 그녀의 평양방문을 계획하고 안내한 자가 별도로 있었다는 것을 추리할 수 있다. 게다가 그 당시는 KAL858 기를 폭파한 김현희가 얼마 가지 못하고 아부다비의 공항에서 우리 정보원에게 잡혀올 정도로 대한민국의 해외정보력이 시퍼렇게 살아있을 때였다.

이러한 사실들로 미루어 볼 때 87체제의 배후에는 북한이 도사리고 있고, 87체제의 거의 모든 행위를 북한이 조종하고 통제한다는 것을 알 수 있다. 지금 이 나라는 무려 30년간이나 북한이 자신들의 허수아비를 통해 통제해 오고 있는 것이다.

제 5 장 풍요 속에서 자라나는 암세포 386 민주화세력 대분석

탄생 ~ 유아기 (단군 이래 가장 축복받고 태어난 세대)

386세대는 단군 이래 가장 축복받은 세대다. 그들의 부모 세대들은 일제치하와 6.25 등 온갖 고난의 세월을 겪으며 모진 세월을 악착같이 살아남았다. 늘 기아선상에서 허덕이던 그들에게는 오직 '내 자식들에게만은 배고픔의 설움을 주지 않겠다.'는 일념밖에 없었다. 그래서 그들은 별의별 궂은일을 마다하지 않고 닥치는 대로 일거리를 찾았다. 하지만 할 일이 없어 하루 한 끼도 벌어먹기 힘든 고통의 시간을 보내야 했다. 이런 그들에게 5.16 군사혁명과 새마을운동은 7년 가뭄 끝의 단비와도 같았다. 새마을 운동이 시작하면서 손수레조차 이동하기 어려웠던 마을길을 넓혔고, 만년홍수를 불러오던 헐벗은 산에 나무를 심었다. 제방을 쌓아 비만 오면 홍수가 나 휩쓸려가던 논밭을 보호해 더 많은 수확을 얻었고, 품삯으로 주는 밀가루를 받아 지긋지긋하던 배고픔도 해결할 수 있었다.

한민족의 역사를 통틀어 서민들의 식량문제를 완전히 해결했던 적은 단 한 번도 없었다. 한민족은 늘 굶주림과 싸워야 했다. 기근이 들거나 전쟁이 나면 자식을 잡아먹었다는 기록도 있다. 차마 제 자식을 잡아먹을 수 없어서 이웃과 자식을 바꿔서 잡아먹는 엽기 공포영화에서나 나올 법한 일이 실제로 이 땅에서 벌어졌다.

하지만 한민족은 박정희 소장의 5.16 혁명 이후 5,000 년 역사를 통틀어 단 한 번도 해결하지 못했던 굶주림에서 벗어났다. 그 이전까지 우리 민족은 다산(多産)에 의해 종족을 보존했다. 자식을 많이 낳은 다음, 죽지 않고 살아남는 자식들로 대를 이었던 것이다.

전염병이라도 돌면 씨가 마를 정도로 많은 사람들이 죽어갔다. 당시의 유아사망률은 상상을 초월했다. 질병에 무방비로 노출되다 보니 저항력이 약한 유아들이 가장 먼저 희생된 것이다. 어느 집에서 어린애가 죽었다는 말을 들으면 "자식 농사는 반타작하면 잘 한 거야."라는 반응을 보이던 시절이었다. 태어난 아이 중 절반이 살아남으면 다행이라는 소리였다.

그 당시 각 부락의 인적이 드문 으슥한 지역에는 죽은 아이들만 매장하던 무덤이 있었다. 이 무덤을 애장이라 불렀다. 아이들이 죽으면 시신을 한밤중에 애장으로 가져간다. 땅을 파 얼굴이 밑으로 가게 묻고, 부모보다 먼저 떠난 불효자식이라고 엉덩이를 한 차례 때려준 다음 흙을 덮는 것이 아이들의 시신을 처리하는 풍습이었다. 부모의 사랑을 받지 못하고 죽은 유아의 영혼이 찾아오지 못하라고 캄캄한 한밤중에 가져다 묻은 것이리라. 얼굴이 땅 밑을 향하게 묻은 이유도 죽은 아이의 혼이 밖으로 나오지 말라는 의미였을 것이다.

일제시대를 겪은 사람들은 더욱 비참하고 배고픈 시절을 겪어야 했다. 386 세대의 부모들이 바로 그들이다. 1930 년대 후반부터 40 년대에 태어난 386 의 부모들은 일제의 태평양 전쟁으로 식량을 모조리 공출당해 특히 배고픈 어린 시절을 보내야 했다. 그들의 유일한 소원은 배불리 먹어 보는 것, 고기를 실컷 먹어보는 것이었다. 명절 때나 제사 때 한 점 얻어먹던 고기를 마음껏 먹어보는 것이야말로 이들의 가장 큰 소원이었다.

이들이 어린 시절 못 먹고 못 입었던 설움에 대한 보상심리로 나타난 것이 바로 자식들에 대한 과잉보호와 과잉사랑이었다.

더구나 당시는 박정희 정부의 강력한 가족계획으로 대부분의 가정이 아이를 둘만 낳았다. 적게는 대여섯 명에서 많게는 열 명 이상 낳던 시대를 살아온 사람들에게 둘만 낳으라니 얼마나 귀한 자식이었을까? 이들은 자신들의 못 먹고 못 입던 설움에 대한 보상심리로, 자식들은 누구보다 배불리 먹였고 그렇게 먹고 싶던 고기반찬도 실컷 먹도록 해주었다.

하지만 경제개발로 식량문제가 해결되었다고 해도 전 가족이 지금처럼 고기를 양껏 먹을 수 있던 시절은 아니었기에, 자식들에게는 고기를 마음껏 먹도록 해주고 부모들은 자식이 먹다 남긴 질긴 부분을 뜯거나 뼈다귀를 핥을 수밖에 없었다.

어린 아이들은 이것을 보고 무엇을 느꼈을까?

"부모들이 자신을 희생하며 나를 아껴주는구나."하고 느꼈을까?

천만의 말씀이다.

부모들은 자식들이 먹다 남긴 뼈다귀를 씹고, 맛있는 부위나 살코기는 자신들이 먹는 게 당연한 일인 것으로 알았다. 어린 시절부터 이렇게 자라난 아이들이 자라서 어찌될지는 너무나 빤한 일이다.

학창시절(모두가 왕자공주로 자라난 망나니 세대)

치맛바람이란 말도 386 세대가 초등학교에 들어가면서부터 생겨났다. 조기교육의 바람을 타고 유치원이 여기저기 생겨나고, 유치원이 아동교육의 필수과정으로 등장한 것도 이때부터다.

그 전까지 유치원은 특수한 계층의 자녀들이 가는 곳으로 생각되었고, 대부분의 초등학생들은 공부를 하기보다는 급식을 타먹으러 학교에 갔다.

5.16 혁명 직후인 1960 년대 초반에는 전 인구의 90% 이상이 농촌에 거주했다. 식량을 자급할 수 있는 자작농은 극히 일부에 불과했고, 대부분의 농민들이 보유

한 농지는 식량을 자급하기에 턱없이 부족했다. 아예 농지를 소유하지 않고 부잣집에 머슴을 사는 사람들도 많았다.

당시에는 춘궁기(보릿고개)를 힘겹게 버텨내야 했다. 지금은 없어진 것이나 다름없는 이 말은 한겨울이 지난 이른 봄부터 보리가 익어가기 전까지의 기간을 일컫는다. 대부분의 사람들은 이 시기를 산과 들에 나는 나물과 쌀겨, 미군이 구호물자로 나누어 주던 강냉이가루로 연명했다. 초등학교에서는 강냉이 가루로 죽을 쒀 도시락을 싸오지 못하는 빈곤층 학생들에게 배식했고, 이 당시 도시락을 싸오는 학생들은 학급 전체 인원의 1/3 정도에 불과했다.

학교에서는 강냉이 죽 급식 말고도 주 1~2 회 정도 약 2 리터의 강냉이가루가 든 봉투를 아이들에게 나눠주었다. 아마도 등교를 유도하기 위한 당근책이었을 것이다. 강냉이가루 봉투를 나눠주지 않으면 가난한 집 아이들은 아예 학교에 오지 않았다. 농번기에는 아버지가 머슴을 사는 집에 온 가족이 따라가 어머니는 부엌일을 거들어주고, 아이들은 부엌에서 엄마가 눈치껏 퍼주는 밥을 먹고 잔심부름을 해주거나 보리나 벼 이삭을 줍는 것이 일상이었다.

이들에게 공부는 뒷전이었다. 그 당시 초등학교 졸업생 가운데 중학교에 진학하는 비율은 절반을 밑돌았다. 학업을 중단한 남자아이들은 아버지의 일을 돕거나, 입 하나라도 줄이기 위해 아는 사람의 소개로 도시의 이발소나 철공소에 들어가 일을 도와주었다. 여자아이들 또한 도시에 나가 식모로 취업하는 일이 다반사였다.

정상적인 월급은 아예 생각하지도 못했다. 남자들은 일을 해주는 대가로 기술을 배우는 것에 만족해야 했다. 여자들은 결혼할 나이가 될 때까지 주인집에서 착실하게 일하면 적당한 혼수를 장만해 시집을 보내주기도 했고, 중간에 그만둘 경우에는 그 동안의 노고에 대한 수고비를 얼마간 모아주는 경우도 있었다.

어느 정도 생활에 여유가 있던 사람들도 대개는 장남만 상급학교에 진학을 시켰고, 나머지 아이들은 장남의 뒷바라지를 위해 희생해야 했다. 이렇게 상급학교를 졸업하고 사회적으로 성공한 장남은 가정의 새로운 기둥이 되어 아버지와 함께 동생들을 뒷바라지했다.

장남의 역할에 가정의 성패와 동생들의 미래가 달려 있었다. 그 정도로 장남의 책임은 막중했고, 장남은 그 책임에 걸맞는 권한을 누렸다. 당시의 사회 구성원들은 이런 가족제도를 통해 성립한 책임과 권한을 자연스럽게 받아들였다.

하지만 가족계획의 시행과 함께 자녀를 둘만 낳다 보니 이러한 가족제도는 더 이상 제 기능을 발휘하지 못했다. 386 세대의 부모들은 갑작스런 가족제도의 변화에 적응하지 못해 자녀를 어떻게 교육해야 할지 혼란에 빠졌다. 그들은 그저 귀한 자식의 기를 죽이지 않고 왕자와 공주처럼 키우면 대통령이 되고 장관이 될 것이라는 장밋빛 환상에 빠졌다. 실제로 그 당시 자녀교육의 키워드는 '애 기죽이지 말라'였다. 아이들의 기를 죽이지 않기 위해 남들이 하는 교육을 모두 시키려 했고, 선생님에게 돈봉투도 수시로 찔러주고, 교사가 아이에게 체벌을 가하면 학교에 가서 항의하는 일도 생겨나기 시작했다.

이런 환경 속에서 아이들이 어떤 식으로 자랄지는 빤한 일이다. 모두가 그런 것은 아니었겠지만, 이런 환경에서 대부분의 아이들은 이기심으로 똘똘 뭉친 망나니로 클 수밖에 없었다.

386 세대의 대학시절

요즘 여기저기서 논문 표절이 문제되고 있다. 논문 표절을 저지른 자들을 보면 상당수가 386 세대라는 것을 알 수 있다. 386 세대의 논문 표절 건이 많은 이유는 그들이 겪었던 시대적 상황과 관련이 있다.

역설적으로, 박정희 대통령의 경제개발에 가장 큰 수혜를 입은 세대가 바로 386 세대다. 그 당시 박정희 대통령은 기능교육을 강화했고, 대한민국 기능 인력들은 매년 열리는 기능올림픽에서 거의 모든 종목을 석권했다. 당시의 대한민국은 이러한 우수한 기능 인력을 내세우며 외국인 전용공단인 수출자유지역을 설치해 외국기업을 유치했다. 상대적으로 저렴한 인건비와 우수한 기술 인력에 매력을 느낀 외국기업들이 국내로 몰려들었다. 경제 개발이 지속되면서 무수히 많은 기업과 공장들이 생겨났고, 실제로 이 당시에는 동네마다 겨우 한두 대씩 있던 흑백 TV를 켜도 거의 날마다 공장 착공식과 기공식 뉴스를 들을 수 있었다.

386세대야말로 취직걱정을 하지 않던 유일한 세대였다. 박정희대통령의 경제 개발로 1970년대 후반 이후 넘쳐나는 일자리에 비해 적절한 인력은 부족했다. 졸업시즌이면 각 기업체의 인사담당자들이 대학교를 찾아 다니며 회사소개에 열을 올렸고, 교수들에게는 우수한 인력을 자신의 회사에 보내달라고 로비를 하는 실정이었다.

중소기업에서는 우수인력을 구하기 힘들어 대학생들을 대상으로 졸업 후 자신의 회사에 취업하는 조건으로 4년간 학비를 지급하기도 했다. 하지만 이렇게 장학금을 받았다고 반드시 그 회사에 들어가야 되는 것은 아니었다. 만일 졸업 후 더 좋은 회사에 들어갈 수 있다면, 그 동안 회사로부터 받았던 학비에 일정한 이자를 더해 돌려주고 다른 회사에 취직할 수 있었다. 물론 돌려주는 장학금과 이자는 새로 취업하는 회사 측에서 부담했다.

한마디로 꿈같은 시기였다. 당시 서울시내 대학생들은 졸업 전부터 3~4개의 대기업들이 송부한 취업요청서를 받아 놓고 어디를 골라잡을지 고민했다. 학교에서 공부를 전혀 하지 않아도 졸업장만 있으면 취직에 문제가 없었다. 이러다 보니 학교에서 공부는 뒷전이었다. 이런 분위기 속에서 무슨 현상이 벌어졌을까? 공부는 안 하고 놀기만 하며 학창 시절을 지새우다 보니, 이른바 르네상스로 표현할 만큼 문화에 대한 욕구가 폭발했다.

당시 강변가요제나 대학가요제는 유명 가수들의 등용문이었고, 지금도 당시의 7080 가요들은 리메이크되어 인기를 누리고 있다. 어떤 사람은 외국의 유명의대를 졸업해 의사자격까지 따놓고 취미를 찾아 가수의 길로 나서기도 하고, 어떤 치과 의사는 썩은 이빨을 들여다보고 살기 싫다는 이유로 병원을 처분하고 술집을 차리기도 했다. 요즘 세상에서는 미친 짓거리로 취급받을 일들이 그다지 이상하지 않게 생각되던 시절이었다.

한편 날이면 날마다 군사정권에 저항하는 데모가 끊일 날이 없었다. 그 당시 데모에 참가했던 대부분의 학생들은 데모를 했던 이유가 공부를 하기 싫어서였다고 말한다. 공부를 하지 않아도 취직에 전혀 문제가 없으니 어쩌면 당연한 일이었는지도 모른다. 심지어 학생회 간부들은 도서관에서 공부하는 학생들을 찾아다니며 데모 안 하냐고 폭력을 휘둘렀고, 출석을 엄격히 체크하는 교수들을 어용교수로 몰아가기도 했다. 이러니 386 세대들이 논문도 제대로 못 쓰고 표절을 일삼는 것은 당연한 일일지도 모른다.

그 당시 각 대학의 학생회장은 모두 전대협 소속 학생들이 차지했다. 전대협에 속해 있는 대학생이 학생회장 후보로 출마하면 어디에선가 선거자금으로 2억 원~3억 원의 막대한 비용이 지원되었다. 이 자금의 출처는 어디였을까? 두말할 필요 없이 평양의 공작금이었고, 야당에서 지원하는 활동자금으로 위장되어 이들에게 지급되었을 것이다. 초반에는 사회에 불만을 가지고 있었던 학생들이 소수 점조직으로 김일성 사상을 공부했지만, 전대협 주사파들이 학생회 중앙 조직으로 침투하면서 모든 대학의 학생회를 주체사상파가 장악하기 시작했다.

이들은 대체 왜 이렇게 김일성의 주체사상에 빠져들게 된 것일까? 단지 맑시즘에 호기심을 느껴서일까? 주사파 핵심 세력 중에서도 맑스의 〈자본론〉을 처음부터 끝까지 정독한 자들은 아마 극소수에 불과할 것이다. 주사파 핵심세력이 김일성의 주체사상에 걷잡을 수 없이 빠져들게 된 것에는 또 다른 엄청난 비밀이 숨어 있다. 아래 우헌근 총경의 증언을 들어 보자.

의식화교육의 진실-"운동권좌경의식화 교육에 남녀 혼숙 있었다"
우헌근 전 총경, 국제외교안보포럼에서 증언

"조직구성원들도 제대로 모르는 사실인데 분명히 말씀드리지만 박종철군은 간첩이 아닙니다. 또 대공업무를 담당하는 남영동 대공분실에 의한 죽음이 아니라 그 사건은 공안분실 담당이었습니다."

오랜 기간 우리나라 대공분야 최 일선에서 근무했던 전직 원로 경찰 고위 관계자가 박종철군 사건에 대해 말문을 열었다. 20여년 전 '고문기술자'란 악명으로 당시 우리 사회에 널리 알려진 이근안 전 경감이 박종철군과 일면식도 없다고 한 발언내용을 뒷받침한 것이다.

전직 경찰 총경으로 지난 1967년부터 경찰에 투신해 30년 동안 대공분야에서만 근무한 우헌근 전 총경은 자신의 말처럼 "공산당 잡는데 인생을 다 걸었고 공산주의에 대해 나보다 더 생리를 잘 알겠느냐"며 공산주의 이론을 줄줄이 꿰면서 말문을 연 우헌근(전 대공전문 수사관) 박사는 21일 아침 국제외교안보포럼(이사장 김현욱 전 국회의원)이 주최한 조찬 강연회에서 박종철군 사건과 관련해 "(박종철군 사건이) 대공사건이 아니어서 박 군과는 전혀 일면식도 없었다"고 이근안 전 경감의 말을 확인해주었다.

우 박사는 "박종철군 문제를 짚고 넘어가야 한다" 며 "남영동 분실은 간첩 잡는 대공분실로 당시 박종철군 사건을 담당한 곳은 공안분실이었지만 공안분실이 사무실이 없어서 대공분실 앞에 임시로 콘센트 막사를 짓고, 심문을 대공분실이 사용하는 심문실을 사용했다" 며 "제가 (이근안 경감의) 결재선상에 있었기 때문에 분명히 안다. 박종철군은 본 적이 없다. 오해없기 바란다" 고 분명하게 못을 박았다.

우 박사는 당시 대공수사업무를 하면서 특히 주사파 등 공산주의 이론에 심취한 이들을 거론 "공산주의는 처음부터 끝까지 모든 것이 거짓이고 이론 그 자체는 물론 구조와 조직 등 전체가 이중구조로 된 거짓 투성"이라며 2 대원칙 3 원칙 등을 세밀하게 설명했다. 그는 당시 수사내용을 말하면서 특히 의식화교육을 하는데 있어 남녀 혼숙 등 쉽게 꺼내기 어려운 얘기들도 언급했다.

즉 이들 좌경세력들이 "소위 의식화교육을 하면서 남녀가 한방에서 벌거벗은 상태로 교육하고 돌아가면서 함께 잠까지 잔다. 전문 사진사를 고용해서 현장에 잠입해 사진과 비디오 촬영을 해 명백한 증거자료를 갖고 있다"고 설명했다.

이들이 이렇게 상상을 초월하는 행동으로 의식화교육을 하는 이유는 노동현장에 위장취업을 하고 노동자들에게 의식화교육을 주입하기 위해서는 스스로의 수치나 부끄러움을 해소하기 위함이고 여럿이 함께 잠을 자게 하는 것도 그렇게 함으로서 그들로부터 벗어나려는 것을 미연에 방지하기 위함이라며 그것이 주사파의 기본원리라고 부언했다.

그러면서 "이들에게 교육장소를 제공하고 또 도피를 위한 은신처를 제공한 것도 '도시산업선교회' 등 교회가 중심이 되었다" 면서 "의식화교육에 제일 먼저 시동을 건 단체가 '천주교 평신도 협의회'였다" 고 단체를 거명 하고는 당시 자신이 수사하고 검거했던 전·현직 유명 정치인과 유명 연예인 가족의 본명을 대기도 했다.

우 박사는 또 "정권이 바뀌어 김대중이 당선되자마자 동교동 가신회의에서 (김대중 대통령이) 취임 후 제1호로 손 댈자가 우헌근이고 우헌근을 잡으라는 명령이 떨어져 결국 중국으로 망명할 수밖에 없었다" 고 당시를 돌이키기도 했다.

그는 이어 '잃어버린 10년'과 관련해서는 "이 말에 반대한다" 며 "잃어버린 10년을 찾는게 문제가 아니고 찾은 이후가 더 문제다. 해방후 남노당을 잡은게 정부가 아니라 우익 세력인 '서북청년단'인데 지금 우리사회에는 그런 '서북청년단'과 같은 우익세력이 없다" 고 북파공작원 단체를 거론한 뒤 "좌파들은 이미 정권교체 이후 서울 시청과 파고다 공원 등지에서 계속적인 집회신청을 해놓고 정권에 반기를 드는데 우익보수세력은 그저 구경만 하고 있다. 일어서야 한다. 나서야한다" 고 목청을 높였다.

김현욱 이사장은 "정권교체가 된 이후 좌파세력과 언론은 본격적으로 인수위 등을 공격하고 있다. 어쩌면 이제부터가 본격적인 시작이다. 보수 우파가 나서야 한다. 시민단체가 먼저 나서 시민운동을 벌여야 한다" 며 최근 출범을 준비하고 있는 '국가정체성회복국민협의회'의 활동을 언급했다.

김 이사장은 "좌파들은 4·3 제주사건 등 민주주의 논리를 가지고 나온다. 그런데도 이번 4·9총선을 앞두고 한나라당 공천심사과정을 보면 후보들의 사상적

측면은 고려치 않고 있다" 며 "지금 격동기에 살고 있다는 사실을 명심해 보수우파가 제대로 된 목소리를 내야한다"고 강조했다.

코나스 이헌오 기자 (holeekva@hanmail.net)   2008-02-21 게시 [15]

우헌근 총경의 증언내용을 자세히 분석해 보자.

그는 "의식화교육을 하면서 남녀가 한방에서 벌거벗은 상태로 교육하고 돌아가면서 함께 잠까지 잔다."라고 증언한다. 이는 곧 주체사상을 학습하던 학생들 사이에서 집단성행위가 벌어졌다는 것을 뜻한다. 그가 노골적으로 표현하지 않아서 망정이지, 남녀 대학생 수십 명이 벌거벗고 김일성 주체사상 교재를 학습한 후 서로 엉겨 붙어서 광란의 집단성행위를 벌이는 장면을 상상해 보라. 이 얼마나 경악을 금치 못할 일인가?

또한 그는 "전문 사진사를 고용해서 현장에 잠입해 사진과 비디오 촬영을 해 명백한 증거자료를 갖고 있다"고 증언한다. 이 증언으로 미루어 보면 이러한 짓이 우연히 어느 한 곳에서만 이루어진 일이 결코 아니며, 주사파들의 의식화 과정에서 필수적으로 거쳐야 하는 통과의례이자 모든 주사파 집단에서 벌어졌던 일이라는 것을 능히 짐작할 수 있다. 전문 사진사를 고용해 사진을 촬영했다는 것은 미리 주사파 대학생들의 의식화 교육 현장에 잠입했다는 것을 의미하고, 그렇다면 주사파들의 의식화 교육 현장에서 늘 이러한 일이 벌어졌다는 것을 알 수 있다.

그렇다면 이런 미친 짓거리를 계획하고 시행한 자들은 누구일까? 얼마 전 대통령 후보에까지 출마했던 어떤 386 정치인은 친구가 마음에 드는 여성과 결혼하기 위해 돼지발정제를 사용하는 것을 방조했다고 고백해 구설수에 오른 적이 있다. 이처럼 당시는 여성이 자신의 의지와 관계없이 몸을 허락하더라도, 첫 순결을 바

---

[15] http://konas.net/article/article.asp?idx=13803

친 남자와 어쩔 수 없이 결혼을 해야 했던 관념이 지배적이었다. 이런 시대에 야당 정치세력이나 대학생들이 자발적으로 이런 짓을 계획했을 리는 만무하다.

이 세상에 이런 짐승같은 짓을 계획하고 시행할 수 있는 집단은 단 하나, 북한 뿐이다. 평양 정찰총국은 이들을 적화통일의 전사로 이용하기 위해 이토록 천인공노할 행위를 주사파들에게 종용했고, 이 장면을 사진과 비디오로 남겨 평생 이들을 조종할 수 있는 채권 증서로 보관하고 있다. 한 번 이 집단 섹스 비디오의 마수에 걸린 주사파 핵심 세력들은 영원히 평양의 노예로 살아가야 한다.

만약 이 사진이나 비디오가 유출된다면 어떻게 될까? 당시 주사파 핵심 세력들은 지금 처자식을 둔 50대가 되어 청와대의 모든 요직을 장악하고 있다. 당시 여학생이었던 주사파 핵심세력의 여대생들 또한 지금 50대의 중년 여성이 되어 남편과 자식을 두고 있다. 요즘 TV에서 청와대를 비출 때마다 자주 보이는 아저씨 아주머니들이 젊은 시절 수십 명 씩 한 자리에서 벌거벗고 집단섹스를 했던 장면이 찍힌 비디오테이프가 유출되어 자녀들이 보고, 제자들이 보고, 신자들이 보고, 선거구민들이 본다면 과연 이 사회에 어떤 폭풍우가 휘몰아칠까?

그들의 자식들은 "우리 아빠(엄마)가 젊었을 때 민주화운동을 위해 대단히 자랑스런 일을 했다."고 말할까?

그 사진과 비디오테이프가 공개되는 순간 그들의 삶은 파멸한다. 왜 지금 청와대를 차지한 이들이 사생결단으로 평양에 돈을 갖다 바치려 들고, 평양의 붕괴를 막기 위해 그토록 발버둥을 치고 있는지 이제야 알겠는가?

게다가 이런 일들이 강제로 이루어졌을까? 의식화 교육의 통과 의례라 하더라도, 자신이 싫으면 주사파 동아리에서 탈퇴하면 그만이다. 그렇다면 남학생 뿐 아니라 여대생들도 스스로의 의지에 따라 이러한 통과 의례를 따랐다는 이야기다. 이를 종합하면 386 운동권 대학생들은 김일성 주체사상을 학습하는 것 말고도, 공짜로 떼X을 하기 위해 썩은 생선에 쉬파리떼가 모여들 듯 김일성주체사상 학습에 모여들었다는 것을 알 수 있다. 물론, 당시 데모에 참가했던 학생들 중에는 주사파들의 실체를 잘 모른 채 군사독재에 저항하는 것이 정의인 줄 알며 이런 추잡한 짓까지 벌이지는 않은 학생들도 있을 것이다. 하지만 주사파의 핵심 조직으로 다가갈수록 이러한 통과의례를 반드시 거쳐야 한다는 것은 그들의 분명한 불문율이었다.

바로 이것이 386 주사파 운동권의 민낯이다. 영화 〈1987〉에서 나오는 당시 6.10 항쟁을 이끌었던 대학생들이 군사정권에 항거했던 민주화를 위한 정의의 사도로만 보이는가? 이른바 민주화세력, 그들이 했던 활동은 결코 민주화 운동이 아니었다. 그들이 한 운동은 자유 대한민국을 평양 김씨 왕조에게 통째로 갖다 바치려는 '인민'민주화 운동, 인민민주주의혁명 운동이었던 것이다. 그리고 그 과정에서 집단 성행위라는 천인공노할 짓을 밥 먹듯이 생활화하며 평양에 스스로를 인질로 상납했고, 이렇게 완전히 평양의 하수인이 된 자들이 국민들을 속이고 정권을 차지한 것이다. 지금 정권을 차지한 자들만이 아니다. 여당, 야당을 가리지 않고, 일명 민주화 운동의 경력으로 정치활동에 입문한 정치인들은 우익을 표방하더라도 이러한 마수에 걸린 자들이 대부분이라고 보아야 한다.

박근혜 대통령 당시, 공직을 수행하는데 아무런 하자가 없을 듯한 인사들이 청문회에서 트집이 잡혀 줄줄이 낙마하는 이유는 무엇이었을까? 북한에 약점이 잡히지 않은 사람들이기 때문이다. 평양에 약점이 잡히지 않은 사람이 주요 직위에 앉는다면, 평양에 영구히 약점을 잡힌 저들이 위험해지는 대북 정책을 펼 수 있기 때문이다.

부모는 자식 위해 우골탑을 쌓고, 자식은 우골탑 위에 색골탑을 쌓고

과거 80년대에 우골탑(牛骨塔)이란 말이 유행했었다. 그 이전에는 여유가 있는 집안에서만 자식을 대학교에 보냈다. 여유 있는 집에서도 장남만을 대학에 보내고, 나머지 아들들은 힘을 합해 뒷바라지를 담당했다.

그러나 자녀를 두 명만 낳아 기르던 60~70년대에는 부모들이 모든 자녀를 대학에 보내려 했다. 그래서 과외도 성행했고, 처음으로 치맛바람이란 말이 나왔다. 여유가 없는 집에서는 대학 등록금을 대기가 너무도 버거웠다. 여유가 있는 집에서는 송아지 두 마리를 얻어 키워 완전히 자랐을 때 한 마리는 주인에게 돌려주고, 한 마리는 소유권을 넘겨받은 후 송아지를 팔아 자식의 등록금으로 납부했다. 이를 가리켜 '수내'라 불렀다. 부모들은 6개월만에 두 마리의 소를 키워내려니 얼마나 힘이 들었을까?

그래서 학문의 전당이란 의미의 상아탑(象牙塔) 대신 우골탑(牛骨塔)이란 말을 사용했고, 때로는 부모의 뼈골을 뺀다는 뜻을 담아 인골탑(人骨塔)이라고 부르기도 했다.

하지만 이 배은망덕한 386세대들은 부모들이 자식들을 위해 쌓아올린 우골탑 위에 이렇게 색골탑(色骨塔)을 쌓아 올렸다. 이것이 바로 386 주사파들이 대학에 가서 공부한 의식화 교육의 진실이며, 이렇게 김일성 집단이 양성한 자들이 저지른 반역행위가 바로 그 잘난 민주화운동의 실체다.

386 민주화세력은 김일성이 심혈을 기울여 키워낸 적화통일을 위한 최고의 전사들

대한민국 국민들은 지난 30여 년 간 민주화라는 감언이설에 속아 인류 역사상 가장 추악하고 저열한 짐승들에게 나라를 빼앗겨 사육당하고 있다.

그들이 부르짖는 민주화는 자유민주주의를 의미하지 않는다. 주적인 북한과 그들의 하수인들만을 위한 '인민' 민주화, 인민민주주의혁명운동을 의미할 뿐이다. 민주화란 공산집단의 교묘한 언어 혼란전술일 뿐이다. 과거 전대협 연대사업국장으로 주사파 활동에 몸담았다가 전향한 이○○ 위원은 국회 연설에서 다음과 같이 진술하고 있다.

"80년대 학생 운동은 결코 민주화 운동이 아닙니다. 우리는 민주화 운동 같은 것 한 적 없을 뿐더러, 단 한 번도 우리가 하는 일을 민주화 운동이라고 생각한 적도 없습니다. 우리가 한 일은 자유민주주의를 전복하려는 인민민주주의 혁명운동이었습니다."

대부분의 국민들은 저들의 '민주화'라는 언어 혼란 전술에 속아 민주화라는 것이 뭔가 좋은 것, 국민 모두를 위한 것인 양 착각하고 인류역사상 가장 저열하고 추악한 짐승들을 대표자로 뽑아 우리 스스로를 지옥의 구렁텅이로 밀어 넣었다. 국민들은 그들의 선택으로 어떤 대가를 치르고 있는지 모르고 있다. 때로는 평생 일궈온 전 재산을 강탈당하고, 때로는 영문을 모른 채 귀중한 생명을 내놓으면서도 그 근본적인 이유가 무엇인지를 모른 채 하루하루 연명하고 있는 것이다.

지난 30여 년간 이른바 민주화세력들이 국민들에게 저지른 엄청난 죄악은 이루 말로 표현할 수 없다. 그들은 민주화라는 감언이설로 국민들을 우롱해 국민들이 평생을 모아온 전 재산을 가로챘고, 그들만의 영구 집권을 위해 한민족의 멸족마저 획책했고, 북한에 나라를 통째로 들어다 바치려 했다. 하지만 그것이 불가능해지자, 세계 역사를 통틀어 가장 잔혹하고 악랄한 집단인 평양 김씨왕조에게 핵 개발 자금을 상납했다. 무슨 말인지 선뜻 이해하기 어려울 수도 있을 것이다. 이제부터 그들이 저지른 죄악을 낱낱이 파헤치기에 앞서, 한 가지 질문을 던져 보자.

아직도 대부분의 국민들은 박근혜 대통령이 탄핵당한 이유를 알지 못한다. 박근혜 대통령이 왜 탄핵을 당해야 하는지 이유를 물어보면, 그저 단순히 "뭔가 잘못한 일이 있어서겠지."하고, 아무도 구체적인 답변을 하지 못한다. 대답을 하는 것이라고는 모두 거짓 선동과 가짜 뉴스로 판명이 난 저질스러운 이야기들뿐이다. 박근혜 대통령이 탄핵을 당한 근본적인 뿌리는 10.26 박정희 대통령 시해, 12.12 전두환 쿠데타, 5.18 광주사태, 노태우의 6.29 선언, 임수경의 평양 방북, 김영삼의 3당 합당, 김영삼의 제2 건국 선언, IMF 구제 금융으로 이어지는 대한민국 현대사의 엄청난 비밀에서 비롯된다. 박근혜 대통령이 탄핵을 당한 진정한 이유를 한 마디로 요약하면 다음과 같다.

"그녀는 잃어버린 나라를 되찾아 국민들에게 되돌려 주려 했기 때문에 탄핵을 당한 것이다."

박근혜 대통령이 탄핵을 당한 진짜 이유를 깨닫지 못하는 이유가 또 하나 있다. 세상 사람들이 민주화세력을 나름 정의로운 집단이라 생각하는 대단히 큰 착각을 범하고 있기 때문이다. 87 체제 민주화세력들은 이 땅에 발을 붙이고 사는 이들 가운데 가장 추악한 집단이다. 세상 사람들이 그들이 이 땅에서 저지른 죄악을 낱낱이 알게 된다면, 그들은 더 이상 이 땅에서 발을 붙이고 살 수 없을 것이다.

지금부터 지난 30 여년 간 이른바 민주화세력들이 어떤 추악한 짓을 벌였는지, 어떤 매국노 짓을 했는지 한 가지씩 밝혀보기로 한다.

87 체제와 민주화세력은 대한민국 적화 공작의 완성품

80 년대 초까지만 하더라도 군사력 면에서는 북한은 우리와 비교할 수 없을 정도로 막강했고, 경제력 면에서도 거의 비슷한 수준이었다. 북한에는 금광 여러 개를 비롯한 수많은 광산들이 즐비하다. 북한 지역에는 일제시대부터 광물을 채취하기 위한 광산이 발달했고, 이렇게 채굴된 지하자원을 이용하기 위한 제련소와 각종 공장들이 들어섰다. 반면 남한지역은 농경지가 많아 일본으로부터 식량을 수탈당했을 뿐이다. 더구나 남한은 625 사변으로 국토가 완전히 파괴되어 정부예산조차 미국의 원조에 의존해야 했다.

박정희대통령의 경제개발이 마무리되던 시점인 1970 년대 후반에서야 남한의 경제력은 거의 북한과 유사한 수준을 이룰 수 있었다. 하지만 북한은 1990 년대 말, 극심한 경제난과 식량난으로 300만 명의 주민이 굶어 죽었다. 왜 북한의 경제가 불과 십여 년만에 갑자기 몰락한 것일까?

KAL858기의 폭파로 테러지원국으로 지정되어 국제사회의 경제제재를 받았던 것이 그 원인 중 하나다. 하지만 더 큰 이유는 북한이 온 힘을 쏟아 전 세계적으로 테러단체를 지원했던 데 있다. 70~80년대 북한은 알카에다를 비롯해 전 세계의 테러단체를 금전적으로 지원하는 한편 교관을 보내 테러 기술을 전파하기도 했다. 북한은 지금 존재하는 전 세계 대부분의 테러단을 키워내고 또 지원했다.

이런 북한이 적화통일을 위해 심혈을 기울인 대상이 바로 386 민주화세력이다. 80년대 전국 모든 대학교의 학생회장은 전대협 소속이었다. 이들이 학생회장에 출마하면 늘 어디에선가 2억~3억 원의 선거자금을 지원받았다. 각 학과의 학생회에 침투하고, 이들을 조직해 데모현장으로 이끄는 데도 엄청난 돈이 소요되었다.

이러한 엄청난 자금의 출처는 단 한 곳뿐이다. 어디인지는 굳이 말하지 않아도 빤하지 않은가? 북한은 이런 방식으로 386 세대들을 적화통일의 충직한 전사로 양성했고, 5.18의 비밀을 이용해 87체제의 주역들을 모조리 자신들의 하수인으로 만들 수 있었다. 하지만 이렇게 적화 공작과 테러 지원에 모든 경제력을 탕진하다 보니, 막상 결정적인 시기에는 경제 파탄으로 적화통일을 포기해야 했다.

북한의 교과서는 남한에서 일어난 모든 민주화운동은 모두 김일성의 지시에 따라 일어난 것이라고 수록하고 있다. 그리고 그 중 5.18이 가장 성공적인 대남공작이었다고 말한다. 통일부의 자료에 따르면, 북한에서는 5.18 행사를 남한처럼 하루에 끝나는 게 아니라 먼저 중앙에서 행사를 열고, 다음 날에는 각 지방에서 돌아가면서 기념하고 있다.

북한이 이렇게까지 5.18을 성대하게 기념하는 이유는 무엇일까? 5.18에서는 수많은 북한 특수군이 희생되었으니 어찌 보면 실패한 작전이라고 볼 수 있다. 김일성의 입장에서 5.18 북한군 침투는 결코 자랑할 일이 아닌 것이다. 그럼에도 북에서 5.18을 그토록 성대하게 기념하는 이유는 무엇일까? 5.18은 단지 교도소 습격의 실패로 끝난 것이 아니었다. 김일성은 5.18의 비밀을 이용한 이간책으로 대한민국의 모든 정치세력을 자신의 휘하에 두고, 사실상 남한을 접수할 수 있었다. 그것이 바로 87체제의 시작이었다. 이때부터 대한민국의 자유민주주의는 사실상 종말을 고하고, 평양 대리통치체제의 서막이 오르게 된다. 5.18에서 희생된 북한 특수군들은 한 마디로 평양의 입장에서는 '개국 공신'들이었던 셈이다.

북한이 최악의 경제상황에 직면해 있으면서도 체제를 유지하고 핵과 미사일 개발을 계속할 수 있는 이유도 바로 이러한 87체제를 구축했기 때문이다. 북한은 박근혜 대통령이 취임하기 전까지만 하더라도 개성공단과 남북교역을 통해 막대한 자금을 마련할 수 있었다.

국민들이 우익정권이라 착각하는 이명박 정권조차 금강산을 관광하던 박왕자씨가 북한군의 총에 사살당했는데도 겨우 금강산 관광을 중단했을 따름이며, 천안함 격침, 연평도포격을 당하면서도 개성공단은 여전히 유지하고 있었다. 대체 이게 상식적으로 말이 되는 처사일까? 자국민이 적국의 총격으로 사망했는데도, 적국에 돈이 흘러갈 수 있는 개성 공단을 그대로 유지한다? 이것이 주권 국가가 할 수 있는 처사인가? 대체 YS-이명박 일파는 북한에 무슨 약점이 잡혀 있었던 것일까?

정부뿐만이 아니다. 김대중 노무현 정권 시절에는 남한의 종교인, 언론인, 사업가 등이 무수히 북한을 방문했다. 이들 중 거의 모두가 기쁨조의 공작에 걸려 평양의 노예로 전락했고, 평양에 약점이 잡힌 이들이 북한에 은밀히 가져다 바친 돈이 얼마나 천문학적 금액일지 짐작조차 못하는 실정이다.

지금 이 순간에도 수많은 국민들이 적화통일을 걱정하고 있다. 하지만 만일 북한이 마음만 먹는다면 지금 당장이라도 총 한 방 쏘지 않고도 적화통일은 가능하다. 평양의 하수인들로 들이찬 정권이 평양의 지시에 따라 평화통일을 가장한 연방제 통일헌법을 국민투표에 부의한다면, 이 나라는 곧 적화의 길로 접어드는 것이다.

북한이 그렇게 하지 못하는 이유는 무엇일까? 국력이 40배가 차이가 나는 대한민국을 집어 삼킨들, 폭동이 일어나 루마니아의 차우세스쿠 신세로 전락할 수 있기 때문이다.

지금 이 순간에도 많은 사람들이 북한에 의한 적화통일을 우려하고 있다. 하지만 그들은 중대한 사실을 모르고 있다. 이미 이 나라는 87년부터 사실상 적화되었고, 국가 이념이 공산주의 혹은 사회주의로 바뀐 지 오래다. 동서고금을 통틀어 국가를 건설한 건국의 아버지를 독재자로 폄하하고 홀대하는 나라는 존재하지 않는다. 정신을 차리고 생각해 보라. 나라를 세운 건국자는 가장 큰 존경의 대상이 되고, 건국의 이념을 배우는 것이 정치와 역사 공부의 출발점이 아닌가? 미국인들은 학교에 들어가자마자 조지 워싱턴의 건국 이야기를 배운다. 그런데 도대체 이 나라만큼은 나라를 건국한 초대 대통령이 부정당하고, 그 나라를 세계 10위권의 경제 대국에 올려놓은 대통령은 독재자로 깔아뭉개기 바쁘다. 아버지를 모르는 자식을 '호래자식'이라고 부르지 않는가? 왜 우리들은 이 나라에 살면서 건국의 역사에 이토록 무지하고, 주변 분위기에 휩쓸려 건국의 아버지를 욕하는 '호래자식'이 된 것일까?

제6장 87체제의 출범과 자유민주주의 대한민국의 최후
6월항쟁의 숨은 민얼굴(구국의 결단이었나 희대의 사기극이었나?)

영화 〈1987〉에서 나오는 장면이다. 1987년 6월, 서울시내 중심가는 연일 학생들의 데모로 깨진 보도블록이 길을 뒤덮었고, 데모를 진압하기 위해 쏘아댄 최루가스로 시민들 또한 엄청난 불편을 겪었다. 퇴근 무렵이면 매캐한 최루탄 가루가 바람에 휩쓸려 날아다녀 퇴근 때마다 눈물과 콧물을 쏟아야 했다.

1987년 4월 13일, 전두환은 개헌논의 중지와 제 5 공화국 헌법에 의한 정부이양을 골자로 하는 「4·13 호헌조치」를 발표했고, 5월 27일에는 재야세력과 통일민주당이 연대해 형성한 '민주헌법쟁취 국민운동본부'가 발족되어 국민운동본부가 6.10 항쟁의 구심체 역할을 담당했다.

한편 5월 18일, 천주교정의구현전국사제단이 공식성명을 통해 박종철 고문치사사건이 조작·은폐되었다는 사실을 밝히면서 국민들의 분노는 급속히 확산되었다. 이에 민주헌법쟁취 국민운동본부는 6월 10일 '박종철군 고문살인 조작·은폐규탄 및 호헌철폐 국민대회'를 전국적으로 개최하기에 이르렀다. 이 기간, 이한열과 이태춘이 경찰의 진압과정에서 사망했고, 학생들의 대열에 젊은 넥타이 부대들까지 합세하면서 시위는 전국적으로 확산되었다.

이 항쟁은 노태우의 6.29 선언으로 막을 내리게 된다. 모두들 이 6.10 항쟁이야말로 한국의 민주화를 가져온 최대의 항쟁이라고 자화자찬을 늘어놓고 있으며, 많은 외국의 언론과 정치인들은 한국을 산업화와 민주화라는 두 마리 토끼를 잡은 나라로 칭송하고 있다.

하지만 생각해 보자. 이처럼 민주화를 달성한 이후, 왜 국민들의 삶은 오히려 더 힘들어졌을까? 국민들이 느끼는 행복지수가 OECD 국가 중 가장 낮고, 자살률이 가장 높은 이유는 무엇일까?

도대체 누구를 위한 민주화이며, 모두가 공인하는 민주화의 민낯은 무엇일까?

知己知彼, 百戰不殆 ; 不知彼而知己, 一勝一負 ; 不知彼不知己, 每戰必殆
 적을 알고 나를 알면 백 번 싸워도 위태롭지 않다. 적을 알지 못하고 나를 알면 한번 이기고 한번 지고, 적도 모르고 나도 모르면 싸울 때마다 위태롭다.

너무나도 유명한 손자병법의 한 구절이다. 적을 모르고 나도 모를 뿐만 아니라, 적이 누구인지조차 모르고 우리 안에 있는 적을 아군이라 철저히 믿기까지 한다면 어떤 결과가 닥칠까?

매우 안타까운 일이지만 지금 우리가 경험하고 있는 현실이다.

87년도 말, 이 나라의 자유민주주의는 사실상 간판을 내렸다. 국민들은 이러한 스스로의 처지도 모르고, 숨은 적을 알아보지도 못하고 있는 것이다.

화려한 포장 속에 숨은 민주화의 민낯은 무엇일까? 끊이지 않는 부정부패, 극심한 빈부격차 문제, 사교육비 문제, 역사왜곡, 세계 최고의 자살율, OECD 국가 최고의 이혼율, 세계 최악의 출산율, OECD 국가 최고의 범죄율, 사회에 만연한 성범죄, 매춘, 도박, 등록금문제, 좌.우 이념 문제, 잘못된 다문화정책 등, 모든 이러한 사회의 병폐들이 바로 민주화된 대한민국의 민낯이다.

우리 사회가 이토록 극심한 병폐에 시달리는 이유는 국민들이 누가 적인지, 내가 누구인지를 모르고 있기 때문이다. 우익을 가장한 민주화세력, 애당초 좌익을 표방하는 민주화세력 모두가 알고 보면 한 통속이며, 영구히 북괴에 약점이 잡혀 평양 붕괴를 사생결단으로 틀어막고 국민의 세금을 평양의 유지비용으로 갖다 바치며 저희들끼리 사이좋게 천년만년 권력을 나눠 먹을 작자들이라는 사실을 모르고 있기 때문이다.

양의 탈을 쓴 늑대가 양떼를 보호해줄 것이라 착각하다 보니, 모조리 잡아먹혀야 할 처지에 놓인 것이 바로 우리의 현실이다. 이들은 자신들이 저지른 죄악을 감추고자 국민들을 좌/우 이념 속으로 몰아넣고, 자신들이 진정한 진보 세력인 양, 혹은 보수우익 세력인 양 가장하고 국민을 분열시킨다. 그리고 국민들을 앞장 세워 치열한 대리전쟁을 하도록 획책한다.

하지만 자신들을 위험에 빠뜨릴 공동의 적이 나타나는 경우, 그들은 원래의 정체를 드러내고 힘을 합해 공동의 적을 제거한다. 그리고 자신들만이 나라를 구할 정의의 사도인 양 나서서 서로를 물어뜯는 정치쇼를 연출한다. 박근혜 대통령의 탄핵 사건은 바로 이러한 현실을 적나라하게 보여준 사례다. 박근혜 대통령은 박정희 대통령 서거 이후, 87 체제를 비롯한 이 엄청난 현대사의 비밀에 발목을 잡히지 않은 진정한 첫 대통령이었다. 새누리당 친이계 국회의원들이 탄핵에 찬성했던 이유를 이제야 알겠는가? 도대체 자기 소속 당의 대통령을 탄핵하는 황당한 일이 어떻게 가능했을까? YS 로부터 내려오는 친이계 새누리당 세력들은 우익을 표방할 뿐, 그 뿌리는 종북 세력과 같았던 것이다. 과거 민주화 운동을 했던 386 세대들이 아무리 우익을 표방한들, 87 체제 이후 평양의 완전한 하수인으로 전락한 것은 매한가지였다. YS 와 DJ 계열의 모든 정치세력들은 87 년 헌법개정으로 나라를 팔아먹었고, 88 년도 후반에는 민추협(YS 와 DJ 가 공동의장)의 보호를 받는 전대협을 통해 임수경을 평양에 보내 적화통일 선언문에 합의하고 이 나라를 김일성에게 갖다 바치려 했다.

한 때 세계의 절반을 점령했던 공산주의가 멸망하고, 마지막 남은 북한만이 살아남기 위해 발버둥을 치고 있다. 이러한 시점에 대한민국이 극심한 좌/우익 논란에 휩싸인 것도 이들 민주화세력 간에 짜고 치는 정권다툼의 결과물이다.

이들은 자신들의 진정한 정체를 감추기 위해 자신들만이 최고의 애국자인양 우익을 표방하며 코스프레를 펼친다. 국민들을 올바른 방향으로 이끌어 가야 할 이 시대의 지식층들까지 이들의 음모에 휘말려 자신도 모르게 이들의 대리전쟁인 이 전투구의 이념전쟁에 동원되고 있는 현실이다. J 모씨같이 내공이 빈약한 사이비 애국자는 여기에 그대로 넘어가 자신의 행동이 망국에 이르는 지름길인줄도 모르고 자신의 지식을 자랑이라도 하듯 국민을 호도하는 것이다. 이들은 누군가가 보수우익이라 주장하면 그들의 과거의 행적이 어떻든 나라를 사랑하는 우리 편이고, 진보좌익이라 주장하는 사람들은 빨갱이, 공산당이란 의식에 젖어있다.

저들의 속셈을 제대로 이해하지 못하고 추악한 음모에 이용당한다면 우리에게 더 이상 미래는 없다. 어느새 다음 세대는 또 다시 3 류 국가의 노비와도 같은 신세로 전락하고 말 것이다.

도둑맞은 대한민국의 자유민주주의 헌법

한 국가의 국체를 소멸시키기 위해 필요한 가장 핵심적인 작업은 무엇일까? 헌법을 도둑질해야 한다. 헌법은 비조직적인 사회를 정치적으로 통일시켜서 하나의 국가사회를 창설하는 국가창설적 기능을 가지기 때문이다. 그렇다면 완벽한 적화를 기도했던 87 체제의 민주화세력들은 헌법과 관련해 어떤 음모를 꾸미고 헌법에 어떤 칼날을 들이대었을까?

6.29 선언으로 실권을 잃은 전두환은 재임 중 1987 년 10 월 29 일, 직선제와 대통령 권한제한이라는 표면적인 이유를 내세워 지금의 헌법으로 개정했다. 이 헌법의 발효와 동시에 자유민주주의 대한민국은 최후를 맞이했다. 이제 알겠는가? 한 마디로 평양의 입장에서 5.18 에 투입되어 사망한 490 명의 북한 특수군은 대한민국을 통째로 집어삼키게 해 준 개국 공신들이었던 것이다. 어찌 보면 그들은 패전을 한 이들인데, 그토록 공화국 영웅이라는 칭호를 붙이며 매년 5.18 을 성대히 기념하는 이유가 바로 여기에 있다.

이런 경악할 사실들을 아직도 국민들은 모르고 있다. 30 여 년 전에 사기를 당해 명의가 넘어갔는데, 문패만 그대로 달려있는 집을 보고 아직도 내 집인 줄 착각하고 있는 것이다. 이미 대한민국 제도권의 거의 모든 영역을 자신들의 패거리로 채워버린 87 체제의 주역들은 이제 적화를 완성하는 단계에 이르렀다. 박근혜 대통령의 탄핵을 3 년 간 준비해 왔다는 이들은 이른바 촛불혁명이라는 체제 전복 기도를 통해 청와대를 차지했고, 이제 노골적으로 커밍아웃을 하고 있다. 그들은 이제 대놓고 1948 년 8 월 15 일 대한민국의 건국을 부정하고, 국군의 날을 광복군 창건일로 바꾸고, 2019 년이 건국 100 주년이라고 공언하고, 2018 년에는 완전한 사회주의 헌법 개정을 시도해 이러한 반란을 완성하려 하고 있다.

도대체 임시정부를 만든 것이 어떻게 건국이 될 수가 있을까? 당시에는 국토를 일본에 빼앗겼고, 국민들도 모두 일본의 통치를 받았다. 그래서 손기정이 올림픽에 나갈 때도 소속국가 국기인 일장기를 달고 나갈 수밖에 없었던 것이다. 나라를 빼앗기고 외국에서 건물 하나 달랑 세를 내어 개인회사만도 못한 임시정부 간판 하나 달고 있었다고 그것을 국가라고 주장하는 것인가?

차라리 1897년도에 당당히 제국을 선포하고, 태극기와 애국가를 최초로 사용했던 대한제국 건국일이 이 나라의 건국일이라고 하면 타당성이 있을지도 모르겠다. 왜 저들은 이렇게까지 집요하게 건국을 부정하고, 문서는 물론 사진까지 조작하면서 이승만을 부정하고 박정희를 반대하며, 임시정부 설립일이 건국일이라고 주장하는 것일까? 그 이유는 1987~88년, 북한에 나라를 팔아넘기려 했던 그들의 음모와 직결된다.

87년 개정 헌법의 실체

87년도에 개정된 현행헌법 속에는 곳곳에 무서운 함정이 도사리고 있다. 그 이유는 대한민국을 적화시키려는 어둠의 세력들이 헌법의 개정 과정에 개입했기 때문이다.

헌법 1조 2항은 다음과 같이 되어 있다.
②대한민국의 주권은 국민에게 있고, 모든 권력은 국민으로부터 나온다.

과연 1조 2항대로 주권이 국민에게 있고 권력이 국민에서 나오는 것일까? 이번 박근혜 대통령 탄핵 사태로 이 말은 허울 좋은 미사여구에 불과하다는 사실이 드러났다.

선거권자의 절반이상이 찬성해 선출한 대통령을 선거권조차 없는 아이들이 온갖 거짓 뉴스를 퍼부어대는 언론의 선동에 넘어가 촛불을 켜들고 전체국민의 뜻인 양 호도하고 2백명 조금 넘는 국회의원들과 8명의 헌법재판소 재판관이 작당해 없는 죄를 만들어 파면해도 아무런 힘을 쓰지 못하는 국민에게 무슨 권력이 있다는 말인지 모를 일이다.

일반 회사에서도 회사의 주인인 주주들은 그들의 대표를 선출해 회사의 운영을 맡긴다. 하지만 선출한 대표이사가 회사의 주인인 주주들의 뜻에 맞지 않으면 정기주총과 임시주총을 열어 해임을 의결한다. 하지만 이 나라의 주인인 국민들은 대통령의 파면이라는 절차 속에서 할 수 있는 것이 아무것도 없고, 국회의원과 헌법재판소의 작당에 속수무책으로 당하고 있을 수밖에 없다. 국회가 민의의 대변자이고, 헌법재판소는 헌법의 가치를 수호하는 기관이므로 민주적, 절차적 정당성을 갖추었다고 주장하려는가? 그렇다고 한들 직접적인 주권 행사에 기해 국민의 과반수가 뽑은 대통령을 국민으로부터 권력을 간접적으로 위임받은 국회와 헌법재판소가 파면할 수 있다는 것은 민주적, 절차적 정당성의 관점에서 심각한 허점을 담고 있다.

87년 개정 헌법에 따르면 국회의원 2/3가 동의하면 대통령을 탄핵소추할 수 있고, 국무총리나 기타 다른 공직자들은 국회의원 과반수가 동의하면 탄핵소추가 가능하다. 대한민국 국회는 단원제로 미국과 같은 상원/하원 간의 기능적 통제도 결여되어 있고, 헌법과 법률을 위반하면 탄핵이 가능하며 탄핵 사유를 특정한 범죄로 한정하거나, 어떠한 법익 또는 어떠한 헌법적 가치를 어느 정도로 침해해야 한다는 구체적인 기준도 없다. 한 마디로 '국회의원들이 기분 나쁘면' 적당히 갖다 붙여 대통령을 비롯해 그 어떤 공직자라도 일단은 끌어내리고 권한을 정지시킬 수 있다는 것이다. 실제로 2017년도에 그러한 일이 벌어지지 않았는가? 형사법의 대원칙은 무죄추정의 원칙이다. 도대체 법원의 판결이 확정되지도 않았는데, 헌법과 법률을 위반했다는 사실을 어떻게 확정할 수가 있는가? 헌법재판소는 기업의 공익재단 출연을 부탁한 것이 기업의 자유와 재산권을 침해했다는 이유로 박근혜 대통령을 탄핵했다. 그렇다면 기업의 자유 침해라는 탄핵 소추의 영역과 강요죄와 직권남용죄의 영역 사이의 경계는 어디인가? 헌법 제 84 조에서는 대통령은 내우, 외환의 죄를 범한 경우를 제외하고는 형사상의 소추를 받지 아니한다고 규정한다. 이 조항과의 모순은 어떻게 할 것인가? 헌법재판소의 판결문에 따르면 대통령은 그 어떤 개인적인 행위를 할지라도 무조건 그 행위를 헌법 가치의 준수 여부로 재단해야 한다는 의미인가? 그렇다면 대통령의 직권남용죄와 통치행위와의 경계는 어떻게 되는가? 검찰의 논리대로라면, 모든 대통령의 정책적 판단은 직권남용 또는 직무유기라는 프레임을 걸어 형사상의 범죄로 의율할 수 있지 않겠는가? 재산권 침해로 탄핵소추를 한다면 사유재산제를 부정하고 실질적으로 형해화시키는 등의 조치라던가, 생산수단을 국유화하거나 기업의 자유를 완전히 박탈하는 등 자유민주적 기본질서와 자유시장경제의 원리, 기타 제도적 보장을 형해화시키는 반헌법적 조치가 문제되는 것이지, 대통령의 개별적 행위를 문제 삼는다는 것은 어불성설이다. 헌법재판소 재판관이란 자들은 이러한 사실을 잘 알면서도 대통령 탄핵이라는 결론을 끼워 맞추기 위해 갖은 요설을 동원해 대통령을 끌어내린 것이다. 박근혜 대통령 탄핵 결정문에서 안창호라는 자는 보충의견을 내며 이렇게 말하고 있다.

〈그 동안 우리 헌법이 채택한 대통령제는 대통령에게 정치권력을 집중시켰음에도 그 권력에 대한 견제장치가 미흡한 제왕적 대통령제로 평가된다.

현행 헌법은 1987 년 6 월 민주항쟁 이후 여야합의로 개정된 것으로서, 인간의 존엄성과 국민의 기본권을 최대한 보장하는 정치공동체를 실현하려는 국민의 열망을 담고 있다. 대통령직선제를 규정하여 대통령의 민주적 정당성을 강화하였으며, 대통령임기를 5 년 단임제로 하고 대통령의 국회해산권 등을 폐지하여 장기독재의 가능성을 차단하였다. 국회의 국정감사권을 부활시키고 헌법재판소를 신설하는 등으로 대통령의 권한을 제한하고 기본권규정을 강화하였다.

그러나 이 사건 심판은 현행 헌법 아래에서도 정경유착과 같은 제왕적 대통령제의 폐해가 상존(尙存)하고 있음을 확인하였다.)

말도 안 되는 궤변이 아닐 수 없다. 위에서 본 바와 같이 지금의 헌법은 국회에게 무소불위의 권력이 주어진 국회독재헌법이다. 아무런 힘을 쓰지 못하고 탄핵을 당한 대통령에게 제왕적 권한이 있다는 말인가? 이런 헛소리를 한 인간이 과연 지금 정권을 차지한 자들이 '적폐 청산'의 명목 하에 자행하고 있는 정치 보복을 보며 어떤 소리를 할 지 의문이다.

3권 분립은 어느 한쪽의 독단적인 행동을 막기 위한 민주주의의 가장 기본적인 원칙이다. 3권 분립에 의해 국가기관간의 견제와 균형이 이뤄지고 국민의 기본권이 보장되며, 3권 분립이 보장되지 않으면 권력이 쏠린 국가 기관에 의한 독재가 이뤄질 뿐이다.

3권 분립이 보장된 나라라면 이번 탄핵사태와 같은 허무맹랑한 일이 일어나지도 않았을 것이다. 만약 대통령과 국회 간에 극단적인 대립이 일어난다면 국회는 대통령을 탄핵하고, 대통령은 국회해산을 한 후 국민투표를 통해 심판을 받는 것이 당연하다. 투표결과 국민이 국회를 지지하면 대통령은 물러나야 하고, 대통령을 지지하면 국회의원은 자격을 상실하고 남은 임기 동안 피선거권을 박탈당하는 것이 당연한 일이다. 너무나 당연한 상식이 87년도 헌법에는 미비된 것이디. 당시 헌법 개정의 비사에 따르면 민추협의 공동의장이었던 YS, DJ의 집요한 요구에 따라 대통령의 국회해산권, 비상조치권이 삭제되었다고 한다. 이미 두 사람의 꼭두각시로 전락한 노태우가 적화통일에 합의하지 않는다면 곧바로 탄핵시키려는 사전 음모였던 셈이다. 한마디로 지금의 헌법은 국회의원들에게 무소불위의 절대 권력을 주고, 대통령을 비롯한 어느 누구도 옴짝달싹 못하도록 만든 최악의 악법인 것이다.

(8인 정치회담은 노태우 후보가 6.29선언을 통해 대통령 직선제 개헌을 수용함으로써 7월 24일 발족했다. 민정당에선 당시 윤길중(尹吉重.작고), 권익현(權翊鉉.69), 이한동, 최영철(崔永喆.68) 의원이, 통일민주당에서 박용만(朴容萬.작고), 이중재, 이용희(李龍熙.72), 김동영(金東英.작고) 의원이 참여했다.

통일민주당은 야권 및 재야정치의 오너였던 양김씨가 만든 사실상의 유일 야당이었다. 8인회담에서 YS 입장은 박용만, 김동영씨가, DJ 입장은 이중재, 이용희씨가 각각 대표했다.

이한동 전 총리는 "발족 직후 한 달 이상을 매일 국회 본청 5층에 모여 하루 8시간씩 강행군을 했다"고 한다. 그렇게 해서 만들어진 개헌안은 10월 12일에 국회에서 압도적 찬성으로 통과됐고, 10월 27일 국민투표로 확정됐다.

16년이 흘러 9차 헌법 개정의 주역들은 대부분 정치 일선에서 물러났다. 세 사람은 작고했다. 한나라당 상임고문인 권익현 전 의원은 오랫동안 병상에 누워 있다가 최근 최병렬(崔秉烈)대표 초청 모임에 나타났었다.

이중재 전 의원도 한나라당 상임고문으로서 崔대표에게 "한나라당이 노인당 이미지를 바꾸지 않으면 내년 총선이 어렵다. 물갈이를 대폭 해야한다"고 조언하는 등 정치 2선에서 자기 경험을 전수하고 있다. 이용희 전 의원은 민주당 최고위원으로 노익장을 과시하고 있다. 다음 총선에서 금배지를 노리고 있다.

8인회담 참여자 중 현역 의원으로 활동하고 있는 사람은 이한동 전 총리뿐이다.

6.10 민주항쟁의 열매인 9차 개헌은 통상 '대통령 직선제 헌법'이라고 불린다. **YS,DJ 의 집요한 요구에 따라 대통령의 국회해산권, 비상조치권이 삭제됐다.** 〉

[출처: 중앙일보] [사람 사람] 제헌절 맞은 87년 '직선제 헌법' 멤버들[16]

그렇다면 도대체 누가, 어떤 의도에서 이런 헌법의 초안을 작성했을까? 현행 헌법에 숨겨진 엄청난 음모를 밝히기 전에, 우선 현행 헌법의 전문이 어떻게 되어 있는지 살펴보자.

[유구한 역사와 전통에 빛나는 우리 **대한국민은** 3.1 운동으로 건립된 **대한민국 임시정부의 법통**과 불의에 항거한 4.19 민주이념을 **계승하고**, -----.]

대한국민이 임시정부의 법통을 계승한다? 이게 도대체 말이 되는 소리인가? 주어와 서술어가 전혀 호응되지 않은 비문일 뿐이다. 국어사전에서는 법통이란 단어를 법적 정통성이라고 설명한다. 그렇다면 '정부의 법통'은 '정부' 또는 '국가'만이 계승할 수 있다. 자연인이 무슨 수로 국가 기관인 정부의 법통을 계승한다는 말인가? 대체 왜 이런 문법에도 맞지 않은 문장이 헌법 전문의 제일 앞에 들어가게 된 것일까? 헌법개정위원들이 이토록 헌법을 대충 만들려 들지는 않았을 테고, 헌법이 동아리 친목 강령도 아닐진대, 대체 이런 문법에도 맞지 않은 비문을 왜, 어떻게 헌법의 가장 앞에 끼워 넣게 된 것일까?

너무나 치밀한 음모 속에서 고의적으로 혼란을 부추기는 허술한 헌법. 바로 이것이 지금의 헌법이다.

---

[16] http://news.joins.com/article/202523

헌법전문 속에 숨겨진 무서운 음모

1987년 10월 29일 공포되고 1988년 2월 25일 발효된 대한민국 현행헌법은 전문과 본문, 그리고 부칙으로 되어 있다. 과거의 모든 헌법이나 법률 등은 모두 공포와 시행일이 동일한데 유독 현행헌법만 공포일은 1987년 10월 29일, 시행일은 차기 대통령 취임일인 1988년 2월 25일로 되어있다.

이는 쉽게 넘길 일이 아니다. 왜 유독 제9차 개정헌법만이 공포일과 시행일이 다른 것일까? 1988년 2월 25일 이전의 정권들을 그 이후의 정권들과 차별화하기 위한 의도이며, 무언가 헌법을 가지고 수상한 짓을 벌여놓았다는 점에 착안해야 한다.

모든 헌법 교과서에서는 헌법 전문의 특성을 다음과 같이 설명한다. 헌법 전문은 헌법의 서문으로서 헌법의 제정목적, 제정과정, 국가적 질서형성에 관한 지도이념 등을 규정하며, 형식상 단순한 공포문이나 선언문이 아닌 헌법의 일부분을 구성하고 있다. 헌법전문은 헌법본문의 개별적인 조문과 상호유기적인 관계를 가지며 하나의 통일된 가치체계를 형성한다.

또한 헌법 전문의 효력으로 가장 먼저 언급되는 것은 헌법 전문의 최고규범성이다. 최고규범성에 따르면 헌법 전문은 국내법 질서의 근본이념을 규정한 것으로 헌법의 본문 및 모든 법령에 우월하며, 하위법들의 내용을 한정하는 등 타당성의 근거가 된다. 또한 헌법 전문은 국가권력의 최고의 원리를 규정한 것으로 모든 법령에 대하여 우월한 효력을 가지고 있다. 그 밖에도 헌법전문은 헌법의 본문을 포함한 모든 법령의 해석기준이며 재판규범의 성격 또한 띠고 있다. 헌법재판소도 헌법전문의 규범적 효력을 인정하여 법률이 헌법전문에 위반하는 경우 무효임을 인정하고 있다(헌재결 1989.9.8. 88헌가 6).

그렇다면 국가적 질서형성에 관한 지도이념 등을 규정하고, **국가권력의 최고의 원리를 규정**한 것으로 **모든 법령에 대하여 우월한 효력**을 가지고 있고 **법률이 헌법 전문에 위반하는 경우 무효임을 헌법재판소가 인정하는** 무시무시한 권위를 가진 우리나라의 국가적 질서형성에 관한 지도이념, 즉 국가이념은 무엇이라고 되어 있을까?

우리 헌법 전문은 아래와 같이 되어 있다.

[유구한 역사와 전통에 빛나는 우리 **대한국민은** ①**3.1 운동으로 건립된 대한민국 임시정부의 법통**과 ②**불의에 항거한 4.19 민주이념을 계승**하고, ③**조국**의 **민주개혁**과 ④**평화적 통일의 사명**에 입각하여 정의 인도와 동포애로써 민족의 단결을 공고히 하고, 모든 ⑤**사회적 폐습과** ⑥**불의를 타파**하며, 자율과 조화를 바탕으로 자유민주적 기본질서를 더욱 확고히 하여 정치 경제 사회 문화의 모든 영역에 있어서 각인의 기회를 균등히 하고, 능력을 최고도로 발휘하게 하며, 자유와 권리에 따르는 책임과 임무를 완수하게 하여, 안으로는 국민생활의 균등한 향상을 기하고 밖으로는 항구적인 세계평화와 인류공영에 이바지함으로써 우리들과 우리들의 자손의 안전과 자유와 행복을 영원히 확보할 것을 다짐하면서 1948년 7월 12일에 제정되고 8차에 거쳐 개정된 헌법을 이제 국회의 의결을 거쳐 국민투표에 의하여 개정한다.]

87년 제9차 개정헌법 전문에는 대한민국 역대 헌법 전문 어디에서도 등장하지 않았던 두 가지 문구가 새로이 등장한다. 그 두 가지는 1) 3.1 운동으로 건립된 대한민국 임시정부의 법통을 계승한다는 문구와 2) 조국의 민주개혁을 사명으로 한다는 문구다.

3.1 운동으로 건립된 **대한민국 임시정부의 법통(法統)**이란 문구를 살펴보자. 법통(法統)이란 말의 사전적 의미는 [정통성 따위를 제대로 이어받음. 또는 그러한 계통이나 전통] 영어로는 [a religious tradition] 라고 되어있다.

그렇다면 1987 년 10 월 29 일 개정된 현행헌법의 법통(法統)이라는 임시정부의 헌법(강령)은 어떤 내용으로 구성되어 있을까? 그 내용은 다음과 같다.

(대한민국건국강령을 제정하여 이에 공포함)
大韓民國二十三年十一月二十八日
(대한민국 23 년 11 월 29 일)
臨時政府國務委員會主席 金九
(임시정부 국무위원회 주석 김구)
國務委員 李始榮 (국무위원 이시영)
曹成煥 (조성환)
趙琬九 (조완구)
趙素昻 (조소앙)
朴贊翊 (박찬익)
車利錫 (차이석)

第一章 總綱 (제 1 장 총강)

一. 우리 나라는 우리 민족이 반만년내로 공통한 말과 글과 국토와 주권과 경제와 문화를 가지고 공통한 민족정기를 길러온 우리끼리로써 형성하고 단결한 고정적 집단의 최고조직임

二. 우리 나라의 건국정신은 삼균제도 의 역사적 근거를 두었으니 선민이 명명한 바 「수미균평위하면 홍방보태평」 하리라 하였다 이는 사회각층 각급이 지력과 권력과 부력의 향유를 균평하게 하여 국가를 진흥하며 태평을 보유하리라 함이니 홍익인간과 이화세계하자는 우리 민족이 지킬 바 최고공리임)

三. 우리 나라의 토지제도는 국유에 견법을 두었으니 선헌의 통론한 바 『준성조지공분수지법하여 혁후인사유겸병지폐』 라 하였다 이는 **문란한 사유제도를 국유로 환원하라는 토지혁명의 역사적 선언이다** 우리 민족은 고규와 신법을 참호하

> 여 토지제도를 국유로 확정할 것임
> ----------------------중 략 -------------
>
> 4. 복국기에서 임시약헌 과 기타 반포한 법규에 의하여 임시의정원의 선고로 조직된 국무위원회로써 복국의 공무를 집행할 것임)
>
> 5. 복국의 **국가주권은 광복운동자 전체가 대행**할 것임
>
> 5 조
> 가. 대생산기관의 공구와 수단을 국유로 하고 토지 광산 어업 농림 수리 소택과 수상 육상 공중의 운수사업과 은행 전신 교통등과 대규모의 농 공 상기업과 성시공업구역의 공용적 주요 방산은 <u>국유로 하고</u> 소규모 혹 중등기업은 사영으로 함
>
> 나. 적의 침점 역 시설한 관 공 사유토지와 어업 광산 농림 은행 회사 공장 철저 학교 교회 사찰 병원 공원 등의 방산과 기지와 기타 경제 정치 군사 문화 교육 종교 위생에 관한 일절 사유자본과 부적자의 일절 **소유자본과 부동산을 몰수하여 국유로 함**
>
> **다. 몰수한 재산은 빈공 빈농과 일절 무산자의 이익을 위한 국영 혹 공영의 집단 생산 기관에 충공함을 원칙으로 함**

위에서 보는 바와 같이 임시정부 헌법(綱領)의 경제질서는 공산주의를 표방하고 있다. 즉 현행 헌법은 법통(法統)이란 교묘한 문구 하나로 이 나라의 국가이념을 임시정부를 이어받은 공산주의로 규정해 버린 것이다.

5.항의 복국, 즉 광복을 한 나라의 국가주권은 광복운동자 전체가 대행할 것이라 규정하고 있다. 여기에서 국부 이승만은 임시정부 대통령직에서 탄핵되어 자격을 잃었으므로 임시정부 강령이 규정한 광복운동자에 포함되지 않는다. 바로 이것이 지난 30 년간 민주화세력들이 국부 이승만을 부정하고 그가 건국한 자유 대한민국을 부정하고, 박정희 대통령을 부정하는 이유다.

헌법 전문의 임시정부 법통을 계승한다는 문구에 따르면 대한민국이란 국가는 임시정부의 법통을 이어받은 공산주의 국가라는 해석이 성립한다. 아무리 다른

부분에서 자유민주적 기본질서와 시장경제질서를 언급하더라도, 이 문장 하나가 대한민국의 정치적 존재형태 및 대한민국의 기본적 가치질서를 뿌리채 뒤흔드는 것이다. 그리고 헌법전문에 대한 헌법재판소 판례에 따르면 이러한 공산주의 이념을 따르지 않는 모든 법은 무효라는 논리가 성립할 수도 있다. 논리의 비약 같은가? 법통 계승의 의미가 대한민국임시정부의 실정헌법질서를 계승하는 '적법성 계승'을 의미한다는 학설을 따른다면, 대한민국은 임시정부 헌법의 경제질서인 공산주의를 그대로 이어 받은 공산주의 국가라는 해석이 얼마든지 가능해진다.

참고로 대한민국 임시정부의 법통을 그토록 강조하며 대한민국의 1948년 8월 15일 건국을 줄기차게 부정하는 더불어민주당의 강령을 보라.

⟨우리는 **대한민국임시정부의** 항일정신과 **헌법적 법통**, 4월혁명 · 부마민주항쟁 · 광주민주화운동 · 6월항쟁을 비롯한 민주화운동을 계승하고, 경제발전을 위한 국민의 헌신과 노력을 존중하며, 노동자 · 농어민 · 소상공인 등 서민과 중산층의 권리 향상을 위해 노력한다. 우리는 민주정부 10년의 정치 · 경제 · 사회 개혁과 남북 화해 · 협력의 성과를 계승하되 반성과 성찰로 새로운 시대를 열어간다.⟩

더불어민주당은 강령을 통해 아주 친절하게도 대한민국임시정부의 '헌법적' 법통을 계승한다고 명시한다. '헌법적'이라는 수식어에서 그들의 의도가 명확히 드러난다. 단순한 법통이 아닌 '헌법적' 법통을 계승한다는 것은 '정당성 계승'에 그치지 않은 '적법성 계승'의 의미로, 임시정부의 실정헌법질서에 연계되는 구속적 의미를 명시하는 것이다. 곧, 임시정부 헌법의 경제질서였던 공산주의를 그대로 따른다는 뜻이 되어버린다. 이 문장 하나에 담긴 무서운 음모가 이제 보이는가?

여기에서 끝난 것이 아니다. 87년 제9차 개정헌법 전문에는 역대 그 어느 헌법 전문에서도 등장하지 않은 '조국의 민주개혁'이라는 문구가 들어가 있다. 조국의 민주개혁이라...뭔가 우리나라 사람들이 잘 쓰지 않은 어색한 표현이라는 느낌이 들지 않는가? 정신을 똑똑히 차리고 이 문구를 곱씹어 보라. '민주개혁'이라는 말을 평소에 써 보거나, 들어본 적이 있는 사람은 없을 것이다. 네이버 국어사전에서는 민주개혁이란 단어를 다음과 같이 설명하고 있다.

민주개혁民主改革
1. 민주주의를 실현하기 위한 개혁.
2. 사회주의에서 근로 인민을 봉건적·자본주의적 착취나 속박에서 벗어나게 하기 위한 개혁.

북한의 선전 매체 〈메아리〉와 〈우리민족끼리〉를 보면 이 민주개혁이라는 단어가 단골로 등장한다.

모두다 공화국 정부 주위에 굳게 단결하여 민주조선창건을...
이미 발표한 공화국 정부의 정강에 지적된 바와 같이 우리는 조국의 통일과 자유독립을 성취하고 해방 후 우리 <u>조국의 북반부에서 실시한 위대한 민주개혁</u>들을 조국의 남반부에서도 실시하며 오늘 북조선인민들이 누리고 있는 자유와 행복을 공화국 남반부에 있는 우리 동포들에게도 보장해 주어야 합니다.[17]

농민들을 땅의 영원한 주인으로 내세우시여 - 우리 민족끼리

---

[17] arirangmeari.com/index.php?t=course&no=43

우리나라에서의 토지문제 해결은 **위대한 수령님께서 실시하신 민주개혁**의 정당성과 생활력에 대한 가장 뚜렷한 과시로 된다.[18]

높이 울려퍼지는 《밭갈이노래》(1)- 《조선의 오늘》

해방된 조국땅에서 맞은 첫봄은 참으로 환희로왔다. 절세의 애국자이시며 항일의 전설적영웅이신 어버이수령님께서 조국해방의 력사적위업을 실현하시고 첫 **민주개혁**으로 토지개혁을 단행하시여 우리 농민들을 땅의 주인으로 내세워주시였기때문이였다. 해방된 조국에 개선하시여 당을 창건하시고 북조선림시인민위원회를 수립...[19]

네이버 한국근현대사사전에서는 민주개혁[民主改革]이란 개념을 다음과 같이 설명하고 있다.

해방 직후 북조선임시인민위원회가 추진한 일련의 개혁조치. 임시인민위원회는 46년 3월 23일 〈20개 정강〉을 발표하고 이에 의거, 「북조선에서 반제반봉건적 민주혁명을 완수하고 인민민주주의제도를 확립함으로써 북조선을 강력한 혁명적 민주기지로 전변」시키기 위해 〈민주개혁〉을 실시했다.

〈민주개혁〉은 토지개혁법령(3월 5일), 노동자 및 사무원에 대한 노동법령(6월 24일), 농업현물세에 관한 결정서(6월 27일), 남녀평등권에 대한 법령(7월 30일), 중요산업 국유화법령(8월 10일) 등을 통해 실현되었다. 그중에서도 토지개혁과 중요산업 국유화는 〈민주개혁〉의 성패를 가늠하는 가장 중요한 개혁이었

---

[18] www.uriminzokkiri.com/index.php?ptype=igisa2&no=19272&pagenum=1225

[19] dprktoday.com/index.php?type=2&no=1815

다. 〈민주개혁〉을 통해 북한공산주의자들은 광범위한 대중적 기반을 구축했다. 사실상 그 내용들은 대한민국 임시정부를 비롯한 여러 독립운동 단체들이 정책으로 내걸었던 것과 별반 다름없는 것이었다. 46년 말 〈민주개혁〉을 완수한 북한은 〈반제반봉건 민주주의혁명〉을 달성하고 새로운 단계인 〈사회주의로의 과도기〉에 들어섰다고 보고, 임시 인민위원회를 해체, 북조선인민위원회를 수립했다.

[네이버 지식백과] 민주개혁 [民主改革] (한국근현대사사전, 2005. 9. 10., 가람기획)

이 무서운 음모가 보이는가? 제9차 개정헌법 전문에서 사회통합의 당위성으로 제시되는 '조국의 민주개혁'이란 북한이 반제반봉건적 민주혁명을 완수하고 인민민주주의제도를 확립함으로써 북조선을 강력한 민주기지로 전변시키기 위해 실시했던 개혁이자, 사회주의에서 근로 인민을 봉건적, 자본주의적 착취나 속박에서 벗어나게 하기 위한 개혁을 의미하는 것이다.

도대체 제 정신으로 이런 헌법을 만든 것일까? 바로 이 두 문구가 1948년 8월 15일의 건국절이 부정되고 8.15 경축사에서 박근혜 대통령이 건국절을 언급했다는 것을 들어 중요한 헌법위반이라고 트집을 잡는 이유이며, 세계사에 유례없는 위대한 지도자인 이승만, 박정희 두 전직대통령이 독재자, 파렴치한 인물로 오도되고 부정되는 이유다.

지난 30년간 모두가 한 통속인 87체제 민주화세력들이 사이 좋게 한 번씩 정권을 나눠먹으며 전교조를 이용해 끈질기게 이 땅의 젊은이들을 공산주의를 지키기 위한 홍위병으로 양성해온 이유이자, 명백한 증거와 증인이 있는데도 5.18 광주사태 시 북한군이 광주에 내려왔다는 사실을 끝까지 부정하는 이유이고, 심지어는 5.18에 대해 다른 이야기를 꺼내기만 해도 명예훼손으로 처벌하는 법을 만들겠다고 엄포를 놓는 이유이며, 5.18 유공자들을 끊임없이 양성해 그들에게 온갖 특혜를 주어 이 나라의 주요 공직을 독식해 나가고 있는 이유이자, 단 한 점의 부정이나 티끌도 없는 박근혜 대통령을 **헌법을 수호할 의지가 없다는** 이유로 **파면**한 결정적인 비밀이다.

즉, 박근혜 대통령은 헌법 전문에서 규정한 공산주의를 거부하며 평양을 붕괴시키고 자유 통일을 시도한 죄 탓에 헌법을 수호할 의사가 없다는 이유로 파면된 것이다. 무슨 말인지 이해가 가는가? 그녀가 탄핵을 당한 이유는 87 체제들이 헌법까지 도둑질해가며 구축한 평양 대리 통치 체제를 무너뜨리고, 그들의 추악한 민낯을 폭로하려는 용납할 수 없는 죄를 저질렀기 때문이다. 헌법재판소는 이번 탄핵심판으로 공산주의를 지키기 위한 최고의 기관임을 스스로 자인한 셈이다. 헌법재판소 재판관들은 자신들이 무슨 짓을 저질렀는지 알고나 있을까? 모 판사가 김일성 사망 소식을 듣고 대성통곡을 했다는 이야기처럼, 지난 40 년 간 법조계는 김일성 장학생들로 득실대는 상황에 이르렀다. 법조계의 전반적인 상황이 이렇다 보니, 헌법재판소 재판관들에게도 대한민국의 뿌리와 자유민주주의 체제 수호에 대한 신념과 통찰을 기대한다는 것 자체가 무리일 듯 싶다.

이정미와 박한철은 문재인으로부터 훈장을 받았다. 주는 사람이나 받는 사람이나 그런 상을 주고, 또 넙적 받는 것 자체가 코미디 아닌가? 판사가 판결을 내린 행위에 상을 준다는 것 자체가 그 판결 자체에 문제가 있다는 이야기 아닌가? 지금 정권을 장악한 세력이 대부분의 정부 인사들을 '위대한 수령 김일성 동지'를 부르짖던 주사파 일당들로 채우고 있는 것을 보라. 이정미와 박한철은 공산주의 헌법을 수호하는 수령님의 충직한 전사로 이용당한 것이다. 그들 스스로도 이러한 공작의 결과물로 전락했다는 사실을 아는지 모르는지 모를 일이다. 자유민주주의와 인민민주주의가 벌이는 처절한 체제 전쟁에서 이 모든 제도권을 장악한 김일성의 망령이 그들의 뇌수를 좀먹어, 공산주의 수호를 위한 '쓸모 있는 바보'들로 그들을 조종했다.

'법통(法統)'이란 단어 하나로 간판 하나만 남겨놓고 모두 다 바뀌어 버린 기가 막힌 현실이 이 땅에서 벌어진 것이다. '조국의 민주개혁'이란 문구 하나로 사회통합의 당위성을 공산주의에 내어준 기가 막힌 현실이 이 땅에서 벌어진 것이다. 바로 이 두 문구 탓에 1948년 건국을 이루고, 누란의 위기에서 조국을 지켜내고, 이 나라의 5천년 가난을 물리친 반공애국세력들이 핍박받고, 대나무로 만든 죽창 대신 명예훼손, 직권남용, '묵시적 청탁'과 '암묵적 공모'에 의한 뇌물죄라는 만능의 죽창을 든 용공 검찰, 용공 법관에게 닥치는 대로 구속되고 처벌받아야 하는 세상이 도래한 것이다.

바로 이 헌법 전문 때문에 대통령조차 표면적으로 우익을 옹호하거나, 우익단체에 단돈 10원이라도 지원하게 된다면 직권남용죄로 구속당해 감옥에 가야하고, 헌법위반으로 국회에서 탄핵받아 임기도 채우지 못하고 쫓겨나야 하는 것이다.

바로 이 헌법 전문이 지난 30년간 이 땅의 젊은이들을 홍위병으로 키워낸 이유이고, 바로 이 단어의 뒤에 도사린 음모를 숨기기 위해 김일성의 하수인이 아닌 자의 대통령 당선을 막으려고 IMF 경제위기를 일으켜 수많은 국민들이 전 재산을 잃고 길거리에 나앉고 수많은 국민들이 자살해야 했던 이유인 것이다.

바로 이 헌법 전문의 비밀을 지키기 위해 부정한 돈이라고는 1원 한 푼도 없는 대통령을 마녀사냥으로 자리에서 끌어내리고 없는 죄를 만들어내기 위해 독방에 가두어 놓고 주 4회, 하루 열 몇 시간 씩 가혹한 재판을 열어 혹독한 고문을 하고 있는 것이다.

누가 이 나라를 자유민주주의 국가라 하는가? 자유민주주의 체제 수호를 위해 좌익 반국가 성향의 단체의 리스트를 작성하고, 이에 대한 지원을 중지한 것이 바로 직권남용이 되어 구속되어야 하고, 정부 비판을 하는 반공애국 세력은 어디에서 조사가 들어오지 않을지, 어디에서 고소, 고발이 들어오지 않을지 노심초사하며 인터넷에 글 하나 올리는 것도 벌벌 떨어야 하는 이유다. 자유민주주의를 수호하려는 세력들은 사실상 이 나라가 공산주의, 인민민주주의 국가로 오래 전에 뒤

바뀌어 버린 현실을 모른 채 인민민주주의 세력에 저항한 '반동세력'일 뿐인 것이다.

국가의 3요소는 국토, 국민, 주권이다. 이중 어느 하나라도 없다면 국가로 인정이 되지 않는다. 우리는 일제식민지 치하를 나라를 빼앗겼다고 말한다. 바로 주권을 잃었기 때문에 나라를 잃었다고 하는 것이다. 지금 이 나라의 주권이 누구에게 있는가? 바로 김일성주체사상을 신봉하는 평양의 하수인들이 정권을 쥐고 있는 지금, 이 나라의 주권은 평양 김씨 왕조에게 사실상 넘어간 상태다.

박근혜 대통령은 1987년 평양 김씨 왕조에게 빼앗긴 이 나라의 주권을 되찾고, 나아가 평양을 무너뜨리고 통일까지 이루려 했다. 이에 당황한 평양은 그들의 충직한 하수인들을 시켜 반란을 일으키도록 지시했고, 이렇게 반란을 일으킨 자들도 북한이 무너질 경우 이런 기막힌 모든 비밀들이 탄로나고 자신들은 처형을 면치 못하는 신세로 전락하기에 이런 천인공노할 짓을 저지르고 있는 것이다. 지금 국회헌법개정특위 자문위원회에서 나온 개헌안은 이제 자유민주주의에서 '자유'를 빼 버린 사실상의 공산주의를 규정하고 있다. 도대체 대한민국의 앞날은 어디로 갈 것인가? 이대로 간다면 대한민국이란 국가는 한 때 잠시·번성했다가 영원히 몰락한 나라로 후세의 역사에 기록될 것이다.

현행헌법 초안은 누가 작성했을까?

그렇다면 이런 귀신도 울고 갈 엄청난 음모를 꾸민 자들은 누구일까? 아무도 저의를 의심하지 않았던 이 두 가지 문구를 교묘히 헌법 전문에 집어넣어 대한민국의 국가 이념과 사회 통합의 당위성을 공산주의로 뒤흔들어 버린 것이 과연 우연에 불과할까?

1987년에는 인터넷도 없던 시대였다. 과연 누가, 어떤 세력이 임시정부의 헌법에서 규정하는 경제 질서가 자본주의적 자유시장 경제질서가 아닌 노동자와 농민

계급을 위한 공산주의라는 사실을 알고, 이를 교묘하게 법통(法統)이란 단어 하나에 축약해 대한민국의 국가이념을 공산주의로 바꿔버리는 기상천외한 짓을 꾸몄을까?

이런 기상천외한 음모를 꾸밀 수 있는 집단은 단 하나, 북한의 김일성 집단 뿐이다. 5.18의 비밀을 이용해 대한민국의 모든 정치세력을 휘하에 둔 김일성은 이런 혀를 내두를 음모를 꾸미며 대한민국의 헌법마저 도둑질해 간 것이다. 당시 헌법 개정 과정을 바탕으로 어떻게 이런 엄청난 문구가 헌법 전문에 들어가게 되었는지를 파헤쳐 보자.

최근에 나오는 자료와 여러 신문 기사를 보면 87년 헌법은 6.29 선언 이후 7월 24일, 8인 정치회담이 발족해 한 달 이상 협상한 결과물이라고 되어 있다. 당시 민정당에서는 윤길중(尹吉重, 작고), 권익현(權翊鉉.69), 이한동, 최영철(崔永喆.68) 의원이, 통일민주당에서 박용만(朴容萬, 작고), 이중재, 이용희(李龍熙.72), 김동영(金東英, 작고) 의원이 참여했다. 8인 회담에서 YS 입장은 박용만, 김동영 씨가, DJ 입장은 이중재, 이용희 씨가 각각 대표했다. 이한동 전 총리는 '발족 직후 한 달 이상을 매일 국회 본청 5층에 모여 하루 8시간씩 강행군을 했다'고 말한다.

〈결국 노태우 민정당 대표가 대통령 직선제와 민주화 등의 개헌 요구를 받아들이는 내용의 '6·29 선언'을 발표하게 된다.

◇개헌의 결실…'8인 정치회담'

이후 여야의 개헌협상이 급속하게 이뤄지면서 7월 24일 개헌협상 전담기구인 여야 '8인 정치회담' 구성에 합의했고, 7월 31일에는 첫 회의가 열렸다.

민정당에서는 권익현, 윤길중, 최영철, 이한동 의원이, 야당에서는 이중재, 박용만, 김동영, 이용희 의원이 협상 대표로 나섰다.

첫 회의가 열린 지 한 달만인 1987년 8월 31일, 헌법전문과 본문 130개 조항에 완전한 합의를 이룸으로써, 헌정사상 첫 여야 합의 개헌이라는 성과를 거뒀다.

물론 헌법 개정안은 8인 정치회담 합의 이후에도 국회 개헌특위와 본회의 의결, 그리고 국민투표까지 많은 절차가 남아 있었지만 새로운 헌법이 탄생하기까지는 불과 3개월도 걸리지 않았다.

9월 17일 헌법개정기초소위에서 헌법개정안 초안이 완성됐고, 9월 18일 헌법개정안 발의, 10월 12일 국회 의결, 그리고 10월 27일 국민투표에서 총 유권자 78.2%의 투표와 투표자 93.1%의 절대적인 지지로 개헌안이 확정됐다.

24년 전 민주화의 요구에 극적인 합의를 이뤄낸 8인 정치회담과 같이 이번에도 새로 활동을 재개하는 8인 사개특위가 사법개혁을 향한 국민들의 요구에 부응할 수 있을지 주목된다.〉[20]

한편, 대한민국 임시정부의 법통이라는 단어를 집어넣은 것은 광복군이자 고대 총장을 역임했던 김준엽의 의지였던 것으로 알려져 있다. 이 말의 진위 여부를 떠나, 대한민국의 정통성을 부정하고 평양에 정통성을 넘기려는 세력들이 임시정부의 법통 계승이라는 문구에 병적으로 집착하며, 이를 1948년 8월 15일 이승만에 의한 대한민국 건국을 부정하는 핵심적인 논거로 사용하고 있다는 것은 분명한

---

[20] http://www.newsis.com/view/?id=NISX20110813_0008973885

사실이다. 김영삼, 김대중을 비롯한 민추협 세력과 작당한 평양 정찰총국이 5.18의 비밀을 이용해 대한민국을 통째로 집어 삼키는 87 체제를 구축했다면, 핵심 작업으로 헌법에 어떤 식으로든 음모의 손을 뻗쳤다는 것은 너무나 당연한 일이다.

　대한민국의 국체를 단어 하나로 통째로 흔들어 버린 이런 기상천외한 일이 일어난 것은 과연 우연에 불과할까? 김준엽은 단지 광복군의 정신을 계승하자는 의도에서 이러한 아이디어를 제안했는지 모르지만, 불순한 세력들이 이 문구를 악용한 것에 불과할까? 세상에 이런 정도의 엄청난 사건이 우연으로 일어나는 법은 없다. 여기에서 우리는 또 다른 실마리에 주목해야 한다. 최근 이 문구와 관련해 나오는 여러 기사들을 보면, 김준엽이 이종찬을 불러서 꼭 이 문구를 헌법에 반영해야 한다고 말했다는 식으로 기술하고 있다. 당시 민정당 의원이었던 이종찬은 독립투사인 이회영, 이시영 일가의 종손으로 광복군 출신인 김 총장과 잘 아는 사이였던 것으로 알려져 있다.

　("김준엽 총장이 불러 갔더니 임시정부 법통 승계를 헌법 전문에 넣어야 한다고 강조했다. 즉석에서 동의한 뒤 그의 아이디어를 실행에 옮기기 위해 더 많은 의견을 구했다. 그래서 당시 이강훈(1903~2003) 광복회장을 만나 여쭸더니 그도 임시정부 대목을 꼭 넣어야 한다고 하더라. 그 뒤 헌법개정특위 위원인 허청일 민정당 의원을 먼저 만나 얘길 꺼냈더니 그는 공감하지 않았다. 이에 당시 민정당 간사였던 현경대 의원에게 임시정부 조항을 적시할 필요성을 설득했고, 그는 동의했다. 야당인 신민당도 그런 의견을 가지고 있었기에 그 뒤에는 순조롭게 진행됐다."(이종찬 전 의원, 지난 2일 전화 인터뷰) 결국 광복군 김준엽과 독립투사의 후손 이종찬이 임시정부 법통을 살려냈다.)[21]

---

[21] http://www.hani.co.kr/arti/politics/politics_general/805621.html#csidx2cd07d22f438bd4acb345a81b6efab4

하지만 다음 내용을 보면 김준엽이 대한민국 임시 정부의 법통을 넣자고 주장했다는 이종찬의 진술이 거짓임을 알 수 있다. 다음은 이종찬의 인생을 서술한 《동녘에 해가 뜨면》을 인용한 위키 백과의 내용이다.

〈정치 활동 중 이종찬은 상해 임시정부의 법통을 헌법 전문 중에 담자고 늘 주장했다.[8] 이어 고려대학교 사학과 교수 김준엽이 그의 견해에 적극 지지했고, 초대 대통령인 이승만도 대한민국의 건국을 임시정부에서부터 계산하여 민국 30 년이라 했으므로 그의 임정 법통론은 무난히 통과하였다.〉[22]

위 동아일보 기사와는 정반대의 내용이다. 위 책에 따르면 임시정부의 법통을 담자는 이야기를 먼저 꺼낸 것은 김준엽이 아닌 이종찬이었다. 최근 나오는 기사들은 마치 임시정부의 법통이라는 말을 넣게 된 것이 마치 광복군이자 반공주의자였던 김준엽의 입에서 먼저 나온 양 당시의 전말을 왜곡하려는 것 같다. 이종찬쪽에서 먼저 나온 발상을 갖고 마치 김준엽이 처음 말한 것처럼 김준엽의 권위를 이용하고 있는 것이다. 그렇다면 당시 이종찬은 왜 이런 문구를 헌법의 맨 앞에 넣으려 기획한 것일까? 단지 그가 독립운동가 이회영의 손자라서?

이종찬은 참으로 미스터리한 인물이다. 김지하의 증언에 따르면 이종찬은 72년 당시 이미 김대중과 함께 내란을 음모했다고 한다.

---

[22] https://ko.wikipedia.org/wiki/%EC%9D%B4%EC%A2%85%EC%B0%AC_(1936%EB%85%84)

시인 김지하씨가 "박정희 군사독재 시절 이종찬 전 국가정보원장과 함께 혁명을 꿈꾸고 준비한 적이 있다"면서 '군부 쿠데타'를 모의했었다는 사실을 다시 한 번 확인했다.

그는 3일 오후 국민대학교에서 열린 강연회에서 "박정희 정권이 엄청나게 강권이었다"면서 "거기에 부딪치다보니 시인답지 않게 병법도 공부했었다"며 '혁명의 추억'을 회고했다. 그는 "이종찬 선배가 나와 고 조영래 변호사를 피신시키는 등 민주화운동에 숨은 공이 있다"고 밝히고 그와의 혁명 논의가 상당한 정도로 진행됐었다고 말했다.

김씨가 혁명을 모의했었다는 사실은 그의 회고록에도 이미 밝혀진 내용이다. 그는 회고록을 통해 박정희 정권에서 중앙정보부(전 국정원) 보좌관을 맡았던 이 전 국정원장과 함께 죽음을 각오하고 김대중 전 대통령을 새 대통령으로 내세우는 혁명을 모의한 적이 있다고 말한 바 있다.

자서전에서 김씨는 "우리 두 사람은 학생운동이나 민중운동은 이념 그 자체를 그대로 관철하려 들 것이 아니라 하나의 구상에 의해 통제되어야 한다는 것, 그 구상은 박윤배·청강 장일순·이종찬과 그 동료들 그리고 나와 내 동료들로 이루어지는 한 통합 세력에 의한다는 것, 지금의 운동은 결국 새로운 군부(軍府)의 효과적 쿠데타에 의해 관철되어야 한다는 것, 그 쿠데타의 준비는 우선 장일순과 이종찬 두 사람의 합의에 의해 지도된다는 것, 대통령은 김대중(金大中) 씨를 세우되 책임지는 각료와 집권 세력의 3분의 2는 반드시 우리 세력이 점거해야 한다는 것 등에 대해 합의했다"고 밝히고 있다.

청강 장일순 선생은 5·16 쿠데타 직후 펼친 중립화평화통일론을 빌미로 3년 간 옥고를 치른, '민주화운동의 배후'로 평가받는 사상가다.

김씨는 또 "이종찬은 곧 송죽회(松竹會)의 믿을만한 자기 동료 한 사람을 상시적 연락책으로 원주의 청강 장일순 선생에게 연결시킬 것, 쿠데타의 시기와 방법 등은 유동적이되 최종적으로는 바로 전술(前述)한 세력의 지도부에 의해 결정되며 그 전까지는 목숨을 걸고 그 기밀을 유지해야 한다는 것, 미국의 지지나 동맹국들의 문제, 북한이나 러시아·중국의 있을 수 있는 동향 등은 모두 이종찬 선배가 맡을 것 등에 대해서도 합의했다"라고 밝히고 있다.

이와 관련해 그는 "며칠 있다 장일순 선생에게 이 사실이 보고되었고 바로 이틀 후엔가 이종찬 선배의 동료인 한 현역 중령이 사복 차림으로 장선생의 봉산동 자택을 한밤중에 다녀갔다"면서 혁명 모의가 무르익었다고 말했다.

혁명 모의가 중단된 이유에 대해 김씨는 강연회에서 김재규 전 중앙정보부장이 박정희 전 대통령을 총으로 살해한 이후 하나회가 방대하게 세를 형성하면서 '더 이상은 안 되겠다'는 마음에 발을 뺐다고 말했다.

한편 박정희 기념관 건립 반대에 앞장서고 있는 그는 일각에서 '박 전 대통령이 국민들을 먹고 살게 해주었다'고 주장하는 데 대해 "인정할 수 있다"면서도 "(박 정권의 경제계획은) 이미 민주당 때부터 시작된 일인데 독재한 인물을 숭배할 이유가 어디에 있느냐"라고 말했다. [한국일보 2005-05-04 14:17]

김지하와 내란을 공모했던 이종찬은 엉뚱하게도 전두환에게 발탁되어 1980년 당시 중앙정보부의 실무를 도맡았다. 이후 그는 민정당 창당을 주도했고, 김대중

정권 당시에는 국정원장으로 승승장구했다. 대체 그의 이러한 행보를 어떻게 설명할 수 있을까? 혹자는 이종찬이 전두환에게 발탁되었을 무렵에도 이미 김대중의 심복이었다고 말하기도 한다.[23] 과연 그의 진정한 정체는 무엇일까? 아래 글을 보면, 이종찬은 5.18 당시 이미 전두환의 눈에 들어 중앙정보부의 실무를 관장했다는 것을 알 수 있다.

1980년 4월 15일, 전두환 보안사령관이 중정부장 서리로 임명됐다. 그는 취임사에서부터 강도 높은 개혁을 다짐했다. 다음 날 부서장급 이상 40명 가운데 33명의 사표를 수리했다. 이후 나는 총무국장으로 중정의 조직 및 인사개편을 추진했다. 국내정보 기구는 대폭 줄이고, 해외 및 대북(對北)정보 부서를 강화하는 방안이었다.

그러는 사이에 정국(政局)은 하루가 다르게 악화되어 갔다. 학생들은 광화문까지 진출해 "계엄해제" "전두환 퇴진"을 구호로 외치기 시작했다. 5월 15일에는 서울역 앞에서 학생들이 탈취한 버스에 전투경찰 한 명이 깔려 죽었다. 대학생 시위가 격화되자 중동(中東)순방 중이던 최규하 대통령이 5월 16일 급거 귀국했다. 그리고 5·17 계엄확대 조치가 단행됐다. 김대중씨는 국기문란 혐의로 중정으로, 김종필(金鍾泌)씨는 부정부패 혐의로 보안사로 연행됐다. 김영삼씨는 자택연금됐다. 5월 18일 아침 구내식당에서 식사를 하다가 김근수(金瑾洙) 보안수사국장을 만났다. 그가 한 말이 나를 긴장시켰다. "김영삼은 놔두고, 김대중(金大中)만 저렇게 잡아들이면 전라도에서 가만히 있지 않을 텐데 걱정입니다." 그의 말은 적중했다. 부산·마산은 평온했지만, 광주(光州)에서는 대규모 시위가 일어났다. 5월 29일 나는 전두환 부장서리와 함께 청와대로 들어가 중정 조직개편안을

---

[23] 김대중의 정읍 동학제와 정의구현사제단의 난 -
http://linkis.com/study21.org/5.18/doc/lgpw

설명하고 재가를 받았다. 이어 인력 구조조정에 들어갔다. 몇 차례의 인사위원회를 거쳐 최종적으로 약 100 명을 추려서 결재서류를 만들어 보안사령관실로 갔다. 결재서류와 인사카드를 살펴보던 전두환 부장서리가 인사카드 한 장을 꺼내 들더니 물었다. "이 사람은 왜 안 된다는 거야?" 나는 그의 비위사실들을 설명했다. "이 사람이 누가 추천해서 부원이 된 줄 아나?" 그는 전두환 장군과 고교 동기로서 전 장군이 중정 인사과장 시절에 추천해 입사시킨 사람이었다. 인사서류의 추천인란에도 '전두환'이라는 이름 석자가 적혀 있었다. "네, 알고 있습니다. 부장님께서 추천한 사람이어서 더 신경을 썼습니다. 그런데 인사위원들이 이런 사람을 두면서 다른 사람을 자르면 공정하지 못하다는 평을 듣게 될 것이라고 하여 고민 끝에 포함시켰습니다." 전 부장은 못마땅하다는 표정을 지으면서도 결재서류에 서명했다. "뻔히 내가 추천한 줄 알면서도 정리대상에 포함시킨 것을 보니 이 심사는 공정하다고 믿고 결재하는 거야. 다만 퇴직하는 사람들에 대해서는 퇴직 후 생계문제에 신경을 써 주기 바라네."[24]

이종찬의 위 회고록을 보면, 전두환이 5.18 당시 이종찬을 대단히 신뢰하고 그에게 모든 중앙정보부의 실무를 맡겼다는 사실이 드러난다. 여기에서 하나 주목해야 할 사실이 있다. 그의 위 회고록에 보면 5 월 18 일~29 일 사이의 그의 행보가 전혀 드러나지 않는다. 대체 이종찬은 이 때 전두환의 밑에서 무슨 일을 벌인 것일까? 아래 자료 두 편에서 그 실마리를 찾아볼 수 있다.

---

[24] http://monthly.chosun.com/client/news/viw_r.asp?ctcd=e&nNewsNumb=201205100047 월간조선 2012 년 5 월자 - 털어놓고 하는 이야기- 李鍾贊 前 국가정보원장 (上)

"盧泰愚 후계는 1980 년에 이미 결정" (兪學聖)

〈하나회 출신도 아닌 이종찬은 어떻게 전두환에게 발탁되어 민정당 창당의 주역이 될 수 있었을까? 이종찬의 인생이 바뀐 계기는 역설적으로 김재규가 제공했다. 김재규는 중앙정보부 해외파트에서 근무하던 이종찬에게 베트남 통일 이후 현지에 억류된 주월한국대사관 이대용 공사 등을 석방시키는 비밀임무를 맡겼다. 운명의 10월 26일, 이 문제가 급진전되어 이종찬이 급하게 작성한 보고서를 들고 김재규가 오전에 박정희에게 보고했다는 것이다. 그리고 12.12 사건이 터진 뒤, **이종찬은 실력자로 부상한 전두환을 근 이십년만에 찾아가 이 문제의 해결을 요청**했고, 결국 이대용 일행의 귀국을 성사시켰는데, 이것이 전두환이 이종찬을 신임하게 된 계기라는 것이다. **이종찬의 인생에서 가장 큰 아쉬움은 광주학살에 대한 어떤 태도 표명도 없다는 것이다.**〉

〈5.18 사태 당시 광주교도소를 사수했던 부대원으로부터 진실을 들었다는 어떤 사람이 아래와 같이 밝히고 있다.

"500여구시신을 묻었다는 사람을 만난 적이 있다.

그 사람 말로는 **중정요원 2명**이 교도소로 공수부대 투입을 요청했다고 했다.

야간전투때 사람이 많이 죽었다 했다.

기억이 아직도 뚜렷하다고 하는데 약 7일간 전투했다더라. (이 부분은 기록과 다름)

날이 밝아오면 야간에 사살했던 시체를 교도소 담장으로 리어카 등을 이용해 암매장했고, 그 중에는 목숨이 붙어있는 경우도 그냥 묻어버렸으며, 팔다리 머리 등이 산산조각난 시체가 대부분이었고 하루에 45~50명 정도의 시신을 처리했다 했다.

이분 증언이 사실이면 그 시체를 옮긴 것도 중정이겠지."〉[25]

---

[25] http://www.ilbe.com/7089739159

〈중정에서 보낸 3 명의 요원들이 좌익수 3000 명이 탈옥하면 나라가 뒤집어 진다며 교도소를 지켜 줄것을 당부 10 일정도 전투를 했는데 그 과정에서 300 명인지는 알수 없지만 수많은 사람들이 죽었답니다. 그분 말씀으론 적어도 500 여명은 족히 넘었다 했습니다.

첫날에는 실탄을 지급받지 못한 상태에서 교도소로 가다가 시민군으로 보이는 차량에서 엠60 사격을 피해 들어갔고 구멍난 참호를 팠다합니다.〉 [26]

위 글에서 현대사의 엄청난 비밀이 또 하나 드러난다. 광주사태 당시 수백 명의 북한 특수군이 사살당한 교도소 교전 및 그 뒤처리에 중정요원들이 개입했다는 사실이다. 그렇다면 이 중정요원들은 당연히 이종찬의 지시 하에 이러한 책무를 수행했을 것이다. 이종찬은 당시 중앙정보부 총무국장겸 기획조정실장으로서 중앙정보부의 인사권 및 실무를 완전 장악하고 있었기 때문이다.[27] 여기에서 이종찬이 전두환과 북한 특수군의 내통을 속속들이 관장한 실무자였다는 놀라운 사실이 밝혀진다. 이만큼 중요한 비밀을 처리했기에, 이종찬이 이후 민정당 창당의 주역이라는 중책을 맡을 수 있었던 것이 아닌가? 위 인용한 책에서처럼, 이종찬은 5.18 에 대해 어떤 태도 표명도 한 적이 없다. 그가 5.18 에 대해 굳게 입을 다물 수밖에 없었던 이유가 짐작이 가지 않는가?

전두환은 이종찬을 특별히 1 년만 중정에서 쓰고 나머지 인생을 보장해 주었다. 이종찬이 전두환에게 북한 특수군을 끌어들이자는 기획안을 올린 것은 아닌지 궁금해지는 대목이다. 북한 특수군을 끌어들이자는 생각은 일반인의 정상적인 사고

---

[26] [출처] 광주교도소 담벼락에 시체 500 여구 직접 암매장하신분 증언
[링크] http://www.ilbe.com/7090393783

[27] 김대중의 정읍 동학제와 정의구현사제단의 난-
http://linkis.com/study21.org/5.18/doc/lgpwI

로는 불가능하다. 72년도에 이미 김지하와 함께 내란을 공모했던 이종찬, 아나키스트 혈통의 이종찬이기에 그런 엄청난 발상을 할 수 있었던 것은 아닐까?

자 여기에서 이종찬이 이 문구를 헌법전문의 맨 앞에 넣도록 한 것이 수상쩍지 않은가? 이종찬은 87체제의 모든 비밀을 알고서 전두환 시절부터 김대중 시절까지 모든 요직을 차지했던 인물이다. 87체제가 시작하면서 일관성 있게 나라를 팔아먹는 작업을 진행하려면 제대로 비밀을 쥔 사람이 필요했을 것이다. 이종찬이 저 문구를 헌법 전문의 맨 앞에 집어넣은 것은 과연 자신의 생각이었을까? 이종찬이 5.18 사태 당시 중앙정보부의 핵심 인사로 북한과 연락하는 실무를 담당했다면, 헌법 개정과 관련해 평양이 음모를 펼칠 가장 적합한 연결고리가 되는 것은 불문가지다. 이후 이종찬이 김대중 시절, 다른 자리도 아닌 국정원장을 역임한 것은 결코 우연이 아닌 것이다.

잃어버린 나라를 되찾으려 한 박근혜 대통령

전두환은 지금도 자신이 북한에 나라를 팔아먹었다는 사실을 모르고 있는 것 같다. 그는 단지 자신이 정권탈취를 위해 북한과 내통한 사실이 노태우의 배신으로 들통이 났고, 이 사실을 알게 된 민주화세력의 협박으로 권력을 내놓았다고 생각하는 것 같다. 그 자신도 스스로 나라를 팔아먹었다는 사실을 모르기에 최근에 자서전을 출판해 박근혜 대통령을 온갖 치졸한 방식으로 모함하고 있는 것이다.

박근혜 대통령은 왜 우익들의 비난을 무릅쓰고 광주 5.18 묘지에 가서 헌화를 했을까? 또한 왜 정홍원 국무총리를 통해 북한군이 광주에 침투했다는 사실을 공식적으로 부인했을까? 그리고 왜 후보 시절에 광주 5.18을 어떻게 생각하는지 질문을 받고 '광주 시민들의 5.18은 분명 민주화 운동이었습니다.'라는 알 듯 모를 듯한 답변을 한 것일까? 왜 전두환은 아무 소리 못하고 박근혜 대통령에게 추징금을 추징당한 것일까?

영애 박근혜, 대한민국 제 18 대 대통령 박근혜가 이러한 전두환의 비밀을 모두 알고 있었기 때문이다. 전두환이 6 억이란 거금을 아버지를 잃은 영애 박근혜에게 아무런 사심 없이 건네주었다면, 박근혜 대통령에게 '이 배은망덕한 것'이라고 한 마디 할 법도 하지 않은가? 그런데도 전두환은 아무 소리 못하고 추징을 당하고 나서, 박근혜 대통령이 탄핵을 당하자 자서전을 펴내 최태민 목사를 격리한 것이 마치 영애 박근혜와의 추문을 방지하기 위해서 그랬다는 식으로 서술하고 있다. 전두환이 이처럼 오해를 불러일으킬 수 있는 서술을 서슴지 않고, 박근혜 대통령이 대통령 감이 아니었다는 식으로 말하며 민주화세력들에게 아첨하는 것을 보면 10.26 의 음모를 알고 이를 묵인하거나 방치했다는 의혹이 더욱 짙어진다. 실제로 10.26 이후 전두환의 행동 하나하나를 살펴보면 박근혜 대통령을 마치 눈엣가시마냥, 대단히 두렵고 불편한 존재로 인식하고 있었다는 사실을 알 수 있다.

자, 여기에서 박대통령 탄핵을 둘러싼 또 다른 궁금증이 풀리는 순간이다. 박대통령은 왜 최순실 일가를 가까이 했을까? 그토록 심중이 깊은 박대통령이 별 볼일 없어 보이는 최순실이라는 여자를 가까이 해서 저들에게 빌미를 제공했는지 원망하는 사람들도 많다.

무슨 말을 하려는지 짐작하는 사람도 있을 것이다. 10.26 을 둘러싼 이 엄청난 비밀들, 12.12, 5.18 로 이어지는 지금껏 그 누구도 알지 못한 이 엄청난 역사의 비밀을 과연 박대통령이 모르고 있었을까? 모두 알고 있었을 것이다. 아마 전두환, 노태우, 장세동, 이종찬, 김일성과 김정일, 훗날 알게 된 김영삼, 김대중, 이명박을 제외하고 이 비밀을 알고 있는 유일한 사람이 바로 박근혜 대통령일지도 모른다. 박대통령이 지금껏 해온 발언들, 밟아온 행보들에서 이 비밀을 누구보다도 잘 알고 있다는 것이 곳곳에서 드러난다.

그렇다면 이 비밀을 그녀에게 말해줄 수 있었던 사람은 누구였을까? 바로 최태민 목사였을 것이다. 독립운동가 최윤성의 아들이었던 최태민 목사는 당시 청와대에 출입하면서 청와대 주변에서 돌아가는 상황을 분명히 눈치 챘을 테고, 이러한 의혹과 비밀을 감지해 영애 박근혜에게 모든 것을 숨김없이 말해줄 수 있었던 유일한 사람이었던 것이다.

생각해 보라. 당시 어머니에 이어 아버지를 흉탄에 잃은 영애 박근혜는 무엇이 가장 궁금했을까? 아버지의 서거 이후, 그녀의 머리 속에는 '대체 아버지를 죽인 자들이 누구일까'라는 의문 말고 다른 생각이 들 여지가 없었을 것이다. 서강대를 전체 수석으로 졸업하고, 영, 불어에 능통할 정도로 영민했던 영애 박근혜, 어머니를 잃고 나서 퍼스트레이디 역할을 몇 년 동안 수행하며 대한민국의 국정을 최측근에서 지켜봤던 그녀가 과연 전두환이 발표한 김재규의 단독 범행이라는 이야기를 곧이곧대로 믿을 수 있었을까? 이러한 비밀을 그녀가 터놓고 물어보고, 그녀에게 청와대 주변에서 일어나고 있던 심상치 않은 조짐, 기독교를 중심으로 모인 지하 경제 세력들이 그 배후에 있을지도 모른다는 비밀을 알려줄 수 있었던 사람이 누구였을까? 당시 청와대를 출입하면서 영애와 가까이 지냈던 최태민 목사는 이러한 낌새를 채고 비밀을 말해 줄 수 있었던 유일한 사람이었다. 일부 기독교 단체에서 최태민 목사를 사이비라고 공격하는 진짜 이유도 사실은 최태민 목사가 이러한 비밀을 알고 있는 것을 두려워해서가 아니었을까?

생각해 보라. 앞서 자세히 다룬 것처럼, 합수부장 전두환이 박대통령 시해의 배후를 김재규의 단독 범행이라고 발표한 것은 명백한 거짓말이다. 그렇다면 당시의 모든 제도권, 군부에게 영애 박근혜는 이 세상에서 가장 껄끄러운 존재였을 것이다. 아마도 쥐도 새도 모르게 죽여버리고 싶었다는 것이 그들의 솔직한 심정이었으리라. 게다가 그토록 영민하고 속이 깊었던 그녀이니, 그들은 자신들의 추한 비밀을 들킬세라 서둘러 그녀를 청와대 밖으로 내쫓고, 10.26 사태와 5.18 의 비밀을 짐작할 수도 있는 최태민과 만나지 못하도록 6 개월 간 최태민을 격리했던 것이다.

《10 · 26 당시 국군보안사령관 비서실장으로 5공화국 등장 후 실세로 불리기도 했던 허화평(許和平) 미래한국재단 이사장은 최근 《월간조선》 기자에게 이런 증언을 했다.

"10 · 26 후 전두환 당시 합동수사본부(합수부)장의 지시로 최태민에 대한 조사를 했다. 사기, 횡령 등의 비리 혐의가 발견됐다고 들었다. 조사 후 강원도 전방에 있는 21사단으로 보내 6개월간 사회와 격리시켰다. 삼청교육대로 보낸 것은 아니었다. 격리시킴으로써 세상 경험이 없는 박근혜를 보호한다는 차원이었다."

당시 보안사에 근무하면서 합동수사본부 수사단장이었던 이학봉(李鶴捧) 전 의원도 《신동아》 2007년 6월호와의 인터뷰에서 허 이사장과 같은 취지의 증언을 했다.

이 전 의원은 "합수부에서 최태민 목사를 조사했나" 하는 질문에 "조사했다"고 하면서 "그를 강원도로 보내 활동하지 못하도록 했다. 삼청교육대는 아니다. 조사해 보니 최태민씨는 조용하게 자숙(自肅)할 필요가 있었다. 그러나 그를 강원도에 오래 두지는 않았다"고 했다.

최태민을 다룬 일부 언론이나 간행물 등은 최태민이 합수부의 조사를 받고 삼청교육대에 끌려가 1년 이상 있었던 것으로 보도하거나 기록하고 있다. 하지만 합수부의 최태민 조사를 누구보다 잘 알고 있을 허 이사장이나 이 전 의원의 증언을 종합해 보면 최태민은 격리 차원에서 전방 부대에 6개월간 있었던 것이 분명한 것 같다. 또한 삼청교육대 교육이 1980년 8월부터 본격화한 점을 감안하면 최태민에 대한 격리 조치 해제는 80년 8월 이전일 것으로 추론된다.

허 이사장과 이 전 의원의 주장이 엇갈리는 부분도 있다. 허 이사장은 "합수부 조사에서 최태민씨의 사기, 횡령 등의 비리 혐의가 밝혀졌다고 들었다"고 증언했지만 이 전 의원은 《신동아》 인터뷰에서 "중정(중앙정보부) 수사내용에는 최태민 목사가 여러 비리를 저지른 것으로 되어 있는데" 하는 질문에 **"그가 기업체로부터 돈을 뜯어낸 것으로 확인된 게 얼마나 되는지… 별로 없었던 것 같다"고 답한다.**

인터뷰 시점에서 27년 전의 일이라 정확한 기억은 아닐 수도 있지만 전후 맥락을 보면 최태민의 비리가 없었던 것으로 말하는 것으로 읽힌다.〉[28]

〈박근혜 대통령은 최태민의 비리 혐의를 부인했다. 다음은 재선 의원 시절이던 2002년 《월간조선》 4월호와의 인터뷰 중 관련 대목이다.

― 청와대 비서관이었던 선우련씨의 증언에 따르면, 최태민씨가 도(道)경찰국장, 도지사에게까지 호통을 칠 정도로 위세가 대단했고, 재벌 총수들이 최씨에게 줄을 대기 위해 자신에게 청탁까지 할 정도였다고 합니다.

"한마디로 말이 안 되죠. 5공 정권이 끝나고 청문회를 했잖아요. 아버지 돌아가시고 20년이 흘렀어요. 온갖 이야기를 끌어내서 그럴싸하게 만들어 중상모략을 할 수 있습니다. 들어보면 '그러냐' 이럴 수도 있어요. 문제는 그게 사실이냐는 거예요. 세상에 비밀이 어디 있습니까. **최 목사가 큰소리쳐서 권력을 휘두르고 남의 재산을 탈취했다면, 벌써 내가 이렇게 억울하게 당했다고 얘기가 다 나왔을 겁니다. 최 목사에게 사기당했다고 주장하는 사람이 하나도 안 나오잖아요.** 그것 하나가 백마디 얘기를 다 해주는 것 아닌가요."

― 최씨의 횡령건수가 14건, 2억 2000만원이라는 합수부 수사기록이 있다고 합니다.

"그러면 감옥에 보내든지 책임을 물었겠죠. 말도 많고 모함도 많았지만 증거가 없잖아요. 아버지 살아계실 때는 권력이 무서워서 그랬다 쳐요. 그 후 저도 청와대에 있다가 반대편에서 얼마나 어렵게 살았어요. 그때 저한테 무슨 말을 못 하겠어요. 당했다는 사람이 누가 있어요."〉[29]

---

[28] https://monthly.chosun.com/client/news/viw.asp?nNewsNumb=201612100033

[29] http://news.joins.com/article/20818812

이후 2016년 말, 이 역사의 비밀을 숨기기 위해 대한민국의 모든 제도권이 한 통속으로 나서 최태민이 사이비 목사라는 등 주술의 덫을 씌워 온 국민을 선동해 그녀를 대통령에서 끌어내렸던 것이다.

전두환은 박근혜 대통령이 탄핵을 당하자마자 자서전을 출판했다. 정작 핵심적인 내용은 모두 숨긴 채 온갖 거짓말만 늘어놓는 게 그의 자서전이다. 전두환이 민주화세력들의 종용을 받고 자서전을 발행한 것이 아닌지 의심스럽다. 이 나라를 김일성에게 팔아먹고 88년에 적화통일을 합의했던 민주화세력들의 엄청난 죄를 감추고, 5.18에 대한 국민들의 관심을 그에게로 돌리기 위해 민주화세력들이 전두환을 이용한 짜고 친 고스톱일지도 모른다.

최근 5.18 단체들은 전두환이 5.18 북한군 침투설을 언급한 부분이 거짓이라며 판매금지 가처분을 신청했고, 전두환 측은 이 부분을 삭제하고 발행했다. 이러한 일련의 움직임이 대단히 수상쩍어 보인다. 5.18을 폭동이라 주장하는 사람들의 이목을 북한군과는 관계없이 전두환이 주장하는 폭동 쪽으로 돌릴 것이고, 법원의 판결에 의해 삭제한 부분이 5.18의 진실이라고 믿게 하려는 수작이 아니겠는가?

필자가 2015년 초, 현대사의 숨겨진 진실을 대부분 깨닫고서도 아직까지 밝히지 못하고 있었던 이유 중 하나는 [인간이라면 설마?]하는 생각에서였다. 동족상잔의 전쟁이 발생해 남북한 합해 수십만 명이 죽거나 다치고 천만의 이산가족이 발생하고 온 국토가 잿더미가 되어 국민의 대다수가 초근목피로 연명하고 있을 때, 다시는 이런 비극을 겪지 않기 위해 지구상 최선진국인 미국의 웨스트포인트 육군사관학교와 같은 시설을 만들기 위해 국력을 기울여 이 나라를 지킬 간성으로 키워낸 자들이 바로 그들이었다.

강재구 소령이란 영화를 보고 육사출신이라면 누구나 그와 똑같진 않더라도 비슷할 것이라고만 생각해 왔다. 국민의 생명과 재산을 지키라고 국가가 온갖 정성을 다해 키워낸 자들이 설마 적과 내통해 국민을 무자비하게 학살하고 자신들이 적과 내통한 사실이 들통 나자 적에게 나라까지 팔아먹은 매국노였을 것이라고는 상상조차 할 수 없었기 때문이었다. 더구나 그들은 4년제 육군사관학교의 맏형으로 후배들의 귀감이 되어야 할 자들이 아닌가?

더구나 전두환과 하나회 일당은 박정희 대통령으로부터 지극한 사랑을 받던 자들이었다. 그들을 본받으라고 하나밖에 없는 아들도 육사에 보냈고, 사람들은 심지어 전두환이 박정희 대통령의 양아들이라 할 정도로 지극한 사랑과 배려를 받았다. 그런 자가 설마 나라를 팔아먹은 매국노일 것이라고는 상상조차 못했기 때문이다.

박근혜 대통령과의 관계 또한 마찬가지다. 그는 최근에 펴낸 자서전에서 최태민과 박근혜 대통령과의 관계에 대해 다음과 같이 언급하고 있다.

"10 · 26 사건 이후 각종 비행을 일삼던 최태민 씨를 전방 군부대에 격리 조치"했고, "최 씨가 당시 박근혜 영애를 등에 업고 많은 물의를 빚으며 박정희 전 대통령을 괴롭혀 온 사실을 파악하고" 있었으며, 최 씨를 따로 처벌하지 않은 이유는 "그의 행적을 캐다가 박정희 전 대통령과 유족들의 명예에 손상을 줄까 우려했기 때문"이었다는 것이다. 한편, "김계원 당시 대통령 비서실장 방에서 나온 대통령 개인자금 9억 5000만 원을 전달했고, 박근혜 전 대통령이 이 가운데 3억 5000만 원을 10.26 수사비에 보태라며 돌려줬다"며 박근혜 대통령에게 뭉칫돈을 전달한 사실도 다시 거론하고 있다. 그는 또 "박의원은 나에게 사람들을 보내 자신의 대권의지를 내비치며 힘을 보태줄 것을 요청해 왔다. 나는 생각 끝에 완곡하게 그런 뜻을 접으라는 말을 전하라고 했다. 대통령직은 박 전 대통령의 여건과 능력으로는 무리한 욕심이라고 생각했다"고 말하고 있다.

일국의 대통령까지 지낸 사람의 생각치고는 너무나 치졸하다는 생각이 들지 않는가? 마치 '박근혜 대통령과 최태민 사이에 애가 있다'라는 저질스런 풍문을 조장하려는 것처럼 보인다. 전두환의 주장이 너무나 엉터리라는 것을 아주 상식적인 선에서 반박해 보자. 영애 박근혜가 최태민 목사를 가까이 한 것은 육영수 여사의 서거 다음 해인 1975년도였다. 당시 영애 박근혜는 어머니를 잃고 충격에 빠져 있을 당시였다.

돈 문제는 본인도 시인한 것이니 새삼 언급할 필요도 없다. 상식적으로 생각해 볼 때 최태민이 어머니를 잃고 슬픔에 잠겨있을 영애 박근혜를 통해 무슨 행사할 권력이 있다고 영애를 등에 업고 비행을 일삼으려 했다는 것인가?

〈1976년 박정희 대통령(왼쪽)이 대한구국선교단 야간진료센터를 방문해 박근혜 명예총재, 최태민 총재(오른쪽)와 이야기를 나누고 있다.〉

위의 사진을 보면 박정희대통령과 영애시절의 박근혜, 그리고 최태민 목사가 만나 웃으며 대화하는 모습이 담겨 있다.

박정희 대통령 역시 상당히 유쾌한 표정이고 영애 박근혜는 활짝 웃는 모습이다. 박정희 대통령이 조금이라도 언짢은 말을 했다면 저런 표정이 나왔을까? 박정희 대통령을 보면 어머니를 여의고 젊은 나이에 퍼스트레이디 역할을 힘들게 수행하고 있는 딸에게 조언과 상담을 해 줄 사람이 생겨 든든하다는 분위기를 엿볼 수 있다. 이런 명확한 근거 자료에도 어찌 그리 상상조차 할 수 없는 추악한 풍문들이 진실인 양 회자되는 것일까?

10.26 이후 영애 박근혜는 전두환 일당들에게 거의 구금된 상태로, 아무런 실권도 없이 청와대에서 쫓겨나 신당동 자택에 머물고 있었다. 그런 그녀에게 도대체 무슨 권력이 있고, 무슨 비리를 어떻게 저지른단 말인가? 오직 영애 박근혜의 머리 속에는 "아버지의 죽음의 진실은 무엇일까?"라는 생각뿐이었을 것이다. 최태민 목사는 당시 청와대를 자주 출입하고 있었다. 그가 대통령 시해와 관련해 아무런 낌새를 알아채지 못했을까?

　당시 영애 박근혜는 5년씩이나 돌아가신 어머니의 자리를 대신해 퍼스트레이디 역할을 하고 있었다지만, 나이도 어리고 세상경험도 부족해 최태민 목사에게 많은 것을 의지하고 있었다. 그렇다면 최태민 목사에게 부친의 시해에 관한 비밀을 캐물어 봤을 것은 너무나 당연하다. 심수봉, 신재순의 진술에서 드러난 것처럼, 전두환은 10.26의 실상을 철저히 조작해 발표하고 12.12를 일으켰다. 최태민 목사는 당시 청와대를 자주 출입하던 사람들 중, 최규하 내각, 김재규, 정승화, 전두환 등 그 누구와도 얽히지 않았던 유일한 사람이다. 전두환은 10.26, 12.12, 나아가 5.18에 대한 진실을 영애 박근혜가 알게 되는 것이 두려웠고, 그래서 최태민을 군부대에 격리했다는 것이 삼척동자라도 내릴 수 있는 논리적인 결론이다.

　갑자기 어머니에 이어 아버지까지 잃은 영애를 나이 차이가 40년이 나는 사람과 이상한 방향으로 엮어 "그의 행적을 캐다가 박정희 전 대통령과 유족들의 명예에 손상을 줄까 우려했기 때문"이라고 말한다는 것은 인간으로서 할 수 있는 소리가 아니다. 안 그래도 흠집을 잡지 못해 혈안이 된 자들이 무슨 억측을 할지 생각해 본 것일까?

　이를 보면 정유라가 최태민과의 사이에서 낳은 박근혜의 딸이라는 해괴망측한 소문들의 진원지가 어쩌면 바로 전두환 측인지도 모른다.

　더구나 그 당시에는 최순실의 어머니도 살아 있었을 것이다. 그렇다면 최순실은 자신의 어머니가 엄연히 있는데도, 아버지가 40년 나이 차가 나는 박근혜와 외도를 해 낳은 배다른 동생 정유라를 자신의 딸로 입적을 시켰고, 어머니를 빤히 두고서 아버지와 외도를 한 여자를 40 여 년간 말없이 뒷바라지했다는 이야기가 되어버린다. 무엇보다도 최태민 목사는 1994 년 5 월 1 일에 사망했다. 정유라의 출생년도는 1996 년 10 월 30 일이다. 더 이상 무슨 말이 필요한가? 이런 상상을 하며 수근대는 인간들이 얼마나 짐승만도 못한 저질스러운 인간들인지 이제야 감이 잡히는가?

차라리 전두환이 "영애 박근혜가 아버지의 죽음을 둘러싼 비밀에 너무 집착했고, 최태민이 그녀에게 자칫 잘못된 억측을 말해줘 그녀를 정신적으로 더욱 힘들게 하고 엇나가게 만들까 봐 최태민을 전방부대에 격리시켰다."라고 썼다면 그나마 수긍할 수 있을지도 모르겠다. 전두환이 이처럼 자서전을 통해 말도 안 되는 이야기를 늘어놓는 것을 보면, 사전에 박대통령 시해음모를 알고도 방치했을지도 모른다는 의심이 짙어진다.

또한 김재규의 최태민에 대한 진술 또한 10.26 이 결코 단독범행이 아니라는 확신을 더욱 배가시킨다. 김재규의 진술에서 볼 수 있듯이, 김재규는 최태민에게 대단한 악감정을 갖고 있었고, 그를 마치 원수처럼 묘사했다는 사실을 알 수 있다.

(사형당하기 4 개월 전인 1980 년 1 월 28 일 김재규 부장을 면회 갔더니 최태민 얘기를 처음 꺼냈다. 박정희 대통령을 쏜 이유로 구국여성봉사단의 망국적 전횡도 작용했다면서 "나라의 앞날을 생각하면 최태민은 교통사고라도 내서 처치해야 할 놈이다"라고 분개했다. 구국여성봉사단 총재는 최태민이고 명예총재가 박근혜였다. 최태민이 이 단체에 운영위원 30 명을 두고 기업을 갈취하고 여성 정치 지망생들을 성추행하니까 원성이 자자해 중앙정보부(중정)와 청와대 민정수석실에서 정밀 조사를 했다는 것이었다.

....
김재규 부장은 사형당하기 전까지 나라의 암적 존재인 최태민을 처단해야 한다고 주장했지만 그 뒤 전두환 정권은 박근혜의 요청을 받고 최태민을 사실상 풀어

췄다. 신군부는 최태민에 대해 낱낱이 조사하고도 한동안 강원도에 '유배'만 시켰다.)[30]

김재규가 이토록 최태민을 증오한 이유는 무엇이었을까? 심수봉, 신재순의 진술과 전창열 변호사의 회고에서 드러나듯, 김재규는 재판 과정에서 무수히 많은 거짓 진술을 일삼았고, 자신이 저지른 일을 민주화를 위해 벌인 일로 포장하려 들었다. 그가 위 분석에서처럼 대통령 시해를 배후세력과 오래 전부터 치밀하게 공모해 왔고 그 배후 세력이 기독교를 중심으로 뭉친 지하 경제 세력이었다면, 그들에게 영애 박근혜와 가깝게 지내는 최태민은 거사를 앞두고 오래 전부터 반드시 제거해야 할 눈엣가시같은 존재였을 것이다. 김재규의 최태민에 대한 발언을 보면 그것은 국가적, 대승적 차원의 우려가 아니었다. 마치 자신의 치부를 들킬까봐 두려워하는 듯, 감정이 묻어나는 개인적 원한의 분위기가 엿보인다. 어찌 보면 거사의 배후를 숨기고, 스스로를 민주화 인사로 포장하고, 사형 선고를 면하고, 대통령 자리를 차지하기 위한 최대의 걸림돌이 최태민 목사였을 수도 있다.

박근혜 대통령은 10.26, 12.12, 5.18 의 비밀을 동생들에게조차 숨긴 채, 지금까지 혼자만 이 비밀을 감당하고 있었을지도 모른다. 이 엄청난 비밀을 동생들이 알고, 그 비밀을 외부에 발설하는 즉시 그들의 일가는 위험해질 테니까. 그 감옥과도 같은 생활을 상상할 수 있겠는가? 모든 대한민국의 제도권을 적으로 둔 채 살아야 했던 그 지난했던 인생, 꾹꾹 누르다 못해 썩어 문드러질 그 심정을 조금이라도 이해할 수 있겠는가?

---

[30] http://www.sisain.co.kr/?mod=news&act=articleView&idxno=27546
[김재규의 변호사(강신옥), 최태민과 박근혜를 말하다]

이 모든 현대사의 얽히고설킨 매듭은 전두환이 10.26의 진실을 제대로 밝히지 않고, 이를 정권탈취의 도구로 이용하면서 시작된 것이다. 더 이상 늦기 전에 그가 이토록 꼬여버린 매듭을 풀고, 국민과 역사 앞에 사죄하기 바란다.

적화통일을 향한 거침없는 행보들

6.29 선언 이후, 노태우의 주도하에 국민투표를 거쳐 직선제대통령 선거를 골자로 한 새로운 헌법으로 개헌이 되었고 새로운 헌법에 의해 여당인 민정당의 노태우가 대통령으로 당선되었다.

노태우의 당선은 6.29 선언과 민주화헌법으로 개헌을 유도해 낸 인기에 힘입은 바도 있으나 야당 후보였던 김영삼과 김대중간의 후보단일화 실패가 결정적이었다. 후보단일화 실패의 후유증은 치명적이었다. 김영삼을 지지하는 영남지역 사람들과 김대중을 지지하는 호남사람들은 단일화 실패의 책임을 서로에게 전가하며 영호남간에는 다시는 돌이킬 수 없는 감정의 골이 생겨났다.

당시 왜 두 사람은 후보 단일화에 실패했을까? 후보단일화를 하지 않고 선거를 치른다면 여당후보인 노태우가 당선될 것은 명약관화한 사실이었다. 삼척동자도 예측할 수 있는 빤한 사실을 앞에 두고, 그들은 단일화를 하지 않고 결국 대통령의 자리를 노태우에게 넘겨주고 말았다.

대부분의 국민들은 아직까지 깨닫지 못하고 있다. 양 김씨는 정말 단일화 합의에 실패한 것일까? 그럴 리 없다. 두 사람은 고의적으로 단일화를 깨뜨린 것이다. 그 이유는 다음과 같다. 5.18의 비밀을 알게 된 그들은 노태우를 이용해 연방제 적화통일을 이루려 했다. 만일 두 사람 중 한 사람으로 단일화를 시도해 연방제 적화통일을 하려 한다면, 이는 상당한 부담으로 작용하는 일이었을 것이다. 하지만 이미 5.18 북한군 내통의 비밀로 그들에게 약점을 잡힌 노태우는 이미 민주화 세력의 꼭두각시나 마찬가지였다. 허수아비를 대통령으로 세워 놓고 적화통일을 합의한다면, 그들로서는 더욱 괜찮은 모양새를 갖추는 셈이다.

여기에서 고개를 갸우뚱할 수도 있을 것이다. 김대중이야 70년대 초부터 김일성으로부터 선거자금까지 받는 등 완전한 김일성의 사람이었다. 하지만 김영삼이 왜 그런 일을 벌였을지 궁금하지 않은가?

여기에서 김영삼의 실체를 알 필요가 있다. 이 나라를 적화통일의 제물로 바치려한 장본인은 3당 합당으로 여당으로 들어간 김영삼이었다. 독일과 동구권이 붕괴되어 적화통일이 불가능해지자 "우방보다 민족이 우선"이라는 말과 함께 주한 미군 철수를 암시하며 친북노선을 주장하고, 이 나라가 공산주의 국가임을 암시하는 제2의 건국을 선언하고, 역사바로잡기를 내세워 과거의 공산주의 활동을 민주화운동으로 포장하고, 공산폭도나 심지어 간첩들까지 민주화인사로 우대하고, 상식적으로 이해가 되지 않을 정도로 엄청난 보상을 해 준 장본인이 바로 김영삼이다. 반면 그는 나라를 지키다 부상당한 참전용사들은 끼니도 해결 못할 정도의 푸대접으로 쓸쓸히 죽어가도록 만들었다.

이런 사실들로 미루어 볼 때 이미 김영삼 또한 결코 반공 세력이 아닌 북한에 심각한 약점이 잡힌 평양의 하수인이었음을 알 수 있다. 김영삼이야말로 이 나라를 적화시키고, 북한에 나라를 바쳐 이 나라에 수백만 혹은 천만 명 이상의 인명이 학살당하는 끔찍한 킬링필드를 몰고 오려 한 장본인임을 알아야 한다. 김영삼은 대통령이 되고 난 이후 부친 김홍조 옹에게 가서 대통령 당선증을 아버지에게 보여주며 "이걸 따는 데 40년이 걸렸습니다"라고 말했다. 혹자는 이를 아버지와 아들의 끈끈한 미담으로 소개하기도 하지만, 조금만 생각해 보면 참으로 저질스런 발언이 아닐 수 없다. 대통령이란 국가와 국민을 위해 무한 봉사하는 자리다. 하지만 김영삼의 이 발언을 통해 대통령이란 자리에 대한 그의 인식이 어땠는지를 짐작할 수 있다. 그의 정치 인생의 목적은 오직 대통령이라는 최고 권력을 탐하기 위해서였다. 그런 김영삼이었기에, 대통령이 되기 위해서라면 전두환의 약점을 잡아 얼마든지 이 나라를 북한에 통째로 들어다 바치고, 연방제 적화통일을 통해 자신이 남한의 대통령이 되려는 생각마저 할 수 있었을 것이다. 물론, 그 이후에 예멘처럼 김일성이 남한까지 먹어치워 토사구팽의 신세가 될 것이라는 미래는 생각하지 않고 눈앞의 이익만 좇았기에 이런 엄청난 죄악을 저지를 수 있었겠지만.

여기에서 YS-MB 로 이어지는 친이계들이 그 이후 어떻게 평양에 약점이 잡히게 되었는지를 살펴보자. 천안함 폭침 후, 북한은 즉시 다음 사진을 공개했다.

이 사진에 대체 무슨 의미가 담겨 있었을까? 재미있는 것은, 이 사진을 공개한 즉시 이명박이 혼비백산 한 듯 북한에 정상회담을 제안했다는 사실이다. 천안함 폭침으로 46명의 장병이 산화한 시점에, 이명박은 대체 무슨 정신으로 북한에 정상회담을 제안한 것일까? 대체 그는 북한에 무슨 약점이 잡혀 있었던 것일까? 5.18, 6.29 선언, 임수경의 평양 축전 참가에 얽힌 앞서 설명한 역사의 진실을 이해한다면, 이명박이 왜 그토록 불에 덴 강아지마냥 당시 평양에서 공개한 위 사진 한 장에 혼비백산을 했는지 짐작할 수 있다.

이명박, 이재오, 유승민, 김무성, 홍준표 등 수많은 YS-친이계 인사들이 박근혜 대통령 덕분에 정치생명을 이을 수 있었고 박근혜 대통령은 얼굴에 칼을 맞는 테러를 당하면서까지 이들의 지원 유세를 다녔다. 하지만 이 자들이 모두 결정적인 순간에 등 뒤에서 칼을 꽂았다는 사실은 2017년 탄핵 사태를 통해 모두들 알고 있을 것이다. 어찌 사람의 탈을 쓰고 그러한 배신을 할 수 있을까? 앞서 설명한 87체제를 이해해야만 그들의 배신이 정해진 수순이었다는 것을 깨달을 수 있다. 수년 전부터 "종북좌익보다 위험한 종북우익의 무서운 음모"라는 글을 써서 이들의 음모를 경계해왔던 필자는 박근혜 대통령의 탄핵 사태를 일찍부터 예견했지만, 탄핵 반란을 막지 못한 점이 참으로 안타깝다.

818 계획은 이중지휘체계로 군을 무력화하기 위한 음모

87체제가 적화통일을 이루기 위해서는 넘어야 할 산들이 몇 개가 더 있었다. 그 중 하나는 군의 존재였다. 군이 일사불란한 지휘체계를 갖추고 있다면 위기의 순간에 즉시 하나의 지휘체제로 뭉쳐 위기에 대응할 수가 있다. 이를 방지하고 무력화시키기 위한 조치가 노태우의 818 계획이었다. 군정. 군령 분리로 인한 이중지휘체제로 만드는 일이었다.

이 결과는 천안함 사태 시 여실히 증명이 된 바 있다. 작전지휘관인 합참의장 지휘 하에 통일된 작전이 이루어져야 하는데도 현장의 지휘관들은 합참의장 보다는 해군참모총장에게 먼저 보고하기에 바빴다.

왜 이런 일이 벌어졌을까? 규정이 어떻게 되어 있든, 진급을 시켜주는 사람이 우선이기 때문이다. 임진왜란 초기 조선군이 왜군에 제대로 대항하지 못하고 지리멸렬했던 이유는 역모가 두려워 제승방략체제를 구축했기 때문이다. 당시에는 제승방략체제에 따라 각 지방별로 둔전병을 키우면서도 전쟁 시에는 중앙에서 명령을 받고 내려온 지휘관들이 군을 지휘했다. 임진왜란 초기에는 이일, 신립과 같은 뛰어난 장수들조차 제대로 싸워보지도 못하고 줄줄이 무너졌다. 그 이유는 군을 양성한 자와 전쟁 시 지휘하는 자가 달랐기 때문이다.

이에 비해 이순신 장군이 왜군을 상대로 단 한차례의 패배도 없이 연전연승할 수 있었던 이유는 무엇일까? 이순신 장군의 용병술이 뛰어난 것도 비결이었지만, 평소 스스로 군을 양성하고 피나는 훈련을 시켜 부대를 자신의 수족과 같이 움직일 수 있었기 때문이다.

이런 역사의 교훈이나 민족성 등은 전혀 고려하지 않고 무작정 미군의 방식을 흉내 내려는 자들도 문제다. 미군은 철저히 규정에 따라 움직이는 군대다. 누가 지휘하더라도 철저히 규정을 준수하기에 강한 군대가 될 수밖에 없다. 반면 우리는 지휘관의 능력에 따라 부대의 능력이 완전히 달라진다. 연전연승하던 조선수군을 일순간에 궤멸로 몰고 간 원균이 가장 좋은 예다. 지금도 최고의 정예부대가 지휘관이 바뀐 지 3개월도 되지 않아 지리멸렬한 부대로 변하는 예를 종종 볼 수 있다.

여하튼 양병과 용병을 분리한다는 등의 이유를 내세우고 있지만, 이중지휘체계를 구축한 근본적인 이유는 군의 쿠데타를 방지하고, 민주화세력들이 적화통일을 시도할 때 걸림돌이 되지 않도록 하기 위해서였다. 만약 이런 목적의 군 구조개혁이 김영삼이나 김대중의 통치하에서 이루어졌다면 군에서도 수상함을 느끼고 반대하거나 이에 대비했을 것이다. 하지만 군 출신 대통령인 노태우에 의해 이루어졌고, 구조개혁에 의해 별자리 수가 늘어나는 것에만 희희낙락하던 것이 그 당시 군의 반응이었다.

다음은 전두환에 대한 견제목적이다. 전두환이 실권을 잃었다지만 신군부세력은 여전히 전두환이 실권을 쥐고 있었다. 그 당시 군의 권력구조는 장세동 등 여전히 전두환을 따르는 의리파와 지는 해보다는 뜨는 해를 쫓아 배를 갈아탄 실속파로 양분되어 있었다. 김영삼과 김대중은 노태우를 허수아비 대통령으로 만들어 전두환이 장악하고 있던 군부세력을 완전히 무력화시켰다고 볼 수 있다.

셋째는 다음과 같은 이유다. 공산주의 체제를 만들려면 국민을 분열시키고 갈등을 일으켜야 한다. 공산주의자들이 공산혁명에 성공하거나 적국을 점령하면 인민재판을 열어 소작인들이나 머슴들을 시켜 지주나 자본가를 무자비하게 학살토록 하는 것이 바로 이런 이유 때문이다. 계급간의 갈등을 일으키는 것이다.

민주화세력들이 정권을 잡은 이후 모든 분야에서 이러한 갈등의 골이 깊어졌다. 김영삼과 김대중에 의한 영호남 갈등으로부터 민주노총에 의한 노사갈등, IMF 에 의한 중산층파괴로 인한 빈부갈등, 좌파로부터 정권을 탈취하려던 이명박 등 김영삼 계열에 의한 좌우익 갈등, 세대갈등과 남녀갈등, 가족 간 갈등 등 수많은 갈등과 분열은 바로 87 체제가 정권을 잡은 이후 저질러온 일이다. 이런 갈등들로 갈가리 찢겨진 민심은 다시는 회복이 불가능한 민족의 상처로 자리 잡고 말았다.

88 년 5 공 청문회는 전두환 세력 제거를 위한 인민재판

87 체제 민주화세력이 이 땅의 적화를 위한 수순으로 다음에 준비했던 일은 전두환의 군에 대한 영향력을 제거하는 일이었다. 전두환은 대통령 자리에서 물러났지만 여전히 군에 막강한 영향력을 행사하고 있었다. 전두환의 군에 대한 영향력을 제거하지 못한다면 적화통일은커녕 민주화세력들이 또 다시 전두환의 쿠데타에 당할 우려가 있었다.

민주화세력들이 전두환을 제거하기 위한 음모는 5 공 청문회로 현실화된다. 그 당시까지 국회에는 청문회란 제도가 없었으나, 여소야대로 국회에서 절대적인 영향력을 발휘하고 있던 김영삼은 대통령인 노태우를 사주해 5 공 청문회를 열었고, 청문회는 TV 를 통해 전국에 생중계되었다.

청문회를 어떻게 하는지조차 모르던 어떤 의원은 질문을 하기는커녕 주어진 시간의 대부분을 자신의 연설에 할애하며 스스로의 연설에 취해 울먹이기도 했다. 어떤 의원은 시종일관 뻣뻣한 태도로 앉아 있는 출석자를 향해 "당신은 악마요!" 하며 고함을 지르며 삿대질을 했다. 어떤 의원은 출석한 재벌회장에게 눈도장이라도 찍으려는지 시종일관 아부를 하는 등 한 마디로 코미디 쇼를 보는 것 같았다. 한마디로 청문회 생중계는 최고의 흥행쇼였다. 당시 직장인들은 청문회 생중계를 보기 위해 이리저리 핑계를 대고 사무실을 빠져 나와 TV를 시청하는 등, 전국은 온통 청문회 이야기로 들끓었다.

당시 초선의원이던 노무현은 많은 준비를 통해 조리 있는 질문을 했고, 전두환 앞에 명패를 집어 던지며 일약 청문회스타로 떠올라 후일 대통령이 되는 기반을 마련하기도 했다. 하지만 이처럼 전 국민의 인기를 끌었던 청문회의 이면에는 다른 목적이 도사리고 있었다. 5공 청문회의 실체는 전두환을 무력화하기 위한 인민재판이었다.

청문회 과정에서 성남에 일해재단을 만들어 퇴임 후 상왕 노릇을 하려 했던 일과, 수천억 원의 정치자금을 조성했던 일 등이 밝혀져 전두환은 모든 재산을 헌납하고 백담사로 유배를 떠나야 했다. 최근 전두환 자서전에 따르면 노태우가 백담사가 아닌 해외망명을 종용했다고 한다. 하지만 이렇게 철저하게 민주화세력에 빌붙어 동기생인 전두환을 수렁으로 밀어 넣었던 노태우 자신마저 나중에 민주화세력들로부터 철저하게 배신당해 부정부패 혐의와 반역죄로 수천억 원의 추징금을 물고 구속되어 사형선고까지 받는 수모를 당했다.

청문회라는 인민재판을 통해 전두환까지 완전히 제거한 87체제 민주화세력들은 이후 적화통일을 향해 거침없는 행보를 이어나갔다. 1989년 7월 1일 평양에서 열린 세계청소년축전에는 전대협 대표들이 대거 참가하기로 되어 있었다. 하지만 문익환의 밀입북 사건으로 취소되고 전대협의 입북 자체가 불허되자, 전대협 회장이었던 임종석의 지시로 임수경이 혼자 대표로 밀입북했다. 바로 여기에 김영삼, 김대중 세력으로 요약되는 87 민주화세력들이 결코 5.18의 진실을 밝힐 수 없는 또 하나의 역사의 비밀이 숨어 있다. 87년 헌법 개정에 이어, 임수경이 평양에 간 내막은 87 민주화세력들이 평생 5.18의 진실을 숨기고 갈 수밖에 없는 가장 큰 반역의 증좌였다.

임수경의 평양방문 목적은 관광인가? 적화통일 특사였나?

임수경은 평양에서 ①자주·평화·민족대단결의 통일원칙 ②통일 반대세력 반대 ③휴전협정의 평화협정으로의 대체 및 남북한 불가침선언 채택, 주한미군의 단계적 철수 ④남북교차승인 및 유엔 동시가입 등 2개의 한국정책 반대 ⑤쌍방의 사상과 제도를 인정하는 기초 위에서 하나의 통일국가 창립 ⑥당국대화와 민간대화 병행추진 및 당국의 대화독점 반대 ⑦남북학생간의 정기적 교류 추진 ⑧95년까지 통일 실현 등이 수록된 남북청년학생공동선언문(南北靑年學生共同宣言文)에 서명했다.

여기에서 연방제 통일방안의 실체를 알 필요가 있다. 연방제 통일이란 말이 연방제 통일이지, 실은 대한민국이 북한에 적화통일을 당해 흡수된다는 것을 의미한다. 체제가 다른 두 체제가 연방을 이룬다는 것은 불가능하다. 예멘의 경우에도 서로 체제가 다른 두 국가가 연방을 세웠지만, 결국 내전이 벌어져 한 체제로 흡수된 바가 있다. 또한 평화협정 대체와 주한미군의 철수란 베트남 적화 전략을 그대로 따른 평양의 적화통일 전략이다.

임수경은 과연 무슨 자격으로 이런 선언문에 서명을 한 것일까? 몰래 밀입국한 처지에, 대체 무슨 오지랖으로 마치 정상회담에서나 협의할 수 있는 이런 엄청난 선언문에 합의를 하고 온 것일까? 그녀는 세계청소년축전의 한국대표 자격으로 방북했다고 알려져 있다. 그러나 임수경이 평양을 방문한 목적은 따로 있었다. 만일 임수경이 단순히 청소년축전에 참가하기 위해 평양을 방문한 것이라면, 왜 목숨을 걸고 무려 10여일에 걸쳐 유럽각지를 돌아 평양에 들어갔을까? 임수경이 발표한 선언문은 남북한 청년대표의 이름을 빌렸을 뿐, 실은 남북한 정상간에 이루어진 통일협약에 대한 선언문이라 할 수 있다. 북한의 주석인 김일성이 남한의 일개 대학생 신분인 임수경과 나란히 협약에 서명할 수는 없는 일이 아닌가?

당시 노태우는 무늬만 대통령이었을 뿐, 5.18 당시 북한군과 내통했다는 사실로 김영삼과 김대중에게 약점이 잡혀 양 김씨의 꼭두각시 노릇을 했을 뿐이다. 민추협의 공동의장을 맡고 있었던 김영삼과 김대중은 노태우와 전두환을 움직여 87년도 헌법을 적화통일용 헌법으로 개정해 연방제통일(적화통일)의 준비를 마쳤다. 만일 노태우가 당시 연방제 적화통일을 거부했다면, 틀림없이 민주화세력들은 87년 헌법을 이용해 노태우를 탄핵했을 것이다.

모든 사람들은 전대협의 임종석이 임수경을 평양에 보냈던 것으로 알고 있다. 하지만 여기에 더 큰 비밀이 숨어 있다. 당시 전대협을 보호했던 것은 민추협이었고, 김영삼과 김대중은 민추협의 공동 의장을 맡고 있었다. 실제로 광주광역시가 편집한 〈광주민주화운동자료집〉에는 민추협이 전대협, 한총련을 보호했다는 사료가 나와 있다.

87체제를 주도한 민주화세력 모두가 적화통일을 향한 거침없는 행보를 지속해 나갔고, 임수경은 이들의 대표 자격으로 김일성과 함께 적화통일을 선언하기 위해 평양을 방문했던 것이다. 앞서 언급한 것처럼, 이 당시 사실상 모든 권력은 김영삼, 김대중에게 넘어가 있었고, 노태우는 이들의 꼭두각시에 불과했다. 왜 노태우가 임기 내내 물태우란 소리만 들으며 민주화세력들에게 질질 끌려갔고, 왜 김영삼이 3당 합당을 했는지 이제야 알겠는가? 김영삼은 노태우의 임기 내내 5.18 북한군 내통이라는 5공 세력의 약점을 쥐고 호랑이 사냥을 지속했다. 청문회를 통해 5공 세력을 정리한 이후, 여기에서 그치지 않고 3당 합당을 통해 여당을 통째로 접수했다. 이후 남아 있던 5공 세력들을 완전히 정리하고 당 전체를 자신의 세력들로 채우기 시작했다. 김무성, 나경원, 홍준표 등등.. 바로 이들의 후예가 YS-이명박 계열로 이어지는 우익을 가장한 종북세력이자, 박근혜 대통령의 탄핵을 가능케 한 주축들인 것이다. 홍준표가 끝까지 평양 붕괴를 통한 자유통일을 주장하지 못하는 이유를 이제야 알겠는가?

노태우는 김영삼에게 대통령 자리를 넘겨주는 대가로 영원히 자신의 비밀을 보장받으려 했다. 하지만 김영삼은 이 약속을 지키지 않고, 노태우를 감옥에 집어넣었다. 왜 김영삼이 이 약속을 지키지 않았는지, 노태우를 감옥에 넣으면서 어떤 안전장치를 마련했는지는 나중에 다루기로 한다.

임수경의 평양방문으로 통일의 기운은 물밑에서 완전히 무르익는 분위기였다. 그 해 8월 15일, 임수경은 문규현 신부의 호위를 받으며 판문점을 통해 한국으로 돌아왔다. 임수경은 국가보안법 위반으로 기소당했지만, 판문점 입국 이후 약 20일이 지난 9월 11일, 위의 비밀을 모르고서는 도무지 이해할 수 없는 황당한 일이 벌어진다. 대통령 노태우가 국회에서 [한민족공동체통일방안]을 발표한 것이다. 이 방안은 명칭만 다를 뿐, 북한의 [연방제통일방안]과 사실상 동일한 내용으로 임수경이 평양에서 선언한 통일선언문 및 김영삼, 김대중의 통일방안과도 하등 다를 바가 없었다. 노태우는 전대협 인사들의 북한 방문을 금지하는 등, 어떻게든 한반도의 적화통일을 막아보려 했지만 5.18의 비밀로 약점이 잡혀 결국 이들에게 굴복하고, 임수경을 통해 합의한 연방제 통일방안을 그대로 국회에서 발표했던 것이다. 이제 알겠는가? 노태우의 일련의 행동들이 그토록 이해가 가지 않았던 진정한 이유를?

실제로 노태우의 한민족공동체통일방안은 북한의 통일방안인 고려연방제과 사실상 동일하다. 노태우의 한민족공동체통일방안(韓民族共同體統一方案)에 대해 위키백과는 다음과 같이 설명하고 있다.

한민족공동체통일방안(韓民族共同體統一方案)은 1989년 9월 11일 대한민국의 국회에서 노태우 대통령 특별선언을 통해 발표되었다. 1982년 발표된 '민족화합민족민주통일방안'을 보강한 것이다. 자주, 평화, 민주를 3대 원칙으로 한다.

발표당시 조선민주주의인민공화국의 연방제 통일안에 가장 근접시켰다는 평가를 받았다.

김영삼과 김대중의 통일안도 노태우의 통일안과 거의 차이가 없다. 세 사람은 1987년 헌법 제정 당시 8인 위원회의 멤버였으며, 노태우는 김영삼과 김대중의 의견을 많이 수용했었다. 통일안도 헌법안처럼 세사람이 거의 차이가 없다.

목차

1 3단계 통일안
2 민족공동체헌장
3 남북연합
4 통일헌법
5 6.15 남북 공동 선언

3단계 통일안

다음의 3단계로 통일을 이룬다:

민족공동체헌장 채택 (Unitary state South Korea v. Unitary state North Korea)
통일이 될 때까지 남북관계를 이끌어갈 수 있는 규칙을 세우는 것을 말한다.

남북연합 (Confederation Korea)
민족공동체헌장에 기초하여, 남북정상회의와 실행기구인 남북각료회의, 남북평의회 등의 과도기구를 설치

통일헌법 제정으로 통일민주공화국 건설 (Unitary state Korea)

남북평의회에서 마련한 통일헌법을 바탕으로 총선거를 실시해 통일국회와 통일정부를 구성

민족공동체헌장

이미 1972 년 7.4 남북공동성명 등 여러가지 민족공동체헌장이 채택되었다.

남북연합

2 차례 남북정상회의가 열렸다. 그러나 상설화되지는 못했다. 21 차례 장관급회담이 열렸다. 그러나 이명박 정부 직후 열리지 않고 있다. 역시 상설화 되지는 못했다. 남북평의회는 남한의 국회와 북한의 최고인민회의의 합동회의체를 말하는데, 아직 구성된 적이 없다.

남북연합이란 국제법상 국가연합을 말한다. 현재 모든 국가들은 유엔에 가입해서 전 세계가 국가연합을 이루고 있다. 남북한도 1991 년 유엔에 동시가입하여 넓은 의미에서 보면 유엔헌장 아래에서, 느슨한 형태의 국가연합을 이루고 있다.

원래 1972 년 남북최초회담의 결과인 74 성명에서 유엔동시가입이 합의되었으나, 20 년이 지난 1991 년에야 가입이 되었다. 한민족공동체통일방안에서 남북연합을 건국이래 최초로 주장한 지 2 년 만에 유엔동시가입으로 "넓은 의미의" 남북연합의 구성이 완료되었다. 양자만의 남북연합은 구성된 적이 없다.

통일헌법

남북평의회가 구성된 적이 없으므로, 통일헌법도 제정된 적이 없다.

6.15 남북 공동 선언

　2000년 6.15 남북공동선언에서 남측의 연합제안은 김대중 대통령의 통일안을 말하는데, 김대중 대통령의 통일안은 노태우 대통령의 통일안과 거의 차이가 없다. 즉, <u>한민족공동체통일안은 6.15 남북공동선언에서 북한이 동의</u>하였다.

　여기에서 연방제통일방안이 왜 그토록 위험한지를 다시 한 번 살펴보자. 알콜에 물을 부어 술을 만들듯 이념과 체제가 다른 두 나라가 각기 다른 체제를 뭉뚱 그려 두루뭉술하게 만들 수 있을까? 터무니없는 소리다. 어느 한 체제에 완전히 흡수되는 것 외에는 다른 방법이 없다. 남한과 북한이 통일을 할 경우 자유민주주의를 따르느냐 공산주의를 따르느냐 둘 중 하나의 선택이 있을 뿐이지 두 체제를 적당히 주물러 중간적인 형태의 제도를 만들 수는 없는 것이다. 그렇다면 두 개의 체제가 통일을 하려면 어느 체제를 따라야 하는 걸까? 바로 헌법적 정통성이 있는 체제를 따르는 것이 당연하다.

　헌법 전문에 들어있는 아무도 눈치채지 못한 음모를 생각해 본다면, '임시정부의 법통을 계승한다'는 문구, 즉 공산주의 이념을 국가이념으로 계승한다는 문구가 헌법 전문의 제일 앞에 들어간 순간, 북한의 체제인 공산주의를 정통성 있는 체제로 인정한다는 헌법적 근거가 마련된 셈이다. 1989년 9월 11일에는 당시 대통령이었던 노태우가 국회에서 제목만 다르고 내용은 북한의 연방제통일방안과 똑같은 [한민족공동체통일방안]이 바로 우리의 통일방안이라고 선언했다. 이는 북한의 연방제통일방안을 따르겠다는 항복선언이었던 것이다.

　이 방안은 쉽게 말해서 인구와 관계없이 남북연방의회의 의석수를 남북한간에 동수로 선출해서 연방의회를 구성하자는 것이다. 이렇게 연방의회를 구성한 다음, 연방의회에서 대표를 뽑아서 통일을 하자는 발상이다. 그렇게 되면 어떤 일이 벌어질까? 아래의 그림이 현실로 드러나게 될 것이다.

고려연방제, 어떻게 시행하는가?

1. 남북 동수로 위원이 선출된다

북한 정당   남한 정당

●●●●   ●●●●
●●●●   ●●●●
●●●●   ●●●●
●●●●   ●●●●

남북한간에 동수의 의원을 선출한다면 어떤 무서운 일이 벌어질지가 명확해진다. 박근혜 대통령 탄핵에 찬성했던 의원들은 99% 북한에 발목이 잡힌 북한의 좀비라고 봐야 한다. 그리고 지난 30년간 전교조의 세뇌교육을 받아온 젊은 세대들의 70%는 연방제통일을 찬성하고 있다. 한마디로 말해 지난 세월 피땀 흘려 만들어놓은 이 나라를 고스란히 북한에 가져다 바치고 항복하겠다는 발상인 것이다. 임수경의 평양방문 및 통일합의, 노태우의 특별선언 등으로 이어지는 일련의 과정은 지옥문으로 들어가는 여정이었다. 한편, 공교롭게도 노태우가 한민족공동체 통일방안을 발표하기 3일 전, 1989년 9월 8일에는 헌법전문의 규범적 효력을 인정하는 헌법재판소 판례가 나왔다(헌재결 1989.9.8.88 헌가 6). 하지만 이런 음모를 막으려는 하늘의 뜻이었을까. 당시 헌법재판소 재판관들이 판례 본문에서 '헌법의 전문에 담겨 있는 최고이념이 자유민주주의에 입각한 입헌민주헌법의 본질적 기본원리에 기초하고 있다'고 언급해 준 것이 그나마 천만다행이라 할 것이다. 만일 이 판례에서 헌법 전문의 규범적 효력만을 인정하고 그 구체적 내용을 자유민주주의로 언급하지 않았다면, 당시의 헌법재판소 또한 공산주의에 정통성을 넘겨주는 근거를 마련해 주는 역할을 충실히 수행했을 것이다. 북한에 정통성을 넘겨 주고 연방제 통일을 하려는 음모와 자유민주주의의 뿌리에서 나오는 외침 사이에 얼마나 처절한 사투가 벌여 왔는지가 여실히 드러난다.

이 엄청난 현대사의 비밀을 두고 무슨 생각이 드는가? 소름이 돋지 않은가? 만일 이 당시 동독과 루마니아, 소련이 무너지지 않았다면 지금 우리들은 어떤 운명에 처해 있을까?

킬링필드의 죽음에서 살아 돌아온 기적(베를린 장벽의 붕괴)

수많은 우익의 지도층이란 사람들이 지금도 적화통일을 우려하고 적화통일이 되면 월남에서와 같은 끔찍한 킬링필드가 이루어질 것이라 경고하고 있다. 하지만 이미 이 나라와 국민들은 두 명의 전직대통령에 의해 북한의 하수인들에게 팔려나갔다. 이후 북한에 약점이 잡힌 네 명의 전직대통령들은 국민의 고혈을 짜내 그들의 상전인 평양의 정권이 무너지지 않도록 통치자금을 상납해 왔고, 무시무시한 핵무기를 개발하는 자금을 제공해 왔던 것이다.

89년에는 이 땅에 킬링필드의 현장이 재현될 수 있었다. 하지만 그 당시 김일성이 자신의 입 속에 들어온 것이나 다름없는 대한민국을 노골적으로 집어 삼키지 못했던 이유는 적화 직전에 동독과 루마니아가 무너져 김일성의 절친인 차우세스쿠가 처형당하고, 곧이어 동구공산주의의 종주국인 소련마저 무너지는 천우신조의 기적이 일어났기 때문이다.

당시 김영삼과 김대중은 민추협의 공동의장이었다. 87 체제의 주역들인 이들은 이 나라를 연방제 통일을 통해 북한에 넘기기로 결정하고 산하 기관인 전대협을 움직여 임수경을 평양에 보내 김일성과 적화 통일을 합의했다. 하지만 노태우는 이를 어떻게 해서든 막아보고자 평양에서 열렸던 세계청소년축전에 남한대표들의 참가를 막았다. 하지만 임수경이 평양을 방문한 후 그 해 8월 15일 판문점을 통해 당당히 돌아오자 모든 것을 포기한 듯, 9월 11일 국회에서 한민족공동체 통일 방안을 발표하며 87체제와 평양에 완전히 항복했다.

통일이란 게 말처럼 쉬운 것일까? 불리한 체제의 지배층에게 통일보다 더 불행한 일은 없을 것이다. 바로 자신들의 기득권을 잃게 되기 때문이다. 과거 소련과 중공을 비롯한 공산국가들의 공산화 과정에서 수많은 사람들이 학살을 당했던 이유가 바로 여기에 있다.

공산주의자들에게 점령당한 자유월남과 캄보디아에서는 수백만 명이 학살당했고, 킬링필드란 영화를 통해 이러한 참상은 전 세계에 알려졌다. 김일성은 적화통일 시 수천 만 명의 대한민국 국민을 숙청할 것이라는 말을 한 적이 있다. 국민들 어느 누구도 이 당시에 우리 국민들이 얼마나 위험한 상황에 처해있었는지를 모르고 있다. 만일 그 해 11월에 베를린 장벽이 무너지고 독일이 통일되지 않았다면, 만일 그 해 12월에 루마니아가 무너지지 않고 성난 군중들에 의해 차우세스쿠가 처형되지 않았다면 이 땅에 어떤 일이 일어났을까?

아마도 수천만의 국민들이 인민의 적으로 처형되거나 강제수용소에 끌려갔을 것이다. 모든 국민들은 1989년, 악마의 입 속에까지 들어갔다가 기적적으로 살아 나온 것이나 다름없었다.

재주는 김일성이 부리고 죽은 이승만과 박정희는 국민과 국가를 구히고....

이처럼 김일성이 대한민국의 적화를 위해 기획한 일들을 보라. 김일성은 총 한 발 쏘지 않고 5.18 북한군 침투의 비밀을 이용해 민주화세력과 386세대를 완벽히 자신의 수족으로 만들고, 전두환 세력을 일망타진하고, 일생일대의 숙적 박정희가 일군 경제 대국을 통째로 집어삼키려 했다. 정말 혀를 내두를 계책이 아닌가?

하지만 모사재인 성사재천(謀事在人 成事在天)이라 했던가. 동구권이 무너진 덕분에 김일성의 계획은 수포로 돌아갔고, 이러한 천우신조가 일어난 것을 두고 아직 하늘이 이 나라를 버리지 않았다는 말밖에는 달리 표현할 방법이 없다.

곰곰 생각해 보면, 이런 엄청난 음모에도 이 나라와 국민들의 목숨을 구한 것은 국부(國父) 이승만대통령이 맺은 한미동맹에 따라 미국이 우리를 굳건히 지켜온 덕분이고, 공산주의 종주국인 소련을 비롯해 수많은 공산국가들이 줄줄이 멸망한 것은 공산국가 국민들이 서울올림픽을 통해 대한민국의 경제기적을 보며 대한민국을 닮고자 하는 열망이 폭발했기 때문이다. 서울올림픽이 끝난 지 불과 1년 만에 줄줄이 공산국들이 무너졌고, 이렇게 공산권이 붕괴되지 않았다면 우리나라는 1989년도에 이미 적화되어 제2의 킬링필드를 경험했을 것이다.

역사의 아이러니다. 여기에서 잠시 대한민국 국민 스스로가 어떤 존재인지를 반추해 보자. 한국인은 자신이 인류에게 무엇을 기여했는지 잘 모른다. 다른 나라 사상가들도 이를 조명하지 않는다. 너무 엄청난 기여이기 때문에, 오히려 눈에 잘 띄지 않기 때문이다. 돌이켜 보면 한국이 공산권을 박살낸 역사는 6.25까지 거슬러 올라간다. 6.25는 김일성의 전쟁이 아니라 스탈린의 전쟁,·모택동의 전쟁이었다. 이를 물리치는 과정에서 하나의 강력한 반공 국민이 탄생했다. 이 과정을 두고 당시 미국 CIA 보고서는 '불에 의한 세례(Baptism by Fire)'라고 불렀다. 자기 자신의 경험에서 우러난 절박한 반공의식은 그 후 1980년대 후반까지, 대한민국 사회를 안정시킨 강력한 본드(bond)로 작용했다.

가난하기 짝이 없는 신생국가의 어설픈 국민들이(미국 및 UN의 도움이 있었다고는 하지만) 공산전체주의와의 싸움을 우리의 선택으로 완벽하게 소화한 케이스는 거의 없다. 특히 6.25와 같은 지독하고 처참한 대규모 살육을 통해서 우리의 선택이 다져졌다. 공산전체주의의 입장에서 보면 한국인 같은 원수가 따로 없다. 소련과 중공이 힘을 합쳐 밀어붙인 전쟁(6.25)을 막아내면서, 강력한 반공의식으로 중무장한 국민국가를 만드는가 하면 '세계시장을 겨냥한 수출 공업화'라는 기상천외한 모델을 창출해 내 공산체제가 떠벌려 온 '현대화'(Modernization)'를 웃음거리로 만들어버렸다.

이처럼 한국인은 공산당 해체에 결정적인 역할을 했다. 1979년 중국이 개혁/개방으로 나선 것은 박정희의 '세계시장을 겨냥한 수출 공업화' 모델이 성공할 수 있다고 보았기 때문이다. 1982년 베트남의 개혁개방(도이모이) 역시 한국이 모델 케이스이자 영감의 원천이었다. 1980년대 후반 동구권의 해체도, 1991년 소련의 해체도 마찬가지이다. 한마디로 1979 중국의 개혁·개방에서 1991년 소련 해체까지 이르는 공산권 해체의 숨은 일등공신은 한국이었다.[31]

하지만 이와 반대로 우리는 공산권이 무너지기 직전인 1987년 그 해, 헌법 개정을 통해 스스로 공산주의를 선택했다. 국민들은 자신의 무지로..사회 지도층들은 자신의 욕망으로....이후 우리는 한국인의 엄청난 인류사적 기여를 가능케 한 이승만과 박정희를 스스로 역사 속에서 지우려 발악을 하고 있다. 참으로 희한한 역설이 아닐 수 없다.

지구상에 이렇게 처절한 상황 속에서 살아가는 나라가 또 있을까? 두 명의 전직 대통령은 자신의 탐욕을 위해 적군을 불러들여 수백 명의 국민을 죽게 만들고, 이것이 탄로나자 자신들의 목숨을 보존하기 위해 적의 음모가 개입된 헌법초안을 그대로 받아들여 나라를 팔아 넘기고, 네 명의 또 다른 전직대통령 또한 적에게 약점이 잡힌 허수아비들로 적이 핵무기를 개발하도록 자금을 대주고....국민들 어느 누구도 이런 기가 막힌 사실을 깨닫지 못하고...

이런 상황 속에서도 살아남을 수 있는 나라가 또 있을까?

북한의 핵개발 여건을 마련해준 노태우의 비핵화선언

---

[31] 박성현 - 『뱅모의 옥중 편지』 2017.4.22 〈이 운명을 감당할 수 있을까?〉

동독을 시작으로 동구의 공산국가들이 붕괴되고 공산주의 종주국인 소련연방까지 무너지자 북한은 핵무기 개발만이 독자적인 생존의 길임을 깨닫고 핵무기 개발에 박차를 가하기 시작했다. 그 시작은 어이없게도 남북한 간에 합의한 〈한반도 비핵화선언〉이었다.

1991.11.8에 대한민국의 정원식 국무총리와 북한의 연형묵 국무원 총리가 서명한 이 공동선언은 전문은 아래와 같다.

남과 북은 한반도를 비핵화함으로써 핵전쟁의 위험을 제거하고 우리나라의 평화와 평화통일에 유리한 조건과 환경을 조성하며 아시아와 세계의 안전에 이바지하기 위하여 다음과 같이 선언한다.

1. 남과 북은 핵무기의 시험, 제조, 생산, 접수, 보유, 저장, 배비, 사용을 하지 아니한다.

2. 남과 북은 핵에너지를 오직 평화적 목적에만 이용한다. 3. 남과 북은 핵재처리시설과 우라늄 농축시설을 보유하지 아니한다. 4. 남과 북은 한반도의 비핵화를 검증하기 위하여 상대측이 선정하고 쌍방이 합의하는 대상들에 대하여 남북핵통제공동위원회가 규정하는 절차와 방법으로 사찰을 실시한다. 5. 남과 북은 이 공동선언의 이행을 위하여 공동선언이 발효된 후 1개월 안에 남북핵통제공동위원회를 구성, 운영한다.

6. 이 공동선언은 남과 북이 각기 발효에 필요한 절차를 거쳐 그 본문을 교환한 날부터 효력이 발생한다.

이어서 1991년 12월 18일에는 노태우의 〈한반도 핵부재 선언〉이 있었다. 핵무기를 개발하지 말자는 선언이 북한에 핵무기를 안겨 준 선언이 된 것이다. 사실 그 이전부터 북한은 핵무기를 개발하고 싶었지만 남한에 배치된 주한미군의 전술핵무기가 두려워 개발을 못하고 있었다. 만약 이를 무시하고 핵무기 개발을 시도하다가는 핵보복을 당할 수 있기 때문이었다. 하지만 미국은 노태우의 한반도 핵부재 선언으로 남한에 배치되었던 전술핵무기를 철수할 수밖에 없었고, 이때부터 북한은 안심하고 핵무기 개발에 전념할 수 있었다.

이것이야말로 "우리는 당신들을 위협할 수 있는 핵무기를 제거하고 미국으로부터 보호받던 핵우산도 몽땅 철수했으니 마음 놓고 핵무기를 개발해라."는 소리가 아닌가? 과연 노태우는 자신의 의지에 따라 이런 말도 안 되는 선언을 한 것일까? 아니면 87 체제 민주화세력의 꼭두각시 역할을 충실히 수행한 것일까?

김영삼은 제2의 건국선언으로 남한단독의 공산정권수립을 선포

노태우를 이어 대통령에 당선된 김영삼은 취임사에서 다음과 같이 공언하며 공식적인 반미친북노선을 선언했다.

세계는 대결이 아니라 평화와 협력의 시대로 나아가고 있습니다. 다른 민족과 국가 사이에도 다양한 협력이 이루어지고 있습니다. 그러나 어느 동맹국도 민족보다 더 나을 수는 없습니다. 어떤 이념이나 어떤 사상도 민족보다 더 큰 행복을 가져다 주지 못합니다. ----- (김영삼 14대 대통령 취임사 중에서)

이어서 1996년의 신년사에서는 다음과 같이 밝힘으로써 자유민주주의 대한민국이 종식되고, 공산주의를 국가이념으로 하는 새로운 나라로 건국한다는 것을 공식적으로 선포했다.

이제 우리 모두는 정의와 법, 양심과 윤리가 지배하는 참다운 공동체를 건설하기 위해 [역사 바로 세우기]에 나섰습니다.

[잘못된 과거]를 바로잡기 위한 이 [역사 바로 세우기]야 말로 우리 사회의 새로운 탄생을 알리는 신호이며 [제 2 의 건국]을 향한 자랑스런 출발입니다.

-------------------- (중 략) --------------------------------

민족의 밝은 앞날에 대한 꿈과 희망으로 굳게 단합하여 힘차게 전진합시다.

그리하여 1996 년 병자년이 [제 2 의 건국]을 향한 창조의 대업을 시작하는 원년이 되게 합시다."

(1996 년 1 월 1 일 김영삼대통령 신년사 중에서)

국민들은 이를 단순한 상징적인 연설로 생각했다. 하지만 이것은 주주들이 출자해 설립한 자동차회사를 주주의 동의도 받지 않고 가라오케로 바꾸어 버린 것과 같은 일이다.

물론 국가이념도 바꿀 수가 있고, 자동차회사도 가라오케로 바꿀 수가 있다. 그러나 회사의 목적을 바꾸려면 주주총회를 통해 회사의 주인인 주주들의 동의를 받아야 하고, 제 2 의 건국이라는 엄청난 구호를 내세우며 역사 바로 세우기를 하려 한다면 국가의 주인인 국민들에게 그 필요성을 충분히 납득시키고 동의를 받아야 한다. 그렇지만 김영삼은 이런 일체의 설명 없이 일방적으로 잘못된 과거와 역사 바로 세우기를 선언하고 제 2 의 건국을 선포했다. 과연 무엇이 잘못된 과거이고, 무엇이 바른 역사이고, 무엇이 제 2 의 건국이었을까?

세계역사상 유례가 없고, 상상조차 해보지 못한 일이라 아직도 대부분의 국민들은 이렇게 국가를 도둑맞았다는 사실을 짐작조차 못하고 있다. 이후 김영삼은 역사바로잡기라는 이름으로 노근리 사건 등 과거의 미군과 국군에 의해 자행된 각종사건을 파헤쳐 미군이나 국군이 했던 일들을 침소봉대해 반미분위기를 확산시키고, 과거의 각종 반공사범이나 간첩사건들은 재심사해 민주화유공자란 이름으로 각종 혜택을 안겨주기 시작했다. 또한 5.18 특별법을 만들어 5.18을 민주화운동으로 격상하고, 이들에게 온갖 특별대우를 해 주는 동시에 정부기관의 공무원조차 차츰 그들의 동조세력으로 바꿔 나갔다. 나아가 전교조 해직교사들을 복직시켜 학원을 홍위병 양성소로 만들기 시작했고, 무분별한 대학교 증설로 대학생들의 극심한 취업난을 일으켜 데모는 아예 꿈도 못 꾸게 만드는 한편 경제정책을 연달아 실패하며 수많은 기업들이 도산하도록 만들었다.

사람들은 김영삼이 무능하고 머리가 나빠서 경제정책이 실패하고 IMF 사태를 맞았다고 생각하지만, 그는 절대로 무능하거나 머리가 나쁜 인간이 아니었다. 무능함을 가장한 교활함으로 대한민국 파괴공작을 벌였기에 국민들이 깨닫지 못하고 있을 뿐이다.

IMF 는 87 체제의 연장을 위한 고의적인 국가 부도

IMF 경제위기나 기타 실정 또한 결코 김영삼의 무능 때문에 일어난 일이 아니다. IMF 사태는 금융시스템에 대한 이해가 부족해서 일어난 흑자부도라고 알려져 있다. 국가경제도 양호하고, 수출도 잘되고, 내수도 호황인데 일시적으로 달러가 부족해서 일어난 국가부도였다는 것이다. 또한 IMF 경제위기가 일어난 직접적인 계기는 당시 대통령이었던 김영삼이 무능해서 일본에 대한 단기외채 80억 달러를 연장하지 않은 탓이라고 알려져 있다.

하지만 IMF 직전에 참으로 이상한 일이 일어났다는 것에 주목해야 한다. 자산관리공사와 예금보험공사, 한국토지신탁이 IMF 직전에 설립되었다. 이 세 기관은 IMF 국가 부도 이후 부도 자산을 처리하는 실무업무를 거의 도맡았던 기관으로 알려져 있다. (아래 각 기관의 기능 및 연혁은 위키백과에서 인용했음)

한국자산관리공사(韓國資産管理公社, Korea Asset Management Corporation, KAMCO)는 금융기관 부실채권 인수, 정리 및 기업구조조정업무, 금융소외자의 신용회복지원업무, 국유재산관리 및 체납조세정리 업무를 수행하기 위하여 1962년 설립된 대한민국 금융위원회산하 기금관리형 준정부기관이다.

그 연혁을 보면 아래와 같다.

연혁[편집]
1962년 04월 한국산업은행법에 의거 (구)성업공사 설립
1997년 11월 금융기관 부실자산등의 효율적처리 및 한국자산관리공사의 설립에 관한 법률에 의거 (신)성업공사 설립 (부실채권정리기금 설치)
1999년 12월 공사법 개정으로 한국자산관리공사로 명칭 변경
2004년 05월 배드뱅크 「한마음 금융」 업무개시
2005년 05월 공동추심기구 「희망모아」 업무개시
2008년 09월 「신용회복기금」 설치 및 업무개시
2009년 05월 「구조조정기금」 설치 및 업무개시
2012년 01월 「국유재산관리기금」 설치
2013년 05월 「국민행복기금」 설치

바로 IMF가 일어나기 한 달 전에 법률을 제정해 국가부도사태와 같은 경제위기시에 해야 할 일들을 법에 명시하고 이를 위한 재원확보를 위해 부실채권 정리기금을 설치했던 것이다.

예금보험공사(預金保險公社, Korea Deposit Insurance Corporation, 약칭:예보)는 금융기관이 파산등으로 예금을 지급할 수 없는 경우 예금의 지급을 보장함

으로써 예금자를 보호하고 금융제도의 안정성을 유지하는데 이바지 하고자 [예금자보호법]에 의거하여 설립되었다. 예금보험공사의 주요기능인 예금보험제도는 금융기관으로부터 보험료를 납부받아 예금보험기금을 조성해두었다가 금융기관의 경영이 부실하거나 파산해 고객들의 예금을 돌려줄 수 없게 되면 예금을 대신 지급하는 제도다. 공사는 1996년 6월 1일 발족하였고, 서울특별시 중구 청계천로 30에 위치하고 있다.

연혁[편집]

1995년 12월 : 예금자보호법 제정

1996년 06월 : 예금보험공사 설립(은행권역, 보호한도 2천만원)

1997년 11월 : 전액보호제도 전환

1997년 12월 : 부보금융기관에 대한 공동검사권 신설

1998년 04월 : 통합 예금보험공사 설립(은행/증권/보험/종금/저축은행/신협)

1999년 12월 : 정리금융공사(RFC) 설립

2000년 01월 : 부실책임조사 및 손배소송 청구 근거 마련

2000년 12월 : 부보금융기관 파산관재인으로 예보를 선임하는 근거 마련(공적자금관리특별법)

2001년 01월 : 부분보호제도 전환(보호한도 5천만원)

2003년 01월 : 신 예금보험기금 출범(구 예보기금은 예금보험기금채권상환기금으로 전환)

2003년 09월 : 금융감독원과 공동검사 MOU 체결

2004년 01월 : 신용협동조합을 부보금융기관에서 제외

2005년 05월 : 예가람저축은행 설립(최초 가교금융기관)

2008년 11월 : 외화예금 예금자보호 시행

2009년 01월 : 목표기금제도 시행

2009 년 06 월 : 보호대상상품으로 운용되는 퇴직연금(DC, IRP) 적립금에 대한 예금자보호 시행

2009 년 11 월 : 정리금융공사 폐지(페이퍼컴퍼니 케이알앤씨 설립)

2010 년 05 월 : 개산지급금 제도 최초 시행

이하생략

한국토지신탁(韓國土地信託, Korea Real Estate Investment and Trust, KOREIT)은 건전한 부동산문화 창달과 부동산시장 선진화를 위해 설립된 대한민국 국토교통부 산하 한국토지주택공사의 종합부동산투자금융업 전문 자회사이다.

연혁

1996 년 03 월 05 일 부동산 신탁회사 설립인가 (재정경제원)

1996 년 04 월 04 일 한국토지공사 전액출자로 설립 (자본금 300 억원)

1996 년 05 월 02 일 영업 개시

1997 년 01 월 27 일 부산지점 개설

1997 년 02 월 24 일 광주지점 개설

2001 년 05 월 22 일 코스닥시장 등록

2002 년 05 월 16 일 중부지점 개설

2004 년 04 월 08 일 대구지점 개설

2006 년 08 월 16 일 강원지점 설치

2006 년 12 월 27 일 대구지점, 중부지점 폐쇄

2008 년 12 월 31 일 강원지점 폐쇄

2010 년 01 월 29 일 기타공공기관 지정 해제

그 밖에 각급 법원이 부실채권이나 부도업체에 대한 재산관리나 경매물건처리 등을 담당하고 있으나 IMF가 일어나자 가장 활발히 활동한 기관은 위의 3개 기관이다. 그런데 이 기관들이 설립되거나 법률을 제정해 재편성한 년도를 보면 모두가 IMF 직전이거나 1년 미만이었다는 사실을 알 수 있다.

마치 IMF가 일어날 것을 미리 알고 부도처리 기관을 준비했던 것 같지 않은가? 그 당시 정권이 선견지명으로 IMF가 일어날 것을 미리 알고 대비했던 걸까? IMF를 예상할 정도의 선견지명이 있었다면 이런 기관을 만들지 않고, IMF가 오지 않도록 미리 대비했어야 하는 것이 정상이다. 정부는 IMF 사태가 일어나기 불과 1~2개월 전인 1997년 10월까지만 해도 외환보유고에 아무런 문제가 없다고 발표했다. 하지만 1987년 10월, 300억 달러였던 외환보유고가 12월에 200억 달러로 줄면서 IMF 경제위기가 찾아왔다. 결정적이었던 것은 이런 비상사태에도 일본의 단기외채 80억 달러를 갚아버린 처사였다.

과연 이러한 행동을 어떻게 해석해야 할까? 당시 일본수상은 김영삼 대통령에게 전화를 걸어(한국의 경제위기를 예측하고 상환기간을 연장해 줄 의사를 갖고 있었던 듯) 단기외채 80억 달러의 상환기간이 다가오고 있는 것을 상기시켰다. 아마도 일본수상은 외채상환을 연장해 달라고 요청할 것이라 생각했던 것 같다. 하지만 예상과 달리 김영삼 대통령은 단기외채를 갚겠다고 흔쾌히 답변했다. 채무자가 갚겠다는데 채권자가 갚지 말라고는 할 수 없지 않은가?

그보다 훨씬 전부터 김영삼은 일본의 심기를 계속해서 건드려 왔다. 그 당시 일본은 지금과 비교할 수 없을 정도로 우리나라를 경제력에서 앞서고 있었다. 전 세계를 모두 사버릴 기세로 승승장구하던 1980년대와 비교할 수는 없었지만, 그래도 일본이 기침을 하면 한국은 감기몸살에 걸릴 정도였다.

이런 상황인데도 김영삼은 "일본의 버르장머리를 고쳐 놓겠다"는 등 허세를 부리고, 중앙청 건물을 철거하며 건물의 머리를 뎅강 잘라 크레인으로 들어 올리는 퍼포먼스를 벌이기도 했다.

과연 김영삼이 무능해서 IMF를 불러온 것일까? 김영삼 정권은 IMF 사태가 일어나기 1년 여 전부터 국가부도가 일어날 경우 파산하는 기업과 금융기관, 부실채권을 처리할 기관을 미리 만들어놓는 선견지명을 보였다. 이런 와중에 정부가 막상 코앞에 닥친 경제위기를 전혀 예측 못했다는 것을 어떻게 해석해야 할까?

IMF로 인해 하루에 자살하는 사람들의 수가 6.25 때보다 더 많았다는 말이 있을 정도로 수많은 사람들이 자살로 생을 마감했고, 수없이 많은 사람들이 부도를 당하거나 혹은 직장을 잃고 전 재산을 빼앗기고 길거리에 나 앉았다. 노숙자(露宿者)라는 말이 생겨난 것도 바로 그때부터였다.

아무리 생각해도 이해가 가지 않는 참으로 이상한 국가부도다.

87 민주화세력의 검은 돈과 대통령 탄핵 사태

2017.7.27 국회에서는 '박근혜 정부 국정농단 행위자 소유재산의 국가 귀속에 관한 특별법'을 발의했다. '국정농단의 주범' 최순실이 해외에 재산을 빼돌렸고, 무려 300조에 가까운 검은 자금을 하루빨리 찾아 회수해야 한다는 것이 이 법안의 추진 배경이다. 여당 소속 안 모 의원은 이 돈이 과거 박정희 대통령의 통치 자금이고, 당시 8조 9천억 원이었던 이 돈의 가치가 지금은 300조원이 넘는다는 이야기를 떠들고 다닌다.

대체 왜 이런 황당한 주장이 나오는 걸까? 최순실의 재산이 300조라면, 최순실은 압도적인 세계 최대의 부호로 등극한다. 전 세계의 명마를 마음먹은 대로 골라서 살 수도 있고, 미국 명문 사립대에 몇 십억을 기부해 딸 정유라에게 최고의 학벌을 안겨줄 수도 있다. 그런데도 고작(?) 7억~20억짜리 삼성 소유 말 한 마리를 딸에게 '빌려 타게' 한 죄와 이화여대 '갑질 입학'의 죄로 재판을 받고 있는 것을 보면, 위 법안을 발의한 국회의원들 135명이 공상과학소설가로 전업한 것이 아닌가 하는 생각마저 들 정도다.

이 자금이 박정희 대통령이 숨겨 놓은 통치 자금 8조 9천억이라는 주장 또한 황당무계하기는 마찬가지다. 박정희 대통령의 집권 마지막 해인 1979년 정부예산이 4조 5,338억원이었다. 1년 정부예산의 두 배에 가까운 통치자금이라... 과연 이것이 가당키나 한 일일까? 하지만 정신이 멀쩡한 사람들 135명이 소설에나 나올 법한 이야기를 공개적으로 하고 다닌다면, 뭔가 말 못할 숨은 내막이 있다고 추리해 볼 수 있다.

그렇다면 800조-300조를 오가는 최순실의 은닉 재산 이야기 이면에 도사린 진실은 무엇일까? 지난 몇 십 년 동안 몇 백 조의 돈이 움직였던 시기는 IMF가 유일하다. 당시 30대 기업과 시중은행들의 막대한 지분이 외국에 헐값으로 넘어갔다. IMF에서 빌린 자금이 195억불이었고, 고작 이 자금을 갚기 위해 대한민국 우량자산 상당 부분이 헐값에 처분된 것을 보면, 87 민주화세력들이 이 과정에서 막대한 뒷돈을 챙겼다는 의혹을 갖기에 충분하다.

지난해 외국인이 보유한 주식총액이 600조원(5,500억달러)에 이르렀다. 우리가 IMF 당시 빌렸던 외채는 195억 달러였다. 그때 빌렸던 금액의 약 30배에 달하는 금액이다. 해마다 외국인들이 주식배당금으로 받아가는 돈 또한 50억 달러에 이른다. IMF 로부터 빌렸던 돈도 엄청난 고리의 이자를 붙여서 갚았다. 일부에서는 우리나라가 세계에서 가장 빠른 기간에 IMF 경제위기를 극복했다고 떠들지만, 실체적 진실은 국가의 알짜배기 우량자산들을 헐값에 팔아 넘기고 뒷돈을 챙긴 것이다. 이렇게 박정희대통령과 산업화세대가 피땀 흘려 마련한 국가재산을 헐값으로 팔아먹고 뒷돈으로 챙겨 조세피난지역에 감춰두었던 돈만 800조원으로 추산되고 있다.

그렇다. 바로 이 돈은 박정희의 300조가 아니라, IMF 경제위기를 일으켜 국민들의 재산을 갈취하고 지난 수십 년 간 산업화세대들이 피땀 흘려 마련한 국가재산을 헐값에 외국에 팔아 넘기고 뒷돈으로 챙긴 87민주화세력들의 검은 자금 300조라는 추리가 훨씬 설득력을 얻는다. 실제로 박근혜 대통령의 임기 초반에 《뉴스타파》를 비롯한 여러 언론에서는 해외 조세피난처에 은닉된 한국인의 검은 자금이 860조 가량이라는 기사가 심심치 않게 등장했다.

박근혜 대통령은 임기 초반 '해외여행 다니려 대통령했느냐'라는 비난에 시달릴 정도로 스위스, 네덜란드, 독일, 프랑스, 영국, 이탈리아, 독일, 벨기에, 미국, 캐나다 등 무수히 많은 나라를 순방했다. 박대통령이 이렇게 해외 순방을 다닌 목적은 바로 이 자금을 차단해 통일 자금으로 활용하려는 의도였던 것으로 사료된다. 실제로 박대통령은 해외 순방과 맞물려 '통일대박론'을 발표하며 줄곧 대한민국 주도의 자유 통일을 향한 행보를 지속해 나갔다. 개성공단을 폐쇄해 김씨봉건왕조의 자금줄을 차단하고, 목함 지뢰 사건을 계기로 평양을 벼랑 끝까지 압박하고, 사드 배치를 앞당기며 미국의 대북 군사압박을 궤도에 올리기 시작했다. 최근 김○○와 안○○은 한 라디오 방송에서 박근혜 대통령을 탄핵하기 위해 무려 3년 전부터 음모를 꾸며왔다는 비밀을 폭로했다. 최근의 정국을 보면, 박근혜 대통령의 탄핵 사태 또한 이 검은 자금을 빼앗긴 그들이 이 자금을 최순실에게 뒤집어 씌워 되찾으려는 단말마적 비명이라고 충분히 의심할 수 있다.

법원은 무리하게 구속기간을 연장하고, 검찰은 무엇인가에 쫓기는 듯 박대통령 사저 압수 수색을 기도하는 동시에 사저 구입 자금마저 조사하려 들고 있다. 검찰은 국정원 특활비라는 법률상 정해져 있는 통치자금까지 건드리며 박대통령의 모든 재산을 동결하고 있다. 여당은 초조함을 이기지 못하는 듯 최순실 재산환수 특별법 발의에 열을 올렸다. 이러한 일련의 사건들을 보면 박대통령이 차단한 검은 자금 300조의 행방을 알아내려는 87민주화세력들의 발악이라는 심증을 더욱 굳게 만든다. 최근 검찰의 행태를 보면 검찰인지 조폭인지 모를 지경이며, 검찰이 새디스트 정신질환자들의 집합소가 아닌가 하는 생각이 들 정도다. 설마 검찰 전체가 새디스트들의 집합소는 아닐 텐데, 저렇게까지 박근혜 대통령을 괴롭히는 데에는 그럴 수밖에 없는 뭔가 다른 이유가 있지 않겠는가?

미항모전단은 단 하루를 움직이는데도 수백억의 비용이 소요된다. 한 개도 아닌 서너 개의 미항모전단이 매일같이 움직이는 데 필요한 천문학적 비용은 혹시 이 돈으로 지급되고 있는 것일지도 모른다. 미항모전단이 하루 움직일 때마다 누군가의 입에서 '어이구, 피 같은 내 돈!'과 같은 비명소리가 나오고 있는 것은 아닌지 모르겠다. 최근 법정 발언에서 엿보인 박근혜 대통령의 결기가 어디에서 비롯되는지 또한 궁금하다.

제 7 장 이 엄청난 역사의 진실 앞에서

누구를 위한 민주화운동이었나?

우리의 민주화는 천국에서 지옥으로의 급행티켓이었다. 민주화로 인해 내 삶의 어떤 점이 좋아졌을까?

민주화가 되어 자식들 학비걱정을 안하고 취직 걱정이 없어졌을까?

민주화가 되어 범죄도 없어지고, 도둑 걱정도 안 하게 되었을까?

민주화가 되어 서민들이 물가걱정을 안하고, 주부들은 좀 더 풍성한 식탁을 마련할 수 있게 되었을까?

민수화가 되어 학생들은 학교폭력에 시달리지 않고 행복한 학교생활을 누리고 있을까?

독재시대였다고 하는 박정희. 전두환 대통령 시절에 비해 살림살이가 더욱 나아졌을까?

천만의 말씀이다. 통계만 보아도 대한민국은 OECD 국가들 중 가장 높은 자살율과 가장 낮은 행복지수를 자랑(?)하고 있다.

왜 산업화와 민주화라는 두 마리 토끼를 잡았다고 그토록 떠벌리면서, 국민들이 느끼는 행복지수는 OECD 국가들 가운데 가장 낮고, 자살률은 가장 높은 것일까?

그렇다면 도대체 누구를 위한, 무엇을 위한 민주화였을까? 민주화정권이 들어선 이후 좋아졌다고 생각되는 것은 단 한 가지뿐이다. 바로 대통령을 보고 '쥐XX'라고 해도 '닭XX'라고 해도 잡혀가지 않는다는 사실 하나뿐이다. 물론 지금은 문재인과 김정숙을 욕하면 모욕죄나 명예훼손으로 경찰에서 조사받으라고 연락이 오지 않을까 걱정해야 하는 좌파 독재의 시대이니, 이것도 사실은 그들만의 민주화일 따름이다.

건국 이후 끊임없이 이어져 왔던 민주화 논쟁의 실체는 무엇일까?

과연 민주화를 요구할 정도로 과거 정권들이 극심한 독재를 시행해 대다수의 국민들이 고통을 받고 생명과 재산상의 위협을 받아 왔을까? 민주화 이후에는 국민들의 생활이 윤택해지고 전반적인 삶의 질이 향상되었을까? 민주화정권들이 들어선 이후 중산층은 붕괴되었고 일반 서민들의 삶에는 희망이 없어진 지 오래다.

50-60대 이상의 국민들 대부분은 전두환 정권 때가 가장 살기 좋았다고 말한다. 안정된 물가로 대부분의 국민들은 생활에 어려움이 없었고, 저렴한 인건비와 근로자들의 뛰어난 기술력, 안정된 정치상황으로 국내 기업 뿐 아니라 외국인들의 투자가 줄을 이었다. 일자리가 넘쳐나 실업률이 거의 제로에 가깝던 시절이었다.

전두환 자신도 자서전에서 자신의 집권 기간을 전 국민이 중산층이었던 시절이라고 자찬하고 있다. 뛰어난 인재들을 적재적소에 배치한 전두환 정권은 박정희 대통령 시절의 경제개발 성과를 이어받아 국민경제의 황금기를 구가했다. 조직폭력배, 범죄자등에 대한 단호한 조치로 이들이 사회에 발을 붙일 수 없었다. 헬조선이라 자조하는 지금의 현실과 비교하면, 한마디로 천국과 같은 시절이었다. 하지만 천국과도 같던 대한민국의 서민경제는 민주화 정권이 등장한 이후 지옥으로 변했다.

그렇다면 누구를 위한 민주화이고, 무엇을 위한 투쟁이었을까? 민주화를 통해 천국이 '헬조선', 즉 지옥으로 바뀌었다면, 그런 민주화가 왜 필요할까? 민주화란 북한과 같은 전체주의 집단에 필요하지, 풍요와 번영을 구가하던 우리에게 필요했던 것이 아니다.

국민들은 민주화란 환상에 빠져 천국을 버리고 지옥을 선택한 것이다.

민주화세력이 초래한 헬조선

1980년대는 조금 과장을 섞어 전 국민이 중산층이었던 시기였다. 그 시절을 회상하는 사람들은 그 때가 가장 살기 좋았다고 말한다. 그 당시는 1인당 국민소득이 몇 천 불에 불과했다. 지금은 국민소득 3만 불 시대다. 그렇다면 그 때에 비해 몇 배가 살기 좋아졌을까? 살기 좋아지기는커녕, 취직은 더 하기 힘들고, 빈부 격차는 더욱 심해지고 있다. 국민들 모두가 중산층이던 나라가 왜 이러한 '헬조선'으로 바뀐 것일까?

다름 아닌 민주화세력이 이 나라를 지옥으로 바꿔 놓은 것이다. 경제 성장의 방식은 두 가지로 정리된다. 하나는 생산을 늘리는 방식이고, 다른 하나는 인플레에 의한 방식이다.

생산을 늘리는 성장 방식은 다음과 같다. 예컨대, 작년에 1만 불짜리 자동차를 한 대 생산했는데 금년도에 똑같은 1만 불짜리 자동차를 두 대 생산한다. 그렇다면 소득 자체가 두 배로 늘어난 것이다.

	금년도	내년도	비 고
생산량 증가에 의한 방법	1대 X 1만 $ = 1만 $	2대 X 1만 $ = 2만 $	대단히 힘들다 대규모설비투자가 필요하다 2배이상의 노력이 필요 시장개척이 필요하다. 국민의 생활이 2배로 좋아진다 부의 균형분배가 이루어진다. 박정희~전두환정권의 경제개발
물가상승에 의한 방법	1대 X 1만 $ = 1만 $	1대 X 2만 $ = 2만 $	대단히 쉽다 설비투자가 필요없다 노력이 필요없다. 실제수익이 줄어든다 기업의 원가절감,노력필요(해외이전) 국민이살기가 2배 힘들어진다. 부익부 빈익빈 현상이 심화된다. 노태우정권 이후의 경제개발

　　반면 인플레에 의한 성장 방식은 다르다. 작년에 1만 불짜리 자동차를 한 대 생산했는데, 금년도에도 똑같이 자동차를 1대 생산했다. 하지만 자동차 가격을 2만 불로 올렸다면 이 또한 경제가 두 배로 성장한 것이다.

　　하지만 여기에서 중대한 차이점이 발생한다. 전자의 방식으로라면 국민들의 생활이 두 배 윤택해진 것이다. 하지만 후자의 방식에 따르면 국민들의 삶은 두 배로 어려워진다.

　　박정희, 전두환 시절에는 생산을 늘리는 경제 성장이었다. 하지만 민주화세력들이 정권을 잡은 이후에는 인플레에 의한 성장으로 뒤바뀌었다. 그래서 명목상 국민소득은 높아졌지만, 국민들의 생활수준은 더욱 힘들어진 것이다.

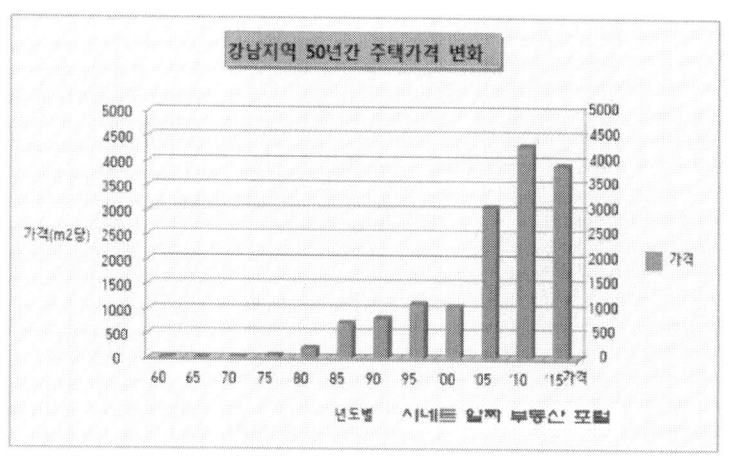

1980년대 후반, 서울시내 중심가의 아파트 분양가격은 평당 1백만원 정도였다. 지금은 분양가격이 5천만원에 육박한다.

아파트 가격으로만 치면 소득이 50배 이상 늘어났지만, 거꾸로 생각하면 국민들의 삶은 50배가 힘들어진 것이다. 바로 이것이 민주화세력들이 정권을 잡은 이후 혹세무민으로 국민을 우롱하는 방식이다. 생산량을 늘리는 것이 얼마나 힘이 드는 일인가? 생산설비를 늘려야 하고, 들어가는 노력도 두 배가 들어간다. 일도

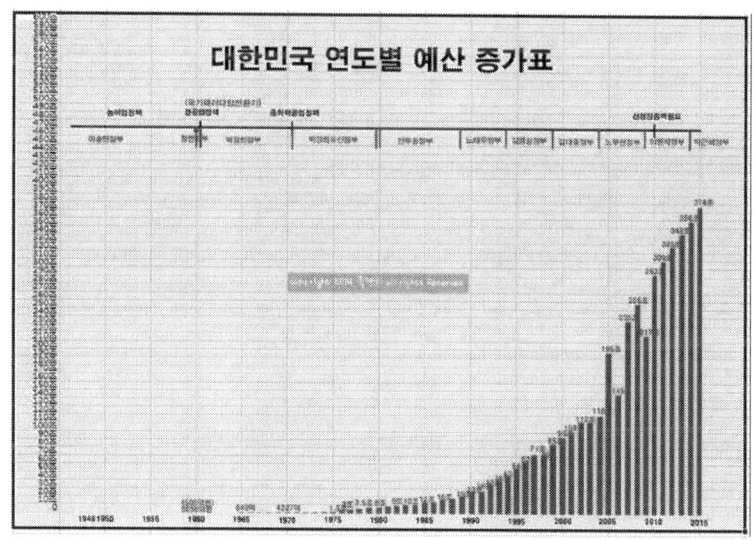

두 배나 많이 해야 하고(즉 일자리도 두 배나 늘어나고)....바로 이것이 386 세대들이 대학시절 누리던 지상낙원이 헬조선으로 바뀐 이유다.

그리고 정부예산은 그 당시에 비해 천배이상 늘어났다. 다시 말하면 기업과 국민을 쥐어짜서 예산을 잔뜩 올려놓고 마치 자신의 주머닛돈을 꺼내서 뿌려대듯이 (공짜)복지니 뭐니 하며 선심성 예산을 써대는 것이다. 그 결과 빚마저 당시에 비해 2,000 배 이상 늘어난 것이다.

박정희대통령과 산업화 세대는 미래세대가 마음 놓고 풍족하게 살아갈 수 있도록 피땀 흘려 경제를 개발하고 풍요로운 국가를 만들었지만 민주화세대는 미래세대가 살아가야 할 재산마저 빚으로 끌어다 펑펑 써대며 선심을 쓰고 있는 것이다.

그런데도 앞으로 이런 엄청난 빚을 떠 않고 세계 최악의 빈곤국가로 떠밀려 살아가거나 아예 빚더미에 치어 죽어나갈 젊은 세대들은 이런 심각한 상황을 자각하지 못하고 문비어천가에 세월가는 줄 모르고 있는 것이다. 젊은 세대들이 스스로 선택한 세상에서 맞게 될 삶은 과연 어떤 모습일까?

민주화세력의 실체

혹자는 이렇게 말할지 모른다. 민주화세력이 무엇 때문에 그런 짓을 벌였겠느냐고. 실제로 정치에 무관심한 일반인이 그들의 실체를 듣고서 가장 먼저 보이는 반응이다. 과연 민주화세력이 이러한 반역 행위를 일삼아 달성하려 했던 목적은 과연 무엇일까? 우리 국민들이 피땀 흘려 이룩한 풍요로운 나라를 송두리째 빼앗는 것이 그들의 목적이었다. 그들에게 국가와 민족을 생각하는 마음이 조금이라도 있었다면 대한민국의 건국을 부정하고, 과거의 정부와 대통령을 부정하며, 제2의 건국이니 뭐니 하며 선배 세대들이 일군 역사를 부정하려 들지는 않았을 것이다. 아무리 잘못된 과거라도 안고 가면서 상처를 치유하고 감싸려 하지 않았을까?

그들은 오직 권력과 재물을 탐하기 위해 민주화라는 구호를 무기로 삼아 스스로를 정의로운 세력으로 포장하며 이 풍요로운 나라를 집어 삼키려 했다. 새로운 점령자로 등장한 그들 앞에서 국민들은 그들의 뱃속을 채워 줄 착취의 대상으로 전락했을 뿐이다.

이른바 민주화세력에게 모든 국민들은 자신들에게 부와 권력을 안겨줄 착취의 대상에 지나지 않는다. 이런 천인공노할 진실을 정확히 간파해야 IMF의 원인, 역사왜곡, 정치혼란, 극심한 빈부격차, 사교육비, 부동산 거품, 세계 최고의 자살률, OECD 국가 최고의 이혼율, 세계 최악의 출산율, OECD 국가 최고의 범죄율, 사회에 만연한 성범죄, 매춘, 도박, 등록금문제, 좌/우이념 문제, 다문화 문제 등이 어디에서 비롯되었는지를 깨달을 수 있다.

우리가 가장 경계해야 할 오류는 XX당은 우익정당이고, 민주당/민노당 등은 좌익 종북세력이라는 고정관념이다. 어느 쪽이든 민주화운동을 통해 집권한 세력들은 같은 뿌리를 지니고 있다. 그들이 거짓 탈을 쓰고 아무리 우익이라 주장해도 변하지 않는 것이 하나 있다. 그들은 민주화 운동을 권력을 차지하기 위한 하나의 도구로 이용했다. 따라서 그들은 민주화라는 가면 속에 숨어 권력을 잡기 위해 물불을 가리지 않았고, 이 나라를 빼앗기 위해 김일성의 주체사상에까지 손을 벌렸다. 하지만 이 과정에서 북한에게 치명적인 약점이 잡혔고, 이제는 죽어도 북괴의 사슬에서 벗어날 수 없는 인질이 되어 무려 30여 년간 이 나라를 북한을 대리해 통치하고 있다.

많은 국민들은 이 나라가 적화될지도 모른다는 걱정에 밤잠을 못 이루며 태극기를 들고 거리를 행진한다. 하지만 이들도 지금 이 나라가 이미 30년째 북한에게 점령당해 있다는 사실을 모르고 있다. 북한의 지시라면 아무 죄도 없는 대통령을 탄핵해 감옥에 가두고, 없는 죄라도 만들어내기 위해 하루에 열 몇 시간, 일주일에 4회 재판이라는 고문에 가까운 탄압을 하고 있는 것이 바로 '민주화 대한민국'의 민낯이다.

이른바 민주화세력은 해방 직후 건국한 대한민국은 태어나지 말았어야 할 나라이며, 민주화세력이 아닌 이승만, 박정희, 전두환 대통령은 이 나라에 발을 붙여서는 안 될 독재자였다고 생각할 따름이다. 지금 이 나라의 역사 교과서, 행정서류, 각종 공문서 등을 샅샅이 살펴보라. 대한민국 건국의 정당성을 기록한 문서가 단 하나라도 남아 있는지 의문이다. 김영삼을 추종하는 세력이든, 김대중을 추종하는 세력이든, 겉으로는 민주화를 표방하며 속으로는 모두 한 통속으로 김일성 주체사상의 신봉자가 되어 국민들의 눈과 귀를 가리고 정권을 쟁취했기에 이러한 믿지 못할 일이 벌어지고 있는 것이다.

이들은 오직 정권을 차지하고, 자신들의 권력을 천년만년 유지하기 위해 어디라도 갈 수 있는 철새일 뿐이다. 보수우익을 표방한다는 말도, 전향을 했다는 고백도 순진한 국민을 현혹하기 위한 거짓말이다. 이들의 민주화운동은 애당초 정권탈취가 목적이었다. 따라서 전향이란 이들과 아무런 관련이 없는 말이다.

또한 지금 청와대를 차지한 주사파 386 운동권 출신들은 뼛속까지 붉게 물들어 있다. 그들은 북괴가 채운 족쇄를 죽어서도 빠져나올 수 없다. 북한이 무너지면 주사파 운동권 시절에 행한 떼X 비디오, 김일성에게 바친 충성맹세문, 그 이후의 반역 행각 등 그 동안 그들이 저질러온 상상을 초월하는 죄악들이 쏟아져 나올 테고, 이 천인공노할 반역의 증거들이 만천하에 공개되는 순간 그들의 인생은 즉시 파멸한다. 그래서 그들은 평양 김씨 왕조의 명줄을 이어주기 위해 사생결단으로 매달릴 수밖에 없는 것이다.

지금도 이 땅의 진정한 반공세력들은 이들의 전향이란 말, 보수우익을 표방하는 말에 속아 카멜레온처럼 변신하는 트로이목마들을 위한 나팔수로 동원되고 있다. 지난 30년간 민주화세력의 한쪽은 전교조의 이름으로 자본론과 김일성주체사상을 주입하고, 반미의식을 세뇌하며 순수한 어린 영혼들을 정권을 쟁취하는데 앞장세울 홍위병으로 키워 왔다. 그리고 다른 한쪽은 우익으로 가장한 든든한 트로이 목마 속에 숨어 겉으로는 이들을 비난하지만, 실제로는 이들을 옹호하면서 사실상 같은 길을 걸어 왔다.

우익이라 생각하던 정권들이 들어섰는데도, 여전히 전교조가 기세등등하고 민주노총이 이 땅에 박은 뿌리가 흔들리지 않는 이유를 생각해 보았는가? 민주노총과 전교조는 민주화세력의 권력을 유지하기 위한 두 개의 축이기 때문이다.

공산주의 정권을 유지하는 핵심 수단 세 가지는 배급제, 탁아소를 통한 사상교육, 세뇌로 요약된다. 공산주의자들은 국가가 통제하는 집단농장에 전 국민을 몰아넣고, 집에서 돌볼 수 없는 아이들은 탁아소에 집어넣어 공산주의 전사로 키워낸다. 6살 내외로 보이는 북한 어린이가 '미제의 각을 뜨자'는 살벌한 구호를 외치며 목총에 장착된 총검으로 미군의 그림을 찌르는 섬뜩한 광경을 기억하는가?

또한 탁아소제도야말로 공산주의를 방어하고 김일성을 우상화하기 위한 필수적인 조기교육 시설이다. 민주화세력들이 나라를 점령한 후 30여 년간 이 나라는 이미 모든 시스템이 그들만의 영구집권을 위한 시스템으로 바뀌어 버렸다. 북한과 같은 집단농장, 탁아소 시스템이 되어 버린 것이다. 그들은 너무나도 간단한 방법으로 이런 시스템을 만들어 버렸다. 예산 한 푼 들이지 않고, 별도의 시설 하나 만들지 않고, 이 땅의 새싹들을 그들만의 홍위병으로 키워내기 위한 탁아소 체제를 만들어 놓은 것이다. 바로 그 결과물이 선거권도 없이 아무런 죄도 없는 대통령을 몰아낸 이 땅의 홍위병들이자 촛불세력이다.

이 시스템을 성공적으로 만들어낸 장본인은 김대중 정권 시절에 교육부장관을 지낸 이해찬이었다. 단순히 [열린교육]이란 정책 하나로 예산 한 푼 들이지 않고 서민들의 주머니를 털어 이러한 체제를 만들어 낸 것이다. 민주노총을 통해 극심한 노사분규를 일으키고, 지나친 임금인상으로 이를 견디지 못한 기업들을 해외로 몰아낸 다음, 대학을 무분별하게 증설해 국민의 80%를 대졸로 바꾸어 버리면 어찌되겠는가? 극심한 취업전쟁이 일어날 것은 불문가지다.

비싼 등록금 들여 대학교까지 나온 인재(?)들이 기능직을 선택하고 막노동을 하려 들까? 결국 내국인이 회피하는 기능직 일자리는 다문화란 허울 좋은 이름으로 불러들인 외국인 노동자들의 차지가 되는 것은 당연한 일이다. 극심한 취업경쟁을 견디지 못하고 뒤늦게야 3D 업종의 기능직 자리라도 하려 한다 해도, 이미 그 자리는 외노자가 차지하고 있는데 어쩔 것인가?

더구나 어릴 때부터 기능직 막노동에 단련된 외국인 노동자들과 어릴 때부터 금이야 옥이야 자라고 대학물을 먹은 젊은이들이 경쟁이 되겠는가? 결국 대부분의 젊은이들이 백수가 되어 정부의 실업수당에 연명하거나 부모에게 얹혀 백수 노릇을 하는 수밖에 없다.

이것이 배급제가 아니고 무엇이겠는가? 이런 신세가 되지 않기 위해서는 어릴 때부터 죽어라 공부하는 수밖에 없다. 하지만 [열린교육]이라는 명목으로 학교에서 진학에 필요한 교육을 시키지 않는다면, 학부모는 아이들을 학원을 보내는 것 말고 다른 방법이 없다.

부유층이야 자신들의 수입으로 가능하겠지만 서민층은 어찌해야 할까? 가장의 수입만으로는 도저히 충당할 수 없기에 어쩔 수없이 주부가 맞벌이를 해야 하고, 그나마 없는 일자리를 두고 치열한 경쟁을 하다 보니 파출부, 노래방 도우미에 심지어 극단적인 경우 매춘까지 해야 하는 것이 우리의 현실이다.

이렇게 부모의 감시와 보호망을 떠난 아이들은 보육원, 유치원에 맡겨야 하고 이곳은 이미 전교조의 교사들이 도사리고 있는 홍위병 양성을 위한 탁아소로 변해 있는 것이다. 예전에는 학부모들의 수업참관이란 제도가 있어 교사들이 무슨 짓을 하는지 감시할 수 있었다. 하지만 지금은 이것이 전혀 불가능하다. 그나마 시간이 있고 금전적인 여유가 있는 극소수의 부유층은 이미 민주화세력이나 그 지지층으로 자신들이 자자손손 금수저로 혜택받으며 살아가기 위해서는 현제도에 순응하고 적극 옹호해야 하는 것은 불문가지 아닌가? 바로 이것이 우리의 현실인데도 아직도 대다수의 국민들은 이런 현실을 이해하지 못하고 있다.

이들은 진심으로 북한정권을 좋아하고 적화통일을 원하는 것이 아니라 이 나라에서 그들만의 영화를 누리는 것이 목적이다. 만약 그들이 진심으로 공산주의를 좋아한다면 왜 그들의 자녀 중에 김일성대학에 유학가고, 김책공대에 유학 보내는 사람이 단 한 명도 없는 것일까? 민주화세력 중에 왜 그들이 칭송하는 김정일, 김정은을 찾아 북한으로 귀순한 사람이 단 한 명도 없을까? 이들은 오직 지난 30년간 누려온 그 달콤한 열매를 지속적으로 맛보기 위해 자라나는 어린 학생들의 영혼을 좀먹고 있는 것이다.

자신의 정치적 성향이 어떻건 간에 진정으로 국가의 미래를 생각하고 우리 국민이 행복해지기를 바라는 사람들이라면 이들 민주화세력의 추악한 의도를 정확히 알고 대비해야 한다. 그것만이 이들의 농간으로부터 역사를 되찾고, 서민들을 고통과 가난의 질곡에서 구해내는 길이다.

종북우익과 종북좌익이 합심해 말아먹은 대한민국

87 체제 민주화 정권들은 30 년 가까이에 걸쳐 대한민국 파괴 공작을 교묘하게 실행해 왔다. 우익을 표방한 민주화 정권은 대한민국을 내부에서 분열시키고 파괴하는데 초점을 맞췄고, 좌익 민주화 정권은 북한이 무너지지 않도록 만드는 데 온 힘을 기울였다.

김대중, 노무현 정권시절 햇볕정책이라는 이름의 자금 지원으로 김씨 왕조가 핵무기와 미사일을 개발할 수 있었다는 것은 이제 더 이상 비밀이 아니다. 하지만 그보다 더 심각한 것은 좌파정권 10 년 간 수많은 종교인, 언론인, 사업가 및 사회 지도층들이 대거 북한을 방문했다는 사실이다. 지금 북한의 GDP 는 123,8 억 달러(13 조원)로 제주도의 1 년 소득인 15 조원에도 미치지 못하고 있다. 과연 이 금액으로 체제를 유지하고 핵개발을 하고 미사일 개발을 할 수 있을까? 이 돈으로는 핵무기, 미사일 개발은커녕 체제유지도 불가능하다.

그렇다면 북한은 어떤 자금으로 핵무기를 개발하고, 미사일을 발사하고, 당간부들에게 호화물품을 선물하고 기쁨조를 유지하고, 체제를 유지하는 것일까?

좌파정권 10년 동안 북한에 방문한 종교인, 언론인, 사업가들은 기쁨조의 성접대를 받고 사진과 비디오로 약점이 잡혔다. 평양으로부터 협박당한 종교인들과 언론인, 사업가들이 음성적으로 지원하는 자금이 여기에 사용될 것이다. 대형교회와 사찰에서 주일에 거둬들이는 헌금액은 상상을 초월한다. 더구나 이 돈은 100% 현금이다. 이렇게 들어오는 엄청난 현금이 상당 부분 매주 북한의 수중으로 들어가고 있는 것이다. 어쩌면 유엔과 국제사회의 엄청난 경제제재에도 김정은은 지구상에서 가장 여유롭고 호화로운 생활을 하고 있는지도 모른다. 불쌍한 피라미 중국은행 몇 개와 기업들 몇 개만 북한과의 거래가 발각이 되어 불똥을 맞은 것은 아닌지 모를 일이다. 이처럼 좌파정권은 북한을 살리기 위해 사력을 다했고, 지금 정권을 잡은 자들도 어떻게든 북한에 돈 퍼줄 방법을 찾아 김씨 왕조의 수명을 연장시켜 주기 위해 사생결단으로 나서고 있다.

반면, 민주화세력 우파정권들은 내부적으로 대한민국을 파괴하는데 앞장서 왔다. 김영삼은 유사시 비상활주로로 사용되어 서울시내 중심가에 신속히 병력과 장비를 투입할 수 있는 여의도광장을 시민들에게 돌려준다는 핑계를 들며 공원으로 바꿔 버렸다. 또한 그는 수많은 기업들을 도산시켰고, 일본의 버르장머리를 고쳐 놓는다며 일제가 세운 중앙청의 머리를 댕강 자르는 퍼포먼스를 연출하며 일본을 자극했고, IMF 위기가 닥치자 오히려 연장할 수도 있었던 단기외채를 상환해 버려 국가부도 사태에 이르게 만들었다. 이명박은 수도권방어를 위한 전략비행장인 성남비행장의 활주로 앞에 500m가 넘는 초고층빌딩을 허가해 주며 성남비행장의 기능을 마비시켰고, 특전사령부를 지방으로 이전하고 국방비를 삭감해 전략에 차질을 빚게 만들었다.

그밖에 지난 30여 년 간 북한의 사주를 받아 나라를 도둑질한 자들은 자신들만의 정권을 이어나가기 위해 별의별 수단을 동원했다. 정권에 위협을 줄 수 있는 대학생들을 무력화시키기 위해 대학교를 무수히 증설해 80%가 넘는 국민들을 대졸자로 만들었다. 그 결과 취업난은 극심해졌고, 대학생들은 아예 데모는 꿈도 꾸지 못하고 취업 준비에만 모든 힘을 쏟아야 하는 세상이 도래했다. 이 세상의 어떤 국가도 80%가 넘는 대졸자들에게 일자리를 마련해 줄 수는 없다. 이는 신이 대통령을 해도 불가능한 일이다.

심지어 IMF 경제위기를 일으켜 이를 수습하는 과정에서 국가재산의 절반 가까이를 외국에 헐값으로 팔아 넘겼다. 이들이 이렇게 하는 이유는 나라가 망하는 것보다 정권을 잃는 것이 더 심각한 일이기 때문이다.

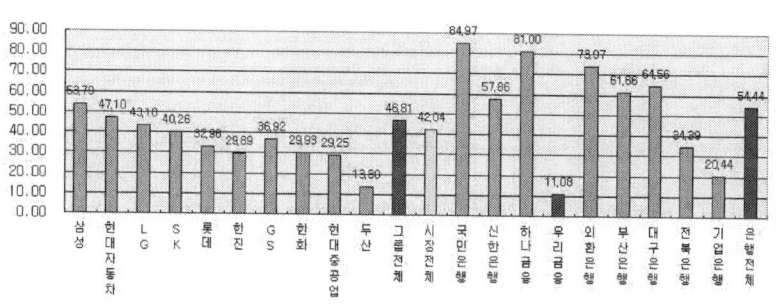

지난 90년대 말 경제난으로 북한 주민 300만 명이 아사했다. 그 이후 지금까지 북한에서는 배급제도가 없어지고, 북한정권은 뇌사상태에 빠져 있다. 뇌사상태에 빠진 북한을 20년이 넘게 지탱하도록 수혈해 준 장본인이 바로 남한의 민주화세력이었다. 흔히 좌파정권 10년 간 북한에 지원한 돈으로 핵무기를 개발해 오고 북한정권이 지탱해온 것으로 알고 있다. 하지만 이는 큰 착각이다. 좌파정권, 우파정권을 가리지 않고 이명박 정권까지 평양에 대한 지원은 계속되었다.

그 다음으로 그들이 한 것은 어떻게 해서든 남한을 망하게 하는 일이었다. 이들이 그렇게 하는 이유는 남한이 망해서 북한에 적화통일이 되거나, 중국에 흡수라도 되어야 자신들의 목숨을 부지할 수 있기 때문이다.

이번 박근혜 대통령 탄핵사태 이후 벌어지고 있는 일들을 보면 충분히 알 수 있다. 지금껏 너무나 교묘히 위장해 와서 드러나지 않다가, 임기 1년을 남기고 박대통령의 평양 붕괴를 통한 자유 통일이 초읽기에 들어가자 본색을 드러낸 것이다.

좌, 우 이념대립을 불러온 것도 물론 이들의 술책이었다. 지금 우리는 모든 국민이 이들의 술책에 놀아나 심각한 좌우 대립에 빠져 있다. 지구상에서 가장 악랄한 공산정권과 맞서고 있는 이 나라에서 우익이 어디 있고 좌익이 어디 있는가? 있다면 반공세력과 용공세력이 있을 뿐이다. 그런데도 이들은 극심한 좌우 이념대립 상황을 만들어 놓고 때로는 자신들끼리 정치쇼를 벌여 국민을 이념대립의 갈등 속으로 몰아넣고 어느 한쪽은 종북좌익, 다른 한쪽은 애국우익으로 위장하고 있다.

단언하건대 정치권에 진정한 우익은 없다. '종북우익'만이 있을 뿐이다. 이들 모두가 386 운동권 출신으로 북한에 영혼이 저당 잡힌 자들이다. 이들은 지난 30 년 동안 이 나라의 간판만 남기고 모든 것을 자신들의 체제로 만들어 놓았다. 너무나도 철저히 정체를 감추어 오고 있다가 박근혜 대통령에 의해 북한이 무너질 절체절명의 상황에 빠지자 정체를 드러내고 합심해 박근혜 대통령을 탄핵시킨 것이다. 이들은 정치계, 언론계, 사법계, 문화예술계를 비롯해 모든 사회 지도층 대부분을 장악해 버렸다.

전 세계가 경악한 박근혜 대통령 탄핵의 배경은 단순히 눈에 보이는 현상이 전부가 아니다. 인류 역사를 통틀어 가장 극악한 공산전체주의 체제인 평양 김씨 왕조를 붕괴시키고 통일을 이루려는 박근혜 대통령의 치밀한 계획이 완성 단계에 이르자, 평양이 무너지는 즉시 그 동안 자신들이 저질러 온 끔찍한 범죄가 들통이 날 것을 겁낸 87 민주화세력들이 자신들이 살고자 일으킨 반란이었던 것이다.

그들은 세월호까지 고의로 침몰시켜 304명의 고귀한 인명을 학살했고, 이를 박근혜 대통령의 책임인 양 선동해 자리에서 물러나도록 음모를 꾸몄다. 앞서 언급한 것처럼 박근혜 대통령이 위기에 빠진 첫 사건은 세월호 침몰이었다.

세월호 침몰의 진실 "얘들아! 미안하다. 그리고 고맙다."

최근 김○○와 안○○은 한 라디오 방송에서 박근혜 대통령을 탄핵하기 위해 무려 3년 전부터 음모를 꾸며왔다는 비밀을 폭로했다. 그렇다면 이 음모의 첫 단추는 누가 뭐래도 세월호 침몰이 분명하다.

세월호가 침몰된 순간부터 박근혜 대통령은 한 여성의 인격을 완전히 말살하는 누명을 쓰고, 결국 대통령직에서 강제로 쫓겨나 구속되는 지경에 이르렀다.

어떤 사건이 발생했을 때 그 사건의 범인을 찾으려면 그 사건으로 가장 큰 이득을 본 사람이 제1용의자가 되는 것은 너무나 기초적인 상식이다. 보험금을 노린 살인사건에서도, 피살자가 가입한 생명보험의 보험금 수령자가 살인사건의 제1용의자다. 그러나 모든 언론과 정치권, 이들의 사주를 받는 자들은 가장 큰 피해자를 마녀사냥했다. 결국 그들은 대통령을 자리에서 몰아내고 감옥에까지 가뒀다. 세월호 침몰로 가장 큰 피해를 입은 사람은 누가 뭐래도 박근혜 대통령이었다.

그렇다면 이 사건으로 가장 큰 이득을 본 사람은 누구일까? 두말할 것 없이 지금 정권을 차지한 세력이다. 지금 청와대를 차지하고 있는 자들은 세월호 사건으로 대통령을 강제로 끌어내리고 그 자리를 꿰찰 수 있었다. 그러나 어느 누구도 그 세력이 학생들의 집단학살을 사주했을 가능성을 언급조차 하지 않고 있다.

그날 밤 악천후로 다른 배들은 모두 출항을 하지 않았는데, 유독 세월호만이 누군가의 지시로 분산승선의 규정도 어기고 단원고 학생들을 몽땅 실은 채 용감하게 안개와 파도를 헤쳐나갔다. 고의 침몰 의혹을 뒷받침하는 증언과 자료는 매우 많기에 일일이 거론하지는 않기로 한다. 다만, 세월호가 침몰한 시각 전후로 몇 분간 무슨 일들이 있었는지 살펴보자.

필자는 세월호가 침몰된 이후 몇 번이나 고의침몰의 가능성을 언급했으나 그후 언급을 자제해왔다. 그 동안 별다른 이야기 없이 침묵해 왔던 이유는 적어도 한두 명쯤은 선박, 특히 여객선 전문가가 있어서 자초지종을 조리 있게 언급할 줄 알았기 때문이다. 하지만 세월호가 침몰된 지 3년이 넘도록 이를 제대로 언급하는 사람은 물론 세월호가 대통령을 탄핵하는 도구로 이용되는 것을 막아내고자 했던 사람도 보이지 않는다. 참으로 통탄할 일이기에 간단하나마, 이 책을 통해 세월호 고의침몰 증거의 일부를 밝히기로 한다.

사고 당일 아침, 무슨 이유에선지 세월호는 권장항로를 버리고 아래의 그림처럼 항로로부터 무려 11.3km 나 떨어진 물살이 거세기로 유명한 맹골수로로 들어갔다. 시간에 쫓겼다는 것은 이유가 되지 않는다. 섬 사이의 급물살을 헤치며 나가는 것보다 권장항로를 따라가는 것이 오히려 빠를 수 있기 때문이다.

왜 세월호는 항로를 이탈해 물살이 험악하기로 유명한 맹골수로로 들어간 것일까? 고의적인 침몰이 의심되는 첫 번째 이유다.

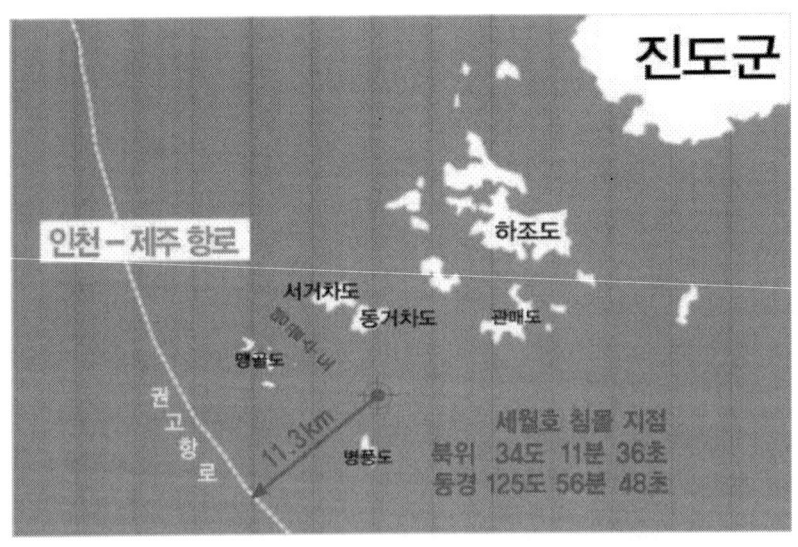

두 번째 이유는 세월호가 침몰하기 약 20 여분 전, 세월호의 한쪽 스크루가 꺼졌다는 사실이다. 바로 아래 사진을 보라.

세월호 고의침몰증거

세월호와같은 큰 배가 5도 이상의 급변침이 되는 경우는 고의 혹은 사고에 의해 한쪽 스크류가 갑자기 정지하거나 어느 한쪽 스크류를 갑자기 역회전 하는 경우에만 발생한다. 4월16일 8시21분16초에 촬영한 좌측사진에는 좌우스크류가 정상적으로 작동하고 있으나 그보다 약 8분뒤인 4월16일 8시 29분12초에 촬영한 사진에는 좌측스크류(사진오른쪽)가 멈춰있음을 나타내고 있다. 이것은 세월호가 승무원에 의해 고의적으로 침몰했음을 나타내는 명백한 증거다.

8시 21분경에 찍은 사진을 보면 양쪽 스크루가 정상적으로 작동하고 있었다. 하지만 약 8분 뒤인 8시 29분경 찍은 사진을 보면 한쪽 스크루가 꺼져 있다는 사실이 명백히 드러난다.

세월호는 화물을 보박하지도 않았고 불법 개조를 통해 고정평형수를 뺀 상태였다. 선원들이라면 이러한 사실을 당연히 알고 있었을 텐데, 한쪽 스크루를 껐다는 것은 세월호를 고의적으로 침몰시키기 위한 1차 시도라고 볼 수 있는 것이다. 만일 이것이 고의적인 침몰이 아니고 예기치 못한 고장이었다면, 당연히 선사나 해양경찰에 연락하고 응급조치를 위해 정지했어야 했다.

하지만 세월호는 아래와 같이 불과 20 여분 후 급변침되어 침몰했다. 한쪽 스크루가 작동을 멈춘 상태에서 사고가 날 때까지 운항을 계속 했는지 여부는 알 수 없으나, 사고가 난 8시 48분경까지는 별 이상이 없었음을 알 수 있다.

따라서 1차 시도는 실패한 것으로 보인다. 세월호가 급변침을 하고 사고가 난 직접적인 원인은 다른 데 있다. 바로 아래 사진의 스태빌라이저가 작동한 탓이다. 아래 사진은 세월호가 전복된 후 바로 찍은 사진이다. 사진의 붉은 원 안에 있는 장치가 스테빌라이저인데, 이 사진을 보면 스테빌라이저가 작동이 되어 펴져 있었다는 것을 알 수 있다.

스테빌라이저는 여객선이나 군함 등에 사용하는 장치로, 파도가 심한 경우 날개처럼 펴져 심한 파도로부터 선박의 상태를 유지하기 위한 장치다. 스테빌라이저를 펼칠 때에는 파도에 의한 충격이 너무 심해 선박이 서행을 해야 하고, 별도의 발전기가 작동이 되어 전원공급을 하게 되어 있다.

그런데 세월호 AIS는 배의 이상 징후가 나타난 오전 8시 48분 37초에서 멈춘 뒤 8시 49분 13초에 다시 작동했다. 이걸 두고 36초간 정전이 발생했었다고 주장하는데 발전기로 가동되는 선박의 전원이 36초간 정전되었다는 것은 있을 수 없는 일이다. 별도의 발전기를 가동해 작동시켜야 하는 스테빌라이저를 별도 발전기를 가동하지 않고 누군가 수동으로 작동시키자 순간적으로 다른 곳으로의 전원공급이 중단되었던 것이다.

전기공급이 원활하지 않은 지역에서 냉장고 컴프레서나 다른 모터가 작동하는 순간 형광등 불이 갑자기 흐려지거나 깜박거리는 이치와 마찬가지다.

세월호가 급변침하게 된 결정적인 이유는 바로 스테빌라이저 때문이다. 이를 두고 "JTBC '뉴스9'은 다음과 같이 말하고 있다. "**배의 좌우 흔들림을 막아주는 기**

능의 '스테빌라이저'가 작동 불량이었을 수 있다는 의혹을 제기했는데요. 방송에 따르면 세월호는 지난해 스테빌라이저 기능을 수리하기 위해 조선소에 맡겨졌으나, 수리 자재가 없어 고장을 수리할 수 없었다고 합니다. 세월호에 탑승했던 전직 선원은 세월호의 스테빌라이저 기능을 수동으로 조작할 것을 지시받기도 했다고 JTBC '뉴스9'의 보도를 통해 밝혔습니다."

만약 물살이 거센 맹골수로에서 스테빌라이저가 갑자기 작동된다면 어떤 일이 벌어질까? 그것도 배의 속도를 전혀 줄이지 않은 상태에서?

북쪽을 향해 배의 우현 쪽으로 거슬러 오르던 쿠루시오의 거친 해류가 우측의 스테빌라이저를 후려치면서 배는 껑충 뛰어오를 수밖에 없다. 세월호는 그 충격으로 급격히 회전하며 우현 쪽으로 갑자기 전복된 것이다.

그래서 그림과 같은 세월호의 AIS에 나와 있는 변침 흔적과 같이 이해불가능한 회전을 하며 갑자기 전복한 것이다. 바로 이런 사실 때문에 세월호가 무언가와 충돌했다는 말도 나오고 좌초했다는 말도 나오는 것이다.

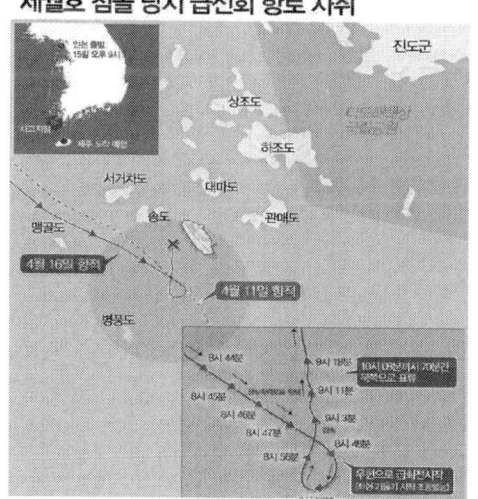

과연 이것이 우연한 사고일까? 아니면 고의적인 것일까? 만약 세월호의 스태빌라이저가 고장이 나서 예기치 않은 오동작을 했다면 선장이나 승무원들은 당연히 학생들에게 퇴선을 명했을 것이다. 왜냐하면 세월호의 고정평형수는 선사인 청해진해운이 화물을 더 많이 적재하기 위해 불법으로 빼내어 버렸기 때문이다. 그걸 잘 알고 있을 선장이나 승무원들이 자신들만 퇴선하며 학생들에게 꼼짝 말고 선실에 있으라고 방송했을 리는 없는 것이다.

그 시간 동안 악마같은 어른들의 음모를 모르는 아이들은 생애 마지막 시간이 다가오는 줄도 모르고 마치 스릴을 즐기듯 자신들의 모습을 카메라에 담기 바빴을지도 모른다. 자신들의 죽음을 정치적 목적에 이용하려는 민주화세력들의 추악한 음모는 아예 상상하지도 못한 채...

정상적인 경우에는 배가 옆으로 전복이 되더라도 평형수에 의해 오뚝이처럼 다시 일어난다. 배가 절대로 뒤집어지는 경우는 없다. 평형수에는 고정평형수가 있고 일반평형수가 있다. 고정평형수는 한 번 물을 집어넣으면 절대로 다시 빼낼 수 없다. 반면 일반 평형수는 화물적재상태에 따라 균형을 유지하기 위해 임의로 물을 채우고 빼낼 수 있다. 하지만 선사에서는 절대로 빼낼 수 없는 2000톤의 고정평형수를 짐을 싣기 위해 불법 개조해 빼내 버린 것이다. 이 사실을 선장 및 고참 선원들은 잘 알고 있었다. 따라서 세월호가 전복이 되면 고정평형수가 없어서 뒤집어진다는 사실을 누구보다도 잘 알고 있었다. 그래서 이들은 세월호가 전복되자 재빨리 구명보트를 타고 탈출한 것이다. '단원고 학생들은 절대로 움직이지 말고 선실에 그대로 있으라'고 방송한 채로.

세월호가 고의적인 학살이었음을 말해주는 명백한 증거다. 만일 고의적인 학살이 아니라면 그들은 학생들에게 선실을 탈출하라고 말했을 것이며, 해경에게도 고정평형수가 없어 배가 뒤집힐 수 있다고 경고를 해 주었을 것이다. 고의적인 학살이라면 그 목적은 무엇이었을까? 학생들의 죽음을 이용해 대통령을 탄핵하기 위해서였다. 그렇다면 그 배후는 과연 누구일까? 당연히 이 사건으로 가장 큰 이득을 본 자들이다.

실제로 세월호 사건 이후 이준석 선장을 비롯해 학생들을 남겨두고 탈출한 선원들에 대해 무수히 많은 비난이 쏟아졌다. 하지만 여기에서 이상한 현상 하나가 감지되었다. 이준석 선장을 비난하는 댓글에 조직적으로 6.25 당시 이승만 대통령 또한 동요하지 말라고 방송하면서 한강 다리를 끊고 혼자 피난을 갔다는 댓글이 달리기 시작하며, 이준석에 대한 비난의 초점을 엉뚱하게 대한민국을 건국한 이승만 대통령을 끌어들여 희석하려는 움직임이 조직적으로 확산된 것이다.

대체 왜 이런 의아한 현상이 벌어졌을까? 이는 곧 세월호 침몰이 평양의 사주와 종북 민주화세력들의 합작품이라는 것을 시사한다. 당시 박근혜 대통령의 지지율은 70%에 육박했고, 곧 있을 지방선거 또한 여당의 압승 분위기였다. 지금까지 있었던 대형 참사, 예컨대 김영삼 시절의 서해 훼리호 사건, 김대중 시절의 대구지하철화재사건에서 수백 명이 사망했지만, 이것이 바로 대통령의 책임이라는 담론 자체가 등장하지 않았다.

왜 유독 세월호 사건만 그토록 조직적이고 일사불란하게 대통령의 책임이라는 담론이 형성되었던 걸까? 평양에서 세월호가 박근혜 대통령의 책임이라고 선동하라는 지령이 떨어졌다는 것은 공지의 사실이다. 그렇다면 그 지령 이전에는 무슨 지령이 있었을까?

해경은 왜 구조를 하지 않고 선실에 갇혀있는 학생들을 지켜보고만 있었을까? 정상적인 경우라면 선박은 전복되더라도 평형수로 인해 절대로 뒤집어지지 않는다. 오뚜기처럼 바로 서는 것이 정상이다. 따라서 전문가들은 선박이 옆으로 전복이 되면 그대로 선실에 있는 것이 제일 안전하다고 말한다. 하지만 이는 고정평형수가 있는 정상적인 경우에만 해당할 뿐이다.

하지만 세월호는 화물을 더 적재하기 위해 고정평형수를 빼버렸고, 해경은 그 사실을 전혀 모른 채 당연히 승객들이 무사할 것으로 알고 세월호가 다시 바로 서기만을 기다렸을 것이다. 그렇게 기다리다가 손쓸 사이도 없이 불과 6분 만에 세월호가 발딱 뒤집혀버렸다.

이렇게 세월호가 침몰된 것은 2014년 4월 16일 오전 8시 30분이었다. 단원고 수학여행을 인솔하던 강민규 교감이 교무부장에게 최초로 전화로 상황을 알린 것은 8시 50분이었고, 9시경에는 세월호 사고가 언론에 보도되었다. 단원고에서 학부모에게 사고 상황 문자를 발송한 것은 9시 50분경이었고, 이때부터 학부모와 기자들이 단원고로 몰려들었다. 세월호에서는 구출 활동이 한창 진행 중이었고, 오전 9시 53분에 최초 서면보고를 받은 대통령은 20분에 한 번씩 조윤선 장관에게 전화를 하며 특공대 투입 등을 검토하는 등 구조 활동을 독려하던 상황이었다. 그때, 이런 모든 것들을 무력하게 해버리는 돌발 상황은 단원고에서 발생했다.

학부모와 기자들이 몰려와 있던 단원고 강당에서 학부모 김모 씨가 연단에 올라 "학생들이 전원 구조됐다고 한다"고 마이크를 들고 발표했다. 이 사실은 MBN에서 11시 1분에 최초로 방송을 탔다. 학부모 김모 씨는 이 사실을 학교로 뛰어들던 40대 여인에게서 들었다고 한다. 〈한겨레21〉은 그 상황을 이렇게 전하고 있다.

단원고 관계자의 가족인 김○○씨도 세월호 사고를 뉴스로 접하고 학교로 달려갔다. 세월호에 탑승한 가족과는 연락이 닿지 않았다. 그는 답답한 마음에 학교 건물 밖에서 담배를 피웠다. 그때 40대 여성이 "학생들이 전원 구출됐다"고 소리치며 학교 건물로 뛰어 들어갔다.

김씨도 학교 강당으로 들어가 주변 사람들에게 단원고 학생들이 모두 구조됐다는 소식을 전했다. 누군가 강당 연단에 그를 세웠다. 그는 마이크를 들고 "학교 관계자의 가족이다. 학생들이 전원 구조됐다고 한다"고 말했다. 10 시 55 분이었다.
(한겨레 21. 2016. 3. 28. 그날, "전원 구조" 오보의 재구성)

40 대 여인의 유언비어는 언론에 보도됨으로서 청와대나 세월호 현장의 구조대원, 전 국민들에게 진실로 받아들여졌다. 11 시경이라면 세월호 현장에서는 한창 구조에 피크를 올려야 할 골든타임의 시간이었고, 청와대에서는 특공대 투입을 결정해야 할 결단의 시간이었다. 이런 시간에 언론들이 '전원구조'라고 보도함으로서 천사의 미소는 단원고의 학생들을 외면했다. 전원구조되었다고 하는 판에 지휘자가 특공대를 투입할 결정도 내릴 필요가 없었던 것은 당연한 일이었다.[32]

이것이 바로 세월호사건의 진실이다. 하지만 저들은 진실을 밝힐 생각은 전혀 없었고 3 년간 세월호 7 시간의 의혹만을 끈질기게 물고 늘어지며 결국 이를 이용해 대통령까지 탄핵시켰다. 이런 수많은 증거들을 보건대 세월호는 박근혜 대통령을 탄핵시키려는 북한과 그의 하수인들이 고의적으로 일으킨 반인륜적 집단학살이었다는 의혹이 뚜렷해진다. 이 사태의 중심에 있다고 의심되는 세력은 누가 뭐래도 세월호 사건으로 가장 큰 이득을 본 현 집권 세력이다. 박근혜 대통령의 탄핵이 결정되던 날, 문재인은 팽목항을 찾아가 "애들아! 미안하다. 그리고 고맙다."라는 글을 방명록에 남겼다. 과연 이 말의 뜻은 무엇이었을까?

다음 대통령을 노리고 있는 자가 소풍을 가다가 교통사고를 당해 사망한 학생들에게 무슨 미안한 짓을 하고, 대통령이 탄핵당해 쫓겨나던 날 그들에게 왜 고마움을 느껴야 했단 말인가?

---

[32] "세월호 전원구조!" 그 미스테리의 70 분(비바람)

희생된 학생들이 안타까워 눈물을 흘리던 사람은 강제로 파면당해 쫓겨나 감옥에 갇혀 있고, 이 불행한 사건의 장본인일지도 모르는 자들은 권력을 쥔 채 아무 죄도 없는 대통령을 감금하고 없는 죄를 만들어내기 위해 발악을 하고 있다.

"애들아. 미안하다. 다음엔 이런 지옥같은 나라에 태어나지 말고 너희들의 꿈을 마음껏 펼칠 수 있는 그런 나라에 태어나거라."

일제시대보다 더 끔찍한 공포정치가 이루어지고 있다.

지금 이 나라에는 십수년 째 너무나 끔찍한 일들이 계속 일어나고 있다. 매년 검찰의 조사를 받다가 자살하는 사람들의 수가 20명에 이른다.

2000년대 초부터 지금까지 검찰에서 조사를 받다가 자살한 사람들의 수는 100명에 육박한다. 2003년 8월 4일, 대북송금과 비자금 150억원 조성 의혹과 관련해 검찰 조사를 받아오던 정몽헌 현대아산 이사회 회장이 자신의 사무실에서 투신자살했다.

2004년 2월에는 운수업체로부터 1억원의 뇌물을 받은 혐의로 구속된 안상영 전 부산시장이 구치소에서 목을 매 숨졌다. 안 전 시장이 숨을 거두기 전날에는 같은 혐의로 부산국세청 공무원 전 모씨가 승용차에서 분신해 자살했다.

2004년 3월 11일에는 남상국 전 대우건설 사장이 자살했다. 4월에는 건강보험공단 재직 시절 납품비리에 연루돼 조사를 받던 박태영 전 전남지사가 자살했다. 같은 해 6월에는 전문대 설립 과정에서 뇌물을 받은 혐의로 검찰의 내사를 받던 이준원 전 파주시장이 한강에서 싸늘한 주검으로 발견되었다.

그 밖에도 노무현 전 대통령이 검찰의 조사를 받던 중 40m의 바위절벽 위에서 떨어져 자살했고, 성완종 경남건설 회장이 목을 매어 자살하는 등 수많은 사람들이 검찰조사를 받던 중 알 수 없는 이유로 목숨을 잃었다. 그들은 하나같이 끔찍한 방법으로 자살했다.

목을 매 숨지고, 높은 곳에서 떨어져 죽고, 승용차 안에서 불에 타 숨지고....

우연히도 목을 매 숨진 사람과 10층 건물에서 떨어져 죽은 사람을 목격했던 적이 있다. 정말 끔찍한 모습이었다. 단 한번이라도 목을 매 숨진 사람을 본 적이 있다면 절대로 목을 매 죽는 일은 없을 것이다. 그만큼 아름답지 못한 모습이다.

사람들은 죽더라도 우아한 모습으로 남고 싶어하지, 혐오스러운 죽음을 맞고 싶어하지는 않는다. 그런데도 왜 그들은 이토록 끔찍한 방법으로 자살했을까?

전직대통령의 죽음은 더욱 이상했다.

필자가 목격했던 10층에서 떨어져 죽은 사람은 몸 전체가 젖은 진흙을 아스팔트위에 던진 것과 같이 아예 콘크리트 바닥에 펼쳐진 모습으로 죽었는데 전직 대통령은 그보다 10여미터가 더 높은 40미터 높이에서 떨어졌는데도 한쪽팔만 부러지고 머리에 각목으로 맞은 듯한 상처만 남아 있었다. 절벽위에서 떨어졌는데도 병원에 도착할 때까지 살아있었고, 다른 병원에 옮기는 동안에 숨졌다고 한다. 대통령까지 지낸 사람이라 슈퍼맨이라도 되는 것일까?

이런 의문의 자살사건이 일어나기 불과 2~3년 전에는 수많은 조폭영화가 만들어져 많은 인기를 끌었다. 조폭마누라 1, 2, 두사부일체, 달마야 놀자 등.... 무수히 많은 영화가 제작되었고, 초등학생들은 장래희망 1순위가 조폭이라고 답변하기도 했다. 중고등학교에서는 일진회라는 폭력조직이 생겨 학교폭력의 온상이 되기도 했다. 그리고 이들은 학교 졸업 후 폭력조직으로 흡수되었다. 바로 한국에서 최초로 노벨평화상을 받은 김대중 대통령 시절이었다. 그리고 그의 고향은 조직폭력배로 유명한 지방이었다.

서슴없이 사람을 살해할 수 있는 자들은 전문적으로 킬러교육을 받은 특수요원이거나 조폭들뿐이다. 이들은 아주 쉽게 사람을 죽일 수 있다. 높은 곳에서 사람을 집어던져 죽일 수도 있고, 단 두 명으로도 사람을 밧줄로 목을 매달아 죽이고 이를 자살로 위장할 수도 있고, 사람을 살해한 후 차에 불을 질러 자살로 위장할 수도 있다. 설마 노벨평화상까지 받은 사람이 전문 킬러조직까지 만들어 그렇게 많은 사람들을 죽일 수 있을지 믿기 어려울 수도 있다. 하지만 이처럼 많은 사람들이 미심쩍은 이유로 목숨을 잃고 있는 것은 지금 이 나라에서 벌어지고 있는 엄연한 현실이다.

아무튼 한반도의 남과 북에서는 일제시대와는 비교도 안 될 정도로 극심한 공포정치가 이루어지고 있다. 북쪽에서는 기관총과 고사포로 아예 벌집을 만들어 공개적으로 처형을 하고 있고, 남쪽에서는 아무도 모르는 사이에 많은 사람들이 이유를 알 수 없는 죽음을 당하고 있다. 타살의 의혹이 명확한데도 언론들이 하나같이 나서서 자살로 몰아가고 있다.

참으로 무서운 나라다. 아무것도 모르는 사람들은 개돼지처럼 먹고 마시고 싸면서 아무 생각 없이 하루하루를 살아가지만, 생각이 있고 정의롭고 떳떳한 세상을 원하는 사람들은 하루하루를 공포 속에서 살아가야 한다.

자신들끼리 권력을 이어가기 위해 나라를 망치는 87 민주화세력

너무나 엄청난 짓을 저지른 87 체제의 주역들은 북한이 무너지면 이 모든 사실이 밝혀질까 두려워 자신들이 저지른 죄악을 감추기 위해 온갖 악행을 저질러 왔다. 오직 북한이 무너지지 않도록 하는 것만이 87 민주화세력들의 지상과제였다.

북한의 GDP 는 약 123,8 억달러(13 조원)으로 제주도가 벌어들이는 소득을 약간 밑도는 수준이다. 그리고 삼성전자가 한 분기에 벌어들이는 소득과 비슷하다. 과연 이 돈으로 체제를 유지하고, 자신들을 지지하는 핵심계층이라도 먹여 살리고, 백만이 넘는 군대를 유지하고, 핵무기를 개발하고, 계속 미사일을 발사할 수 있을까? 절대로 불가능하다. 그렇다면 지금까지 무슨 돈으로 핵무기를 개발하고 미사일을 발사했을까? 다음 페이지의 도표는 2015 년도 대한민국 시도별 GDP 액수다.

제주도보다 적은 13조원의 GDP로 체제를 유지하고, 당 간부들에게 줄 엄청난 호화물품을 수입하고, 당간부중심의 핵심인민을 먹여 살리고, 군사력을 유지하고, 핵개발과 미사일까지 개발하기란 불가능하다.

예전엔 위조달러도 찍어내고 마약도 만들어 팔고, 담배나 기타 물품들을 밀수하기도 했으나 유엔의 경제제재로 이것도 불가능한 실정이다. 어디에선가 상당한 규모의 음성적인 돈이 들어 오지 않고서는 불가능한 일이다. 그렇다면 이 돈의 출처는 어디일까? 북한이 절대로 무너지지 않기를 바라는 자들이 수혈해 준 자금이 분명하다.

과거 김대중. 노무현 정권 10년 동안 종교인, 언론인, 사업가 등 각계각층의 사회 지도층 인사들이 무수히 북한을 방문했다. 대통령이 북한을 방문할 때 같이 간 사람들도 있고, 그 당시 문공부장관이었던 박지원의 주선으로 별도로 방문한 사람도 있다.

이렇게 북한을 방문한 사람들은 대단히 융숭한 접대를 받았다. 여기에는 당연히 기쁨조의 성 접대도 포함되어 있었다. 하룻밤이면 부처님도 타락시킨다는 기쁨조의 성 접대였다. 과연 평양이 그냥 접대만 하고 이들을 고이 돌려보냈을까? 그들은 이 장면을 그대로 비디오카메라로 찍어 놓았고, 이 비디오를 두고두고 남한을 협박하는 채권 증서로 활용했다. 북에서 이 자료를 공개한다면 이들의 인생은 곧 파멸이다. 특히 종교인과 언론인이 기쁨조 여성과 벌거벗고 뒹구는 모습이 만천하에 공개된다면 어떻게 되겠는가?

[단위 : 당해년가격기준, 10억원]

	2015
전국	1,565,248
서울	344,426
부산	78,238
대구	48,869
인천	75,675
광주	32,516
대전	34,062
울산	69,674
경기	352,857
강원	39,566
충북	52,656
충남	111,265
전북	45,641
전남	65,454
경북	94,988
경남	103,995
제주	15,366

북한에 다녀온 종교인의 교회는 주일날 저녁이면 신도들이 낸 헌금을 뭉텅이로 가방 속에 넣어 놓아야 한다. 정체를 모르는 사람이 빈 가방을 들고 찾아와 돈가방과 바꾸어 가고, 이 돈가방은 다음 날이면 달러로 환전해 김정은에게 전달된다. 김정은은 이렇게 수금한 돈으로 미사일을 발사하고, 이 장면은 북한 방송으로 그대로 방영된다. 김정은이 미사일 발사 장면을 지켜보며 낄낄 웃는 모습은 남한에서도 그대로 보도되고, 이 장면을 방영한 대가는 로열티라는 명목으로 지금 대통령 비서실장을 하고 있는 임종석이 수금해 평양에 전달한다.

이러니 유엔이 어떤 경제제재를 한들, 미국이 아무리 엄포를 놓은들, 평양 김씨 왕조는 코웃음을 칠 따름이다. 유엔과 미국의 경제제재에 버틸 나라는 많지 않다. 리비아와 이라크는 산유국인데도, 카다피도, 후세인도 꼼짝 못하고 두 손을 들었다. 하지만 알거지와 다름없는 북한만이 꾸준히 버틸 수 있는 이유는 무엇일까? 바로 마르지 않는 화수분이 별도로 마련되어 있기 때문이다. 이것이 바로 우리가 처해 있는 현실이다.

이런 사실을 미국이 모를까? 김영삼은 2005년에 이회창이 대통령에 당선될 듯하자 자신들의 온갖 비리를 감추기 위해 김대중을 차기 대통령으로 선출하려는 음모를 꾸몄다. 김대중이 국제금융마피아의 대부 조지 소로스를 만나 한국에 경제위기를 일으켜줘야 자신이 대통령에 당선될 수 있다고 요청한 일은 잘 알려져 있고, 김영삼은 일본을 자극해 반한감정을 불러 일으키고 단기외채 80억불을 상환해 IMF 경제위기를 일으켰고, 이 당시 국가 주요재산의 50% 이상이 외국자본에 헐값으로 팔려나갔다. 10대 주요은행 지분의 상당비율이 외국인 소유이며, 삼성전자조차 외국인 지분 비율이 53%다. 아래의 도표는 일본이 밝힌 2015년도 한국 GDP 내역이다. 전체 GDP 의 85%를 10대 재벌이 벌어들이고 있는 것이다.

 그리고 삼성, 현대 등 주요 대기업들은 대부분의 매출을 해외에서 창출한다. 즉, 대한민국은 지금 10대 재벌들이 외국에서 돈을 벌어와 내는 세금으로 먹고 산다고 말할 수 있다.

 그리고 10대 재벌의 지분 50% 이상을 외국인들이 보유하고 있다. 30대, 혹은 그 이하의 재벌까지 고려하면 아마도 GDP의 90% 이상은 될 것이다.

 미국이 마음먹고 10대재벌, 혹은 30대 재벌의 본부를 모조리 외국으로 옮겨가도록 만든다면 무슨 일이 벌어질까? 대한민국의 GDP는 10% 이하로 떨어지게 된다. 한마디로 이 나라는 일시에 6.25 전쟁 직후와 같은 상태로 돌아가는 것이다.

 수많은 건물에 전기와 수도가 끊기고, 길거리에는 쓰레기통을 뒤지는 사람들이 넘쳐나고.... 상상조차 하기 싫은 끔찍한 지옥이 펼쳐질 텐데도 사람들이 이를 깨닫지 못하고 있는 것이다. 돈이 없어 공무원, 군인, 경찰한테 월급도 못주고 거리엔 약탈과 방화가 일어나 국가 전체가 생지옥으로 변해버릴 것이다.

 손가락 하나 까딱 않고 말 한마디로 핵전쟁이 일어나 수백만 명이 죽는 것보다 더 끔찍한 일이 일어날지도 모른다. 그리고 지금 미국의 트럼프대통령이 FTA 폐기를 경고하는 것은 언제든지 이런 무서운 재앙을 내릴 수 있다는 것을 암시한다.

남한의 빨갱이 정권을 정리하지 않고는 북핵문제를 해결할 수 없다는 사실을 미국은 너무나 잘 알고 있다. 미국이 가장 손쉽게 북한의 핵문제를 해결하는 방법이 무엇일까? 바로 북한으로 들어가는 돈줄을 차단하는 것이다. 그리고 그 동안 가장 큰 돈줄을 남한에서 제공해 왔다.

미국은 한국에 참으로 많은 은혜를 베풀어 왔다. 물론 자신들의 이익이 달려있는 이유도 있지만, 미국이 한국에 많은 혜택을 준 것 만은 부정할 수 없는 사실이다. 2차 세계대전이 끝날 무렵, 세계에서 바라본 조선은 일제의 식민피해국이 아니라 전범 지원국이었다. 당시, 전 세계적으로 조선은 일본의 한 지방인 것으로 인식되고 있었다. 해방 무렵, 광복군 총병력은 339명인데 비해 일제에 징용당해 연합군과 싸운 인력은 수십 만 명으로 연합군과의 전투에서 전사한 인원이 23만여 명에 이른다.[33]

이러다 보니 조선은 일본과 함께 처벌 대상이었다. 프랑스처럼 일본에 맞서 싸운 흔적이 있어야 하는데, 광복군 총병력 339명으로는 씨알도 안 먹히는 상황이었다. (참고로 자유프랑스군 병력은 정규군만 15만에 독일 치하의 프랑스 내의 레지스탕스만 20만이 넘었다.) 이때 이승만은 광복군 총병력이 5만 명이라고 거짓말했다. 미국은 이승만을 믿었고, 조선은 간신히 전범지원국의 혐의를 벗고 광복의 기쁨을 맞을 수 있었다. 하지만 과연 미국이 광복군의 숫자를 몰라서 이승만의 거짓말을 그대로 믿었을까?

광복군의 주 활동무대는 중국이었고, 중국의 장개석과 루즈벨트는 매우 가까운 사이였다. 이런 미국이 광복군의 숫자를 몰라서 이승만에게 물어보았을까? 아마도 누군가 독립을 원하는 한국국민들, 특히 이승만의 염원을 알고 루즈벨트에게

---

[33] http://news.chosun.com/site/data/html_dir/2013/11/19/2013111901719.html?Dep0=twitter&d=2013111901719

이런 식으로 처리하라고 슬쩍 귀띔해 주었고 이승만도 그 의도를 알고 그렇게 처리했을 것이다. 미국은 바로 그런 나라다.

설마 광복군 339명이 일본과 싸워서 독립을 쟁취했다고 말하려는가? 광복군이 활동을 개시하기 전에 일본은 미국에 항복했고, 한국의 독립은 미군이 수십만 명의 목숨을 잃어가면서 일본군과 싸우고, 히로시마와 나카사키에 핵폭탄을 터뜨려 이루어진 것이다.

미국은 이렇게 조선에 독립을 안겨주고, 3년간 군정을 통해 공산주의의 팽창정책을 저지하고, 1948년 8월 15일 대한민국을 건국할 수 있도록 뒷받침해 주고, 소련과 중공을 등에 업은 북한의 남침에 대항해 수만 명의 미군이 피를 흘리며 결국 이 나라를 지켜주었다. 그 후 70년 가까이 한미동맹을 통해 공산침략으로부터 이 나라를 굳건히 지켜주어 지구상에서 가장 가난한 나라 대한민국이 세계 10대 경제강국으로 발돋움할 수 있는 기틀을 마련해 준 것이다.

물론 박정희 대통령의 뛰어난 지도력과 가난을 대물림하지 않겠다는 산업화 세대의 피땀 어린 노력이 있었지만, 냉전시대에 자유민주주의 체제의 우방국이 성공하기를 바라는 미국의 배려가 없었다면 어림없는 일이었다.

그리고 최근에 우리는 한미 FTA를 통해 매년 미국과의 무역에서 200억~300억불의 흑자를 보고 있다. 이는 1년 정부 예산의 10%에 달하는 금액이다. 그런데도 이렇게 미국으로부터 벌어들인 돈을 미국을 향해 핵무기를 겨누는 북한에게 핵무기 개발 자금으로 지원하려는 것이다. 이런 어처구니없는 일을 언제까지 미국이 참고 있으리라 생각하는가?

북한과 각을 세운 미국에게 현 정권과 그들을 추종하는 세력들은 우리의 허락 없이 전쟁은 절대 안 된다고 주장하고 있다. 아마 미국도 이런 한국의 반응을 수용하고 반길 것이다.

미국으로서 총 한 발 안 쏘고 북한을 괴멸시키고 북한 핵문제를 해결할 수 있는 가장 좋은 방법은 북한으로 들어가는 돈줄을 완전히 차단하는 것이다. 미국이 이렇게 하기란 그야말로 식은 죽 먹기다. 그리고 이미 그 시도는 발동이 걸렸다. 바로 한미 FTA 재협상이다.

지금 정권의 실세들 대부분이 한미 FTA 를 극렬 반대하던 자들이다. 미국으로서는 그 동안 대(對)한국무역 적자를 해소하고, 북핵 문제도 해결하고, 미국의 실업률을 대폭 낮추고, 전쟁은 절대로 안 된다는 우방국(?) 정부의 간절한 소원도 들어줄 수 있다. 미국으로서는 일석 四조 혹은 그 이상의 이득이다. 하지만 대한민국에게 이러한 조치란 북한과 전쟁이 일어나 수십만, 혹은 수백만이 죽는 것보다 몇 십 배나 더 비참한 일이다.

다음 도표는 국내 30 대 재벌 및 10 대 은행의 외국인 지분율이다.

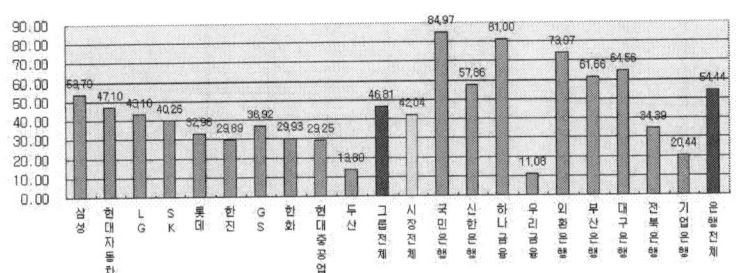

대부분의 기업들이 마음만 먹으면 경영진의 교체는 물론 본사를 모조리 외국으로 옮겨갈 수 있는 지분을 외국인이 보유하고 있다. 아직도 그 심각성을 깨닫지 못하겠는가? 다음의 도표를 보라.

2012년도 GDP를 보면 GDP의 85%를 10대 재벌이 담당하고 있다. 이를 두고 어떤 자들은 대기업 집중을 막아야 하며, 삼성과 현대가 망해야 나라가 산다고 말하기도 한다. 이 숫자에는 10대 재벌의 하청업체등이 생산하는 재화와 용역이 포함되어 있다. GDP란 일정기간 국가 안에서 생산된 최종 제품과 용역 모두를 시장가격으로 평가한 합계금액이다. 따라서 여기에는 협력업체에서 생산해 납품한 재화 및 용역이 포함되어 있다.

우리의 산업구조는 대기업이 최종상품을 생산하고 중소 협력업체들은 부품을 생산해 대기업에 부품으로 납품하는 체제다. 따라서 대기업이 잘 되어야 중소기업도 잘되는 것인데, 기업집중이 심해서 대기업이 망해야 된다니 참으로 기가 찰 노릇이다. 아래의 도표를 보면 삼성과 현대차 매출의 대부분이 해외에서 일어나고 있음을 알 수 있다.

삼성그룹 제조업 해외매출이 80-90%, 현대차 85% 해외생산 판매

즉, 대기업들이 해외에서 벌어들인 돈으로 세금을 내서 나라살림을 유지하고, 국민을 먹여 살리는 것이다. 현실이 이런데도 정치꾼들과 그들에 빌붙은 경제학자와 기레기들은 대기업이 망해야 중소기업이 잘 될 것이라 국민을 선동하고 있는 것이다.

만약 삼성전자나 현대자동차가 해외로 옮겨가면, 그들이 생산하던 재화와 용역이 고스란히 중소기업의 것이 될까? 천만의 말씀이다. 중소 협력업체들도 대기업을 따라서 해외로 이전하거나 망할 수밖에 없다. 미국이 북한의 핵문제를 해결하기란 너무나 쉽다. 한국 대기업의 지분을 대량으로 보유하고 있는 외국인 대주주들을 불러 "xx 본사를 한국에서 옮겨라."하고 슬쩍 귀띔만 하면 끝나는 것이다.

지구상에서 미국의 의사를 받아들이지 않고 아니라고 할 수 있는 나라는 북한밖에 없다. 그리고 이들 외국인 지분 중에 북한의 자금은 단 1 달러도 없다. 실정이 이런데도 탄핵세력과 문재인 정권은 사사건건 미국의 비위를 거스르며 북한에 퍼주지 못해 안달하고 있는 것이다. 문재인과 그 하수인들이 이런 심각한 상황을 모르고 있는지, 아니면 알면서도 나라가 망해야 자신들이 살 수 있다는 생각을 하고 있는지는 모를 일이다. 이런 상황에서 어리석은 국민들은 전쟁보다 몇 배나 더 참혹한 미래가 다가오고 있는 줄도 모르고, 트럼프가 말로만 북한을 위협한다고 비웃고 있는 것이다.

촛불들에게 묻고 싶다. 소똥 속에 들어있는 옥수수 알갱이를 주워 먹으며 북한의 꽃제비들처럼 살고 싶은가? 북한 병사의 몸 속에서 나온 수십 마리의 회충을 똑똑히 보지 않았는가?

최악의 경우 대한민국 GDP 의 90%가 증발해 버린다고 생각해 보라. 전기를 가동하지 못해 통신과 지하철이 마비되고, 수돗물 공급이 끊기고, 기름을 수입할 수 없어 자동차 운행이 중단되고, 군이 보유한 첨단 장비와 무기가 고철이 되어 버리고,...지옥으로 변한 조국의 현실을 상상해 보라. 과대망상가의 소설 같은가? 안타깝지만 실제로 베네수엘라에서 일어나고 있는 현실이다. 산유국이자 남미의 진주라 불렸던 베네수엘라는 선거에 의해 합법적인 사회주의 정부가 들어선 이후 불과 10 년도 안 되어 의사가 먹을 것을 찾기 위해 쓰레기통을 뒤지고, 여대생들이 길거리에서 몸을 팔고, 기업가들은 일찌감치 국외로 탈출하는 지옥같은 현실이 벌어졌다. 지금 정부여당이 만들고 있는 헌법 초안은 자유민주적 기본질서 삭제, 기간제 및 파견제 사실상 금지, 원칙적 해고 금지, 노조 경영 참여 보장 등 완전한 사회주의 국가를 규정하고 있다. 아예 국가 자체의 기본 이념을 노동자가 주인되는 공산주의 국가로 바꾸겠다는 것이다. 이제 모든 기업들은 해외로 탈출하거나 망하게 될 것이고, GDP의 90%가 날아간 이 나라는 의사가 먹을 것을 찾기 위해 쓰레기통을 뒤지는 지옥이 펼쳐질 것이다.

국제사회와 미국의 경제제재로 막판에 몰린 북한의 붕괴가 초읽기에 들어간 지금 저들이 살 수 있는 유일한 길은 이 나라에 사회주의 혁명이 일어나거나 헌법을 개정해 국민의 힘을 빌려 연방제 통일로 북한에 흡수합병되어 주한미군을 쫓아내는 방법밖에 없다. 나라가 망해야 저들이 살아날 수 있기 때문에 나라를 망하게 하려고 혈안이 되어 있는 것이다. 어느 미국인이 말했던 "사람이 자살하는 것은 봤어도 국가가 자살하는 꼴은 처음 본다."고 했던 말이 지금 이 나라에서 실제로 일어나고 있는 것이다.

이런 끔찍한 세상을 모면하려면 하루라도 빨리 우리의 손으로 지난 30년간 이 나라를 망쳐온 민주화세력을 끌어내리고 자유민주주의를 회복해야 한다.

한민족 멸족의 시계는 멈추지 않는가?

지금 이 나라에는 세계 어느 역사에도 없었던 자국민에 대한 무서운 인종청소가 진행되고 있다. 죽창으로 찔러 죽이는 것만이 인종청소인 줄 생각하는가? 이 나라의 인종청소는 그 누구도 알아차리지 못하게 진행되고 있다. 어느 누구도 범죄라고 생각하지 않고, 고의적이라고 생각하지 않아서 더욱 위험한 것이다.

누군가 그 위험성을 알아차렸을 때에는 더 이상 수습할 수 없는 지경에 이르렀을 것이고, 이로써 어느 한 민족이 지구상에서 영원히 사라질 위기에 처할지도 모른다.

몇 년 전인가 동해안지역에 바위까지 녹아버릴 정도의 무서운 산불이 일어나 낙산사를 비롯해 백두대간 일대가 몽땅타버린 일이 있었다. 사람들은 어쩌면 다시는 복구가 안 될 것이라 생각하기도 했지만 불과 몇 년 가지 않아 예전의 모습을 거의 회복했다. 어디에선가 새로운 씨앗이 날아와 예전의 토양과 기후에 맞는 자연의 모습으로 스스로를 복구한 것이다.

만약 새로운 씨앗이 싹을 트지 못하면 어찌될까? 아무리 울창한 숲이라도 머지 않아 폐허가 되어버릴 것이다.

언제부터인가 아기들의 울음소리가 들리지 않고 초 중고등학교 교실은 점점 텅텅 비어 폐교하는 학교들이 늘어가고 있다. 아래 표는 OECD 주요 국가들의 출산율 도표다.

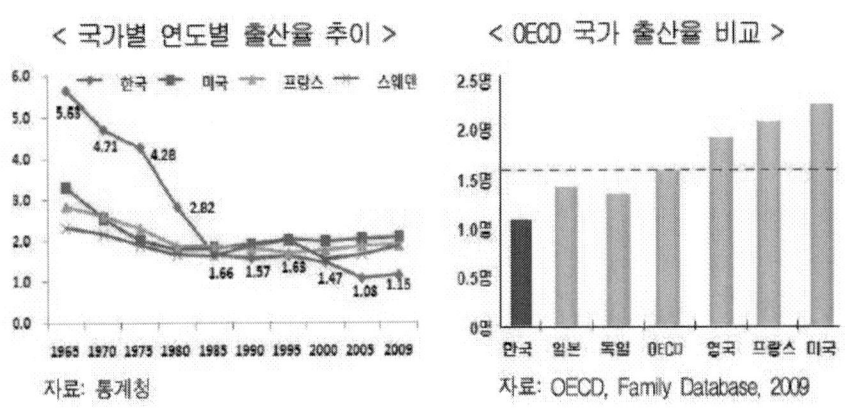

미국과 같이 부부당 2명을 약간 웃도는 출산율이 가장 바람직한 현상이다. 하지만 우리나라의 경우 급격히 떨어져 지금은 부부당 1명을 약간 웃도는 처지이다. 3공화국, 5공화국땐 강력한 산아제한 정책으로 그렇다 쳐도 제발 좀 더 낳으라고 권하는 지금은 왜 그럴까?

1970년대 중반에 연간 90만명의 신생아가 태어났지만, 불과 한세대인 30년만에 절반으로 줄어버렸다. 아래의 도표는 주요국가의 생산가능인구 100명당 부양해야 할 노인 숫자다.

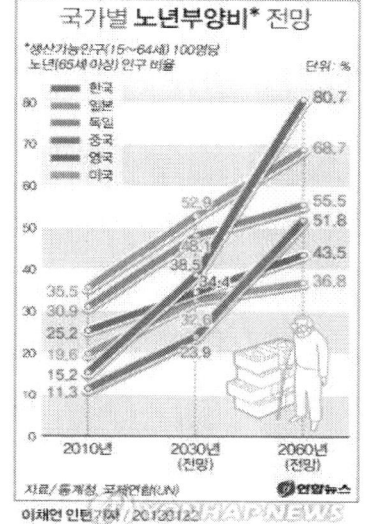

2010년도 기준으로 생산가능인구 100명이 노인 15명을 부양하면 되었는데 2060년도에는 80.7명을 부양해야 한다. 과연 이것이 가능한 일일까?

지금도 부양을 못해 버려지는 노인들이 수없이 많다. 하지만 과연 촛불세대들이 노인에 접어드는 40년 후에 과연 제대로 부양을 받으며 살 수 있을까? 아래 도표의 붉은 그래프는 실업율등을 감안한 실제부양비율이다. 지금은 실제부양 비율이 100명이 약 35명을 부양하는데, 이대로 간다면 2060년에는 100명이 164명을 부양해야 한다. 한 명이 약 2명의 노인인구를 부양해야 하는 것이다.

쉽게 말해서 한 집에 부모와 장인장모가 같이 들어와 살고 있다고 보면 된다. 특별한 한 두 집이 아니라, 모든 가구가 이렇게 살아야 한다는 의미다.

국가별 노인부양비 전망도표를 보면 각 나라마다 모두 그러한 전망이 나올 수밖에 없는 이유가 있다.

일본은 일찍부터 선진국에 접어들어 평균수명이 계속 증가해 선진국형 인구구조를 보이고 있고,

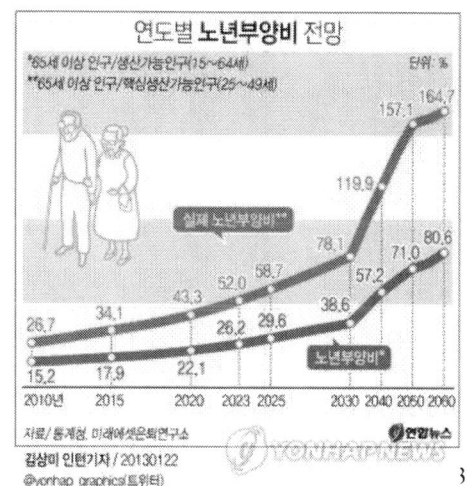

3

1990년대부터 경제불황으로 부양인구비가 계속 높은 실정이며, 중국은 과도한 인구억제정책으로 강제로 한명만 낳으라고 강요한 결과 출생율이 낮아서 급격한 노령인구 증가현상을 보이고 있다. 하지만 우리는 왜 이럴까?

다른 나라에 비해 2배 이상 급격한 경사를 보이는 것은 분명 인위적인 것이다. 말로는 계속 아이를 많이 낳으라고 강조하지만 그게 말로만 쉽게 이루어질까? 사람이 아이를 낳으려면 결혼을 해야 하고, 살 집이 있어야 하고, 가족을 먹여 살릴 수 있는 직업이 있어야 한다.

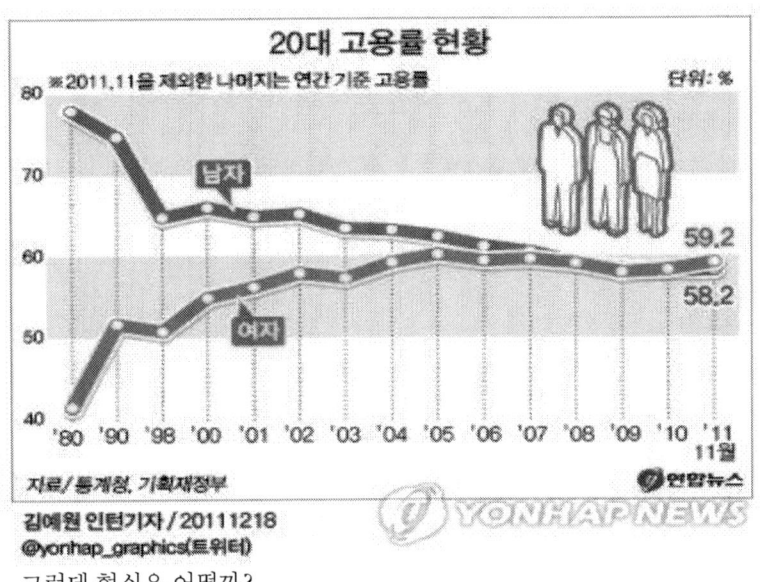

그런데 현실은 어떨까?

위의 도표는 연도별 남녀 고용율이다. 80년대에는 남자의 고용율이 80% 가까운 반면에 여성고용율은 40% 정도였다. 이것은 여성에 대한 차별 때문이 아니라 여성이 취업을 하지 않아도 남자가 벌어오는 돈만으로도 충분히 가족을 부양할 수 있었다는 것을 의미한다.

지금은 20대 여성의 고용율이 남성 고용율을 상회하고 있다. 직장에 다니며 여성이 아이를 낳는 데는 한계가 있기 마련이다.

지금은 연간 태어나는 신생아 숫자가 40만 명이다. 이 숫자는 한 세대 전인 30년전에 비해 절반에 불과하다. 또 한 세대가 지난 30년 뒤에는 불과 20여만명, 그리고 30년 후에는 10만명으로 줄어든다면 국가의 기본 기능도 유지하지 못하게 될 것이다.

망하지 않으려면 외국이민을 받아들이고, 외국여자들을 받아들여 혼혈아를 생산해야 한다. 지금도 공영방송을 중심으로 다문화 칭송에 여념이 없고, 국민들은 그들의 치다꺼리에 허리가 휠 지경이다.

과연 이것이 자연스러운 일일까? 국민 가운데 대학에 진학하는 비율은 80%가 넘어가고 있다. 김영삼 정권 이후 대학의 무제한 증설로 대학진학율이 급격히 증가한 결과다. 인구의 80%가 넘는 대졸자의 학력에 걸맞는 직장을 마련해 준다는 것은 하느님이 통치한다고 해도 불가능한 일이다.

그런데도 이런 짓을 저지르는 이유는 무엇일까? **데모는 꿈도 꾸지 말고 취업준비만 뼈 빠지게 하다가 인생을 마감하라는 뜻이다.**

1980년대에 비해 집값은 50배~100배 이상 올랐다. 웬만한 사람은 아이는 커녕 결혼조차 꿈도 꾸지 못하는 나라가 되어 버린 것이다.

또한 저들이 의도하는 것이 뭔지 알려면 한 가지만 보지 말고 종합적으로 판단해야 한다. 벌써 저들은 수십 년째 전교조를 통해 학생들을 홍위병으로 양성하며 이들을 사회 불만세력으로 만들고 있다.

민주노총을 비롯해 악성노조가 기업들을 점령하고 온갖 패악을 부리는 탓에 웬만한 기업들은 국내투자를 하지 않고 외국으로 빠져나가고 있다. 여성부를 비롯한 여권 신장 정책으로 여성들의 눈은 하늘 높은 줄 모르고 치솟은 상태다. 심지어 모든 걸 다 갖추었어도 키가 작으면 루저라는 소리를 하는 여성도 있다. 이런 여자들이 자신의 분수에 맞는 짝을 찾아 결혼해서 살려고 할까?

결혼과 출산을 할 수 없는 결정적인 요인이 무엇일까? 사람은 동물과 달리 최소한 살 집과 직장이 있어야 결혼이 가능하다. 아이를 낳아 기를 수 있는 여건이 갖

취져야 결혼을 한 이후에도 출산이 가능하다. 결혼을 해서도 출산을 기피하는 가장 큰 이유가 육아비에 대한 부담, 그 중에서도 교육비에 대한 부담이다.

노조를 동원해 기업들 해외로 다 내쫓아 직장을 없애고, 대학을 잔뜩 증설해 취업문은 좁게 만들고, 사교육비는 잔뜩 올려서 애도 못 낳게 만들고, 여성부를 동원해 여자들에게 잔뜩 콧김을 불어넣어 결혼을 기피하게 만들고, 요즘엔 아예 남자들이 이런 여자들에게 질려 결혼을 기피하고, 다문화란 신조어까지 만들어 혼혈국가로 만들고.....

거기에 성희롱 금지법 등을 잔뜩 만들어 놓아 남자들은 마음에 드는 여성을 보아도 성희롱으로 몰릴까 두려워 꽤 잘난 남자가 아니고서는 말 한 마디 걸기를 겁내야 한다. 결혼하고 싶으면 외국 여자를 만나 혼혈아를 만들고 살라는 것이다.

연간 결혼하는 외국인 여성의 숫자가 3만 명을 넘어섰다. 내국인 신부의 10%가 넘는 숫자다. 과연 이들이 결혼해 낳은 자녀가 사회 지도층으로 자리 잡을 수 있을까? 결혼해서 혼혈아를 낳게 되면 결국 이들은 이미 금수저층으로 자리 잡은 5.18 유공자, 민주화유공자, 민주화세력 자녀들의 노비층으로 자랄 수밖에 없다.

저들이 독재정권이라 입에 거품을 무는 시대에도 이런 일은 없었다. 연좌제를 적용해 정권에 위협을 줄 수 있는 직위에는 제한을 두었지만, 나머지 직업은 자유롭게 선택하고 맘대로 결혼도 하고 아이도 낳아 기를 수 있었다. 지금같은 생지옥은 단군 이래 없었던 것이다.

저들의 근본적인 목표는 바로 저자들만의 영구집권이다. 모든 정책은 그 목표를 위해 존재한다. 정권에 방해되는 세력인 반공세력들은 아예 씨를 말리고, 그 자리를 국제결혼에 의한 혼혈아들이 차지해 자신들이 낳은 금수저 자녀들의 노비로 자라나는 것, 바로 그것이 저들의 노림수다.

공영방송에서 외국인을 얼마나 추켜세우는지, 외국인들을 위해 얼마나 많은 정책들이 시행되는지 알면 저들의 의도를 빤히 알 수 있는데도 대다수의 국민들은 이러한 현실을 깨닫지 못하고 있다. 오죽하면 어느 일본여인이 "자국민을 차별대우하는 처사가 구역질이 나서 외국인 보조금을 받지 못하겠다."고 말했을까? 그런데도 우리 국민들만 이러한 현실을 깨닫지 못하고 있다.

지금 우리 민족은 서서히 말라 죽어가고 있다. 이런 일은 과거 히틀러도 감히 꿈도 못 꿨던 자국민 말살정책이다. 누구도 범죄라 생각하지 않고, 고의적이라 생각하지 않고, 또한 어느 누구도 알아차리지 못하기에 더욱 위험한 것이다.

이렇게 시작된 인종청소가 이제는 도저히 멈출 수 없는 수레바퀴가 되어 점점 속도를 더해가기 때문에 더욱 절망스럽다. 저자들은 자신들이 저지른 천인공노할 만행이 탄로날까봐 자신들의 지지세력들만 금수저층을 만들고 나머지 국민들은 아예 결혼도 못하게 하거나 외국인과 결혼해 혼혈아를 낳게 해 자기 자식들의 노비로 살게 하려 한다. 어리석은 국민들은 저들의 공작에 넘어가 한민족의 마지막 희망이던 한 분마저 촛불을 켜들고 불태워 버렸다.

어느 블로그를 보니 ['대통령 하야'는 어른이 아니라 '고등학생' 때문이었다.]는 글과 대통령을 강제로 끌어내리라는 글이 쓰인 종이에 불을 붙인 위의 사진, "그 촛불 다시 한 번 켜지는 날, 너는 동방의 밝은 빛이 되리라."란 문구가 눈에 띄었다. 학생들이 너무나 자랑스러워하는 모습이라서 주저 없이 퍼온 사진이다.

과연 저 학생들이 이렇게 자랑스럽게 촛불을 켜들고 만들어갈 세상이 어떤 세상일까?

대통령이 "젊은이들, 중동가라." 했을 때 "너나 가라"고 냉소하며, 일자리 마련하기 위해 발이 부르트도록 뛰어다닌 대통령을 몰아내기 위해 촛불을 들고 구속까지 시키니 환호하고 싶은가?

지금 고등학생들이 촛불을 들고 환호하는 대가로 기다리는 미래는 어떤 모습일까?

바로 둘 중 하나다. 첫째는 머지않은 미래, 아마도 지금 고등학생들이 자식 손자들한테 부양받을 나이쯤 되었을 때 노령인구 부양으로 젊은이들이 결혼도 못하고, 아이도 못 낳고, 지나친 역차별로 혜택받는 다문화란 이름의 외국인들은 부지런히 자식을 낳아 인구의 역전현상으로 그들에게 나라를 빼앗기고 소수민족으로 전락해 지구상을 떠돌다가 멸족해 사라지게 될 것이다.

그렇게 되지 않으려면 스스로를 아래의 사진처럼 희생하는 수밖에 없다. 부양을 못해 민족 자체가 멸족하지 않으려면 몇십 년 후 지금의 중.고등학생들이 노인이 되었을 때 일정 연령 이상의 노인들을 모조리 살처분해 매장해야만 노령인구에 대한 부양의 부담에서 벗어나 국가기능을 유지할 수 있는 것이다. 바로 왼편의 사진과 같은 모습이 되어야 한다. **바로 지금 촛불을 켜들고 환호하는 학생들이 초래한 스스로의 미래인 것이다.**

촛불을 켜들고 대통령을 몰아내라고 앞장섰던 세대들은 엄동설한에, 꽁꽁 언 손발을 비비며, 장애를 무릅쓰고 언제 돌아가실지도 모르는 노인들이 불구의 몸

에도 과연 무엇 때문에 손에 태극기를 들고 길거리에 나섰는지 생각이나 해 보았을까? 눈이 오나 비가오나 벌써 1년이상을 주말이면 태극기를 들고 모여서 탄핵반대를 외치고 죄없는 대통령을 석

방하라고 외치는 진정한 이유를 생각이나 해 봤을까? 자기 자신을 위해서 태극기를 든 게 아니라, 어린 학생들이 자신들의 나이가 되었을 때 좀 더 인간다운 세상에서 살아갈 수 있도록 하기 위해서라는 사실을 생각이나 해 보았을까?

좌절된 그녀의 꿈

박근혜 대통령이 정치에 입문한 동기는 무엇이었을까? 그 깊은 속을 전부 알 수는 없겠지만, 87체제에게 잃어버린 자유민주주의 대한민국을 되찾고, 전 세계에 우뚝 선 통일 대한민국을 만들어 아버지의 못 다한 꿈을 이루기 위해서였을 것이다.

그녀는 87체제들의 모든 비밀을 알고 있는 유일한 인물일지도 모른다. 그녀가 가끔씩 남기는 아주 짤막한 단어에서 그러한 분위기가 묻어난다. 10.26부터 5.18, 그리고 사기탄핵에 이르기까지 87체제 민주화세력들이 숨겨 온 엄청난 비밀들을 그녀가 모두 알고 있다면 저들에게 박근혜란 존재는 얼마나 무섭고도 두려운 존재였을까? 그녀 또한 이 비밀을 알고 있다는 사실을 들키지 않기 위해 얼마나 피를 말리는 인생을 살아왔을까? 그녀가 이런 사실들을 알고 있다는 것을 저들이 눈치 채는 순간, 그녀의 정치생명이 끝이 나는 것은 물론이고, 어쩌면 생명의 위협을 감수해야 할 수도 있었을 것이다. 실제로 그녀는 커터칼 테러와 같은 사건을

실제로 당하고, '헌법 수호 의지가 느껴지지 않는다'는 기가 막힌 이유로 탄핵을 당하지 않았는가?

지난 40여년 이런 감당하지 못할 비밀들을 가슴에 묻고 혼자서 잃어버린 나라를 되찾기 위한 외롭고 기나긴 싸움을 해온 그녀를 생각하면, 한 인간으로서 심중의 깊이와 그릇의 크기를 가늠하기 힘들 정도다. 김대중의 딸이니, 노근혜이니 하며 그녀를 비난했던 어리석은 우익 인사들에게 말해주고 싶다. 왜 그녀가 이 엄청난 비밀을 숨겨야만 했는지, 정홍원 총리를 통해 5.18 북한군 침투를 부정할 수밖에 없었는지, 이제야 그 이유를 알겠는가?

20대 초반의 어린 나이부터 대한민국 정치권의 중심에서 온갖 영욕의 모습의 지켜보며 어머니에 이어 아버지까지 흉탄에 사망하는 충격을 겪고 나서도 뒤이어 탄생한 정권들이 저지른 모든 사건들을 목격한 그녀였다. 그녀는 이런 감당 못할 비밀을 가슴에 묻고, 적보다 못한 아군의 당선을 돕기 위해 길거리 유세에 나서야 했다. 이런 그녀의 심정은 정녕 어떠했을까?

그녀는 주로 한 두 개의 단어로 의중을 함축해 짤막하게 표현했고, 말을 최대한 아끼며 조금 길게 말해야 할 때는 늘 수첩을 참조했다. 사람들은 이러한 그녀의 모습을 보고 수첩 공주니, 멍청해서 수첩을 보지 않으면 말도 못한다느니 온갖 폄훼를 일삼았다.

과연 그녀가 긴 말을 하기 힘들어서 수첩을 보고 말했던 것일까? 아는 사람은 알겠지만, 그녀의 말은 한참을 생각하지 않으면 무슨 말인지 짐작할 수도 없을 정도로 많은 의미를 담고 있다. 그녀의 자서전이 왜 중국에서 베스트셀러 1위에 등극했는지 그 이유를 알겠는가? 그녀의 자서전에 기술된 문장들은 누군가 대필을 해 줄 수 있는 문장이 아니다. 그 깊은 의중과 고뇌의 산물은 오랜 기간 글을 써 본 사람만이 진가를 알아볼 수 있다. 그녀의 수첩 한 권, 한 권에는 현대사의 비밀 속에 유폐된 채로 이 엄청난 거짓의 매트릭스를 깨뜨리려 한 그녀의 고뇌가 담겨 있으리라. 이 모든 거짓의 벽을 깨뜨리고 한반도의 자유통일을 이루려 했던 그녀의 수첩이야말로, 유네스코에 보관해야 할 가치가 있는 역사적 의미를 담고 있을 것이다.

지금껏 30년 간 이 나라를 지배해 온 87체제의 가장 큰 적은 누가 뭐래도 박근혜라는 인물이었다. 10.26부터 5.18 광주사태, 6.29 선언으로 이어지는 이 엄청난 현대사의 비밀을 이용해 민주화세력들은 평양 대리 통치 체제를 구축했다. 좌익을 표방한 민주화세력이 그녀를 두려워했던 것은 당연하고, 우익을 표방한 민주화세력들에게도 그녀는 눈엣가시이면서 선거를 위해서만 필요한 계륵같은 존재였다.

항상 감시하고, 틈만 나면 꼬투리를 잡아 정치 생명을 끝장 낼 약점을 찾고, 커터 칼로 테러까지 가하는 등 저들이 그녀에게 해온 짓을 생각하면 기가 질릴 정도다. 한 마디 말실수로도 정치생명이 끝나는 세상인데, 꼬투리를 잡히지 않기 위해 자신이 했던 말을 혹시나 잊을까 수첩에 꼼꼼히 적어두며 살아야 하는 그녀의 40년 인생이 얼마나 지난했을까?

우익, 좌익을 가리지 않고 몽땅 평양에 약점 잡힌 87체제들을 딛고 일어나, 2,500만 북한 동포를 인류 최악의 공산 전체주의로부터 해방시키고 자유 통일을 이루려는 그녀가 헤쳐 나가야 할 벽은 얼마나 거대했을까?

나라가 망해야 이들이 살아날 가능성이 있기 때문이다.

박근혜 대통령이 탄핵을 당한 후 정권을 잡은 문재인 일당들이 벌이는 짓을 보면 하루 빨리 나라를 망하게 만들려 사생결단으로 나서는 형국이다.

사드배치 반대, 원전 폐기, 법인세 인상, 최저임금 인상, 외교 파탄....지난 7개월 간 그들이 벌인 일을 보면 기가 찰 정도다. 저들이 이렇게 하는 이유는 이 나라가 철저히 망해서 북한에게 넘어가거나, 사실상 중국의 식민지가 되어야만 자신들이 살아남을 수 있기 때문이다.

이들은 죽어서도 벗어날 수 없는 두 개의 덫에 걸려 있다. 그중 하나는 앞서 언급한 386 주사파 운동권 시절에 벌인 집단혼숙장면이 담긴 비디오다.

나머지 하나는 더욱 치명적인 덫인 [헌정질서문란범죄에 대한 공소시효 배제에 관한 특별법]이다. 긴 제목과는 달리 이 법률의 내용은 겨우 네 개 조항에 그친다.

법률 제 5028 호 제정 1995. 12. 21.

제1조 (목적) 이 법은 헌법의 존립을 해하거나 헌정질서의 파괴를 목적으로 하는 헌정질서파괴범죄에 대한 공소시효의 배제등에 관한 사항을 규정함으로써 헌법상 자유민주적 기본질서를 수호함을 목적으로 한다.

제2조 (용어의 정의) 이 법에서 "헌정질서파괴범죄"라 함은 *형법* 제 2 편제 1 장 내란의 죄, 제 2 장 외환의 죄와 *군형법* 제 2 편제 1 장 반란의 죄, 제 2 장 이적의 죄를 말한다.

제3조 (공소시효의 적용배제) 다음 각호의 범죄에 대하여는 *형사소송법 제 249 조 내지 제 253 조* 및 *군사법원법 제 291 조* 내지 *제 295 조*에 규정된 공소시효를 적용하지 아니한다. 1. *제 2 조*의 헌정질서파괴범죄 2. *형법 제 250 조*의 죄로서 집단살해죄의방지와처벌에관한협약에 규정된 집단살해에 해당하는 범죄

제4조 (재정신청에 관한 특례) ①*제 2 조*의 죄에 대하여 고소 또는 고발을 한 자가 검사 또는 검찰관으로부터 공소를 제기하지 아니한다는 통지를 받은 때에는 그 검사소속의 고등검찰청이나 그 검찰관소속의 고등검찰부에 대응하는 고등법원 또는 고등군사법원에 그 당부에 관한 재정을 신청할 수 있다. ②제 1 항의 재정신청에 관하여는 *형사소송법* 또는 *군사법원법*의 해당 규정을 적용한다. **부칙**부칙 이 법은 공포한 날부터 시행한다.

한마디로 반역죄, 이적죄, 집단살해죄는 공소시효가 없다는 내용으로 요약된다. 이 가운데 형법 제 93 조의 여적죄는 오직 처벌로 사형만을 규정하고 있다.

이 법률은 김영삼 정권시절인 1995년 12월 21일에 제정되었다. 과연 이 법률을 제정한 목적과 배경이 무엇일까? 필자는 이 법을 [전두환 노태우 침묵법, 혹은 전두환 노태우 아닥법]이라 부른다.

이 법이 제정된 1995년 12월은 5.18에 대한 공소시효가 끝나는 해였다. 김영삼은 공소시효가 만료되기 전에 전두환과 노태우를 내란죄로 기소하라 지시했다. 그렇다면 왜 굳이 이 법률을 제정한 것일까? 전두환 측이 북한군을 끌어들여 폭동을 유도하고, 이를 이용해 정권을 잡은 것은 이미 기소 처벌이 끝난 내란죄와 사건의 동일성이 인정되지 않는 별도의 범죄(여적죄)를 구성할 수 있다. 김영삼으로서는 여적죄의 공소시효가 경과한 이후, 전두환과 노태우가 민주화세력이 자신들을 협박해 헌법을 개정하고 이 나라를 김일성에게 갖다 바치려 한 더욱 큰 죄악을 폭로할까봐 두려웠던 것이다. 그래서 김영삼은 영원히 전두환, 노태우 측의 입을 봉쇄하기 위한 안전장치로 이 법을 만들었다. 이 법률의 제정과 함께 여적죄의 공소시효가 사라져 전두환과 노태우는 영원히 이 비밀을 함구하고 있을 수밖에 없다.

여기에서 또 다른 아이러니가 등장한다. 김영삼, 김대중을 비롯한 민추협 세력이 이 나라를 연방제 적화 통일에 따라 김일성에게 갖다 바치려 한 행위 또한 이적죄에 해당한다. 김영삼은 자신의 죄를 감추기 위해 전두환의 입을 막고자 이 법을 만들었지만, 민추협 세력 또한 이적죄를 범했기에 이 법률은 그들에게도 영원한 족쇄로 작용하게 된 셈이다. 결국 이 법은 서로의 약점을 건드려 두 당사자 모두 결코 이 엄청난 비밀을 발설할 수 없는 한 배를 탄 관계로 만들어 버렸다.

바로 이것이 10.26 이후 지금까지 벌어졌던 현대사 최대의 비밀이다.

이 비밀을 지키기 위해 지난 30년간 이 나라의 젊은이들은 거짓 역사를 배우며 홍위병으로 양성되었고,

이 비밀을 지키기 위해 이승만 대통령과 박정희 대통령은 독재자로 매도되어야 했고,

이 비밀을 지키기 위해 80%가 넘는 젊은이들을 대학생으로 만들어 3포세대가 되게 했고,

이 비밀을 지키기 위해 이 땅의 어린아이들을 촛불좀비로 만들기 위해 한국판 탁아소시스템을 만들었고,

이 비밀을 지키기 위해 민주노총으로 하여금 극심한 노사분규를 일으켜 기업들이 이 나라를 떠나가게 만들었고,

이 비밀을 지키기 위해 전교조를 앞장세워 이 땅의 새싹들을 촛불좀비로 양성했고,

이 비밀을 지키기 위해 같은 당의 이회창을 밀어내고 민주화동지인 김대중을 당선시키는 음모를 꾸몄고,

이 비밀을 지키기 위해 중산층을 말살하고 산업화 세대들이 일군 국부를 가로채기 위해 고의적으로 IMF를 일으켰고,

이 비밀을 지키기 위해 컴퓨터 개표조작과 인터넷 여론조작으로 국민의 진정한 의사와 무관한 자를 대통령으로 만들었던 것이다.

그 동안 민주화세력들이 저지른 죄악은 한 권의 책으로는 다 설명하기가 불가능하다. 하지만 이런 천인공노할 만행을 하늘이 응징하려 했던 것일까. 박근혜의 대통령 당선은 인간의 힘으로는 이룰 수 없는 기적이었다. 여야 모두가 한통속이 되어 컴퓨터 개표조작까지 하는 마당에 무슨 수로 대통령 선거에서 이길 수 있을까? 지난 30년간 입법부, 사법부, 행정부, 군, 경찰, 언론계, 문화예술계를 비롯해

이 나라의 지도층 대부분을 이들의 하수인으로 바꾸어 버렸는데 인간의 힘으로 어떻게 그런 기적을 일으키겠는가?

　박근혜 대통령이 당선될 수 있었던 것은 오만방자함에 빠진 민주화세력들끼리 비렁뱅이 자루 찢는 식으로 서로를 물어뜯어서 일어난 기적이었다. 종북좌익들은 광우병 촛불시위를 일으켜 당시 대통령이었던 이명박에게 더 없는 수모를 안겼고, 이명박 측은 이에 대한 보복 심리로 노무현의 비리를 수사하려 들다가 노무현이 죽음의 길을 걷게 된 까닭에 일부 동교동계 민추협 인사들이 박근혜 후보를 지지했던 것이다. 만일 노무현이 목숨을 버리지 않았다면 이런 기적이 일어나지 않았을 것이다.

　그녀는 아버지보다 더 똑똑하다는 평가를 받기에 손색이 없는 인물이다. 박정희 대통령은 확고한 권력 기반을 갖추고 모든 주변 사람들을 자신의 수하로 두고 국정을 펼칠 수 있었지만, 그녀는 말 그대로 모든 대한민국의 제도권을 적으로 둔 혈혈단신에 불과했다. 대체 이런 상황에서 어떻게 정치를 해 올 수 있었을까? 도대체 인간의 능력으로는 불가능한 일을 해 왔던 것이다. 정말 하늘이 내린 우리 민족의 선물이었다고밖에 그녀를 어떻게 달리 표현할 수 있을까?

　실제로 대통령 박근혜가 4년 동안 이룬 업적은 혀를 내두를 정도였다. 그녀가 얼마나 어려운 환경에서 나라를 경영하기 시작했는지, 그녀가 이룬 눈부신 업적이 얼마나 대단했는지 돌이켜 보자.

　과거 전두환은 박정희 대통령이 틀을 닦아놓은 경제 기반을 바탕으로 3저 호황의 기회를 맞아 경제를 발전시켰고, 국민들은 그때가 가장 살기 좋았다고 평가한다.

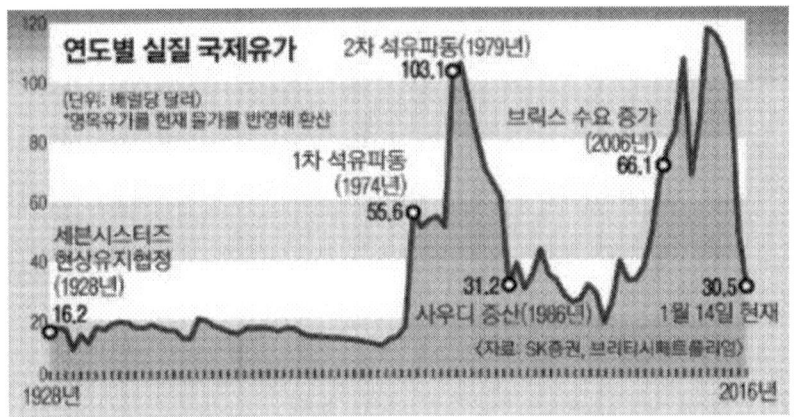

이 도표를 보면 박정희 대통령이 말년에 얼마나 혹독한 환경을 극복해야 하는지 이해할 수 있을 것이다.

배럴당 10달러 선에 불과하던 유가는 1차 오일쇼크인 1974년에 50달러가 넘었고, 2차오일쇼크 때는 100달러를 넘어갔다. 여기에 더해 미국의 극심한 경제제재로 거의 숨도 못 쉴 지경이었다. 하지만 전두환은 참으로 운 좋게도 3저 호황을 맞은 데다가 박정희의 핵개발 자료를 몽땅 미국에 가져다 바친 덕분에 경제제재가 풀려 순탄한 시절을 보낼 수 있었다.

노태우 당시는 전두환이 남긴 유산과 200만호 주택건설을 빌미로 부동산 가격을 왕창 올린 덕분에 무사히 보낼 수 있었다. 하지만 김영삼은 무능한 처신과 고의가 의심되는 국가부도로 경제를 파탄으로 몰아넣었다. 김대중, 노무현 당시는 국가재산을 몽땅 팔아먹은 덕분에 간신히 그럭저럭 지냈던 것이고, 이명박은 환율조작으로 서민들의 피를 빨아 수출기업에 수혈해준 덕분에 경제파탄을 면할 수 있었다. 하지만 박근혜 대통령은 전임자들 6명이 만들어 놓은 최악의 환경 속에서도 OECD 전망을 뛰어넘는 최고의 경제성장을 달성했다.

이 뿐 아니라 4년 연속 블룸버그 혁신지수 최고 국가에 대한민국의 이름을 올렸다. 아래 표는 혁신지수를 평가하는 내용인데 자세히 보면 이것이 얼마나 대단한 업적인지 알 수 있을 것이다.

[Bloomberg 2017 Innovation Index]

2017 순위	2016 순위	증감	국가명	총합계	R&D 투자	제조업 부가가치	생산성	하이테크 집중도	교육 효율성	연구원 집중도	특허 활동
1	1	0	한국	89.00	1	1	32	4	2	4	1
2	3	+1	스웨덴	83.98	5	11	15	7	18	5	6
3	2	-1	독일	83.92	9	3	16	5	12	16	9
4	5	+1	스위스	83.64	8	6	2	11	16	14	4
5	7	+2	핀란드	83.26	4	13	20	15	5	3	5
6	6	0	싱가폴	83.22	14	5	12	17	1	6	12
7	4	-3	일본	82.64	3	9	28	6	27	9	3
8	9	+1	덴마크	81.93	6	17	5	13	22	2	11
9	8	-1	미국	81.44	10	22	10	1	34	20	2
10	11	+1	이스라엘	81.23	2	30	19	3	20	1	8
11	10	-1	프랑스	80.99	12	34	14	2	19	10	7
12	13	+1	호주	80.46	7	7	11	23	6	8	17
13	16	+3	벨기에	77.18	11	21	9	10	17	19	25
14	14	0	노르웨이	76.89	19	36	3	12	25	8	15
15	18	+3	네덜란드	75.23	17	24	19	4	44	15	10
16	15	-1	아일랜드	74.94	22	2	6	16	13	22	31
17	17	0	영국	74.52	20	38	21	14	7	17	14
18	20	+2	호주	73.33	13	44	1	20	21	12	21
19	22	+3	뉴질랜드	71.43	32	37	8	19	24	5	7
20	19	-1	캐나다	71.98	25	32	14	26	30	13	20

출처 : Bloomberg, These Are the World's Most Innovative Economies, 2017.1.17.

그뿐만이 아니다. 빈부의 격차 정도를 나타내는 지니계수를 좌익 세력이 지상천국으로 여기며 물개박수를 치는 스칸디나비아 3국에 근접하는 수치인 0.2대로 만들어 놓았다. 스칸디나비아 국가들은 50% 내외의 세금을 거둬 이런 수치를 만드는 데 반해 박근혜 대통령은 증세 없이 이러한 성과를 이룬 것이다. 아래 도표들을 보면 박근혜 대통령이 얼마나 무지몽매한 이 땅의 국민들에게 과분한 대통령이었는지 이해할 수 있을 것이다.

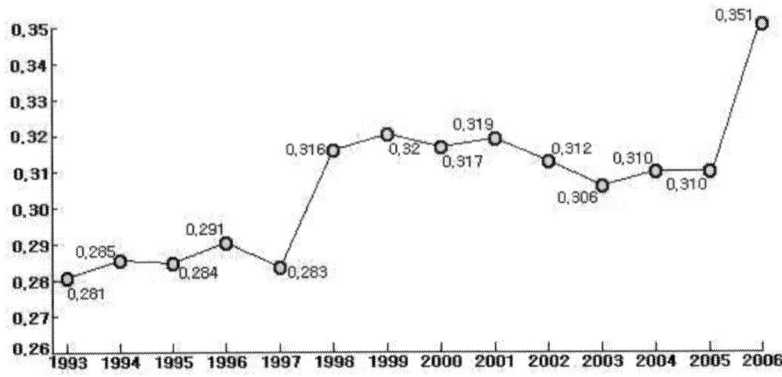

위의 도표를 보면 노무현이 얼마나 최악의 대통령이었는지 또한 환히 드러난다. 말로만 서민을 찾는다고 서민을 위한 대통령이 되는 것이 아니다. 노무현이 만들어놓은 생지옥의 나라를 박근혜 대통령은 3년 만에 스칸디나비아 3국과 같은 수준의 복지국가 대열에 올려놓았다.

이 밖에도 그녀가 4년 동안 이룬 업적을 열거하면 다음과 같다.

[1] 통진당 해산
[2] 이석기 투옥, RO 조직 전원 국가보안법 처벌
[3] 개성공단 폐쇄

[4] 대북송금 중단

[5] 한미연합사 전시작전권 전환 무기 연기

[6] 1992 년 해체되었던 한미연합부대(사단규모) 재창설

[7] 지난 20 여년간 실패했었던 코레일 개혁 실행

[8] 지난 20 여년간 해결 못했던 전두환-노태우 추징금 강제 징수

[9] 지난 30 여년간 해결 못했던 한미 핵연료 재처리 사후승인 인정

[10] 지난 30 여년간 누적된 방산비리 척결추진

[11] 지난 50 여년간 해결 못한 공무원연금 개혁 추진

[12] 북한에 대한 퍼주기 금지 및 대화를 위한 대화 금지

[13] 정치인,재벌,특권층 특별사면 금지

[14] 잠수함사령부 창설(세계 6 번째)

[15] 이어도 방공식별구역 설정

[16] 20 년만에 좌편향 국사교과서 수정을 위한 국정화 교과서 추진

[17] 전교조 법외노조 통보

[18] 법위반 과거사위 민변 변호사들 강력처벌

[19] 종교인에 과세 (1 년 유예 후 전격시행 예정)

[20] 무디스 기준 국가신용등급 Aa3 로 안정적으로 전환(일본보다 높음)

[21] 무역수지 최대 흑자 기록(36 개월 연속 흑자), 무역규모도 역대 최대

[22] 기초연금 20 만원으로 인상

[23] 위안부 문제에 관해 중립적이었던 미국을 적극적인 방향으로 선회시킴

[24] 에너지난 해결을 위해 원전 4 기 추가 건설(울진군과 합의)

[25] 한중 FTA,한뉴질랜드 FTA,한캐나다 FTA, 한러 무비자협정 체결

[26] 중국어선 강력처벌(무조건 구속수사, 징역형, 선박 및 어획물 무조건 몰수, 벌금 2 억 등 처벌 대폭 강화)

[27] 외국인에 대한 경찰 불심검문 실시, 외국인 전월세 세입자 전수조사 실시

[28] 외국인 노동자 비자심사 기준 강화. 전과유무 서류제출 및 검증 의무화

[29] 이라크와 T-50 21억 달러 규모의 경공격기 수출계약, 경제효과 4조 3천억, 일자리 창출 3만 6천명

[30] 미사일 사거리 연장계획 돌입

[31] 중동 4개국 순방, 1:1 상담회를 최초로 실시, 총 1조원 규모의 계약 체결

[32] 8조원대 베트남 고속철도수주, 총 300억불

이처럼 그녀의 집권 시절에는 내치와 외치 어느 하나 흠잡을 수 없는, 전 세계에 우뚝 선 강대국을 향한 행보를 밟고 있었다. 87민주화세력들이 온갖 국부를 팔아치우고 무분별한 대학증설로 만들어 놓은 3포 세대, 6무 세대 젊은이들을 온전히 구제하기 위한 정책들을 하나씩 하나씩 펼쳐 나가고 있었던 것이다.

또한 그녀는 모든 국민을 포용하기 위해 임기 전부터 온갖 노력을 기울여 왔다. 아무리 천인공노할 죄악을 저질렀던들, 87체제는 지난 87년부터 30년간 이 나라를 통치해 왔던 자들이다. 그 이전의 세대들은 이미 모두 현직에서 물러났고, 어쩌다가 자리를 차지한 반공세력도 모조리 퇴출된 마당에 이들의 협력 없이 국정을 운영하고, 아버지 박정희 대통령이 못 다 이룬 꿈을 이룬다는 것은 불가능했기 때문이다.

그녀가 일부 우익인사들로부터 애비를 팔아먹은 년, 김대중의 딸년, 노근혜 등등 온갖 입에 담기도 더러운 비난을 들으면서도 계속해서 이들을 안고 가려는 노력을 버리지 않았던 이유를 이제야 알겠는가?

그녀는 국가와 민족의 미래를 위해 이 엄청난 과거를 묻어두고자 했는지도 모른다. 죄를 용서하는 것도 그들의 죄를 아는 사람만이 용서할 수 있다. 또는 언제든 등 뒤에서 칼을 꽂을 수 있는 믿을 수 없는 아군보다는 겉으로 드러난 적이 오히려 낫다고 생각했을 수도 있다. 그래서 그녀는 과거에 아버지로 인해 고통을 받

았던 사람들에게 머리 숙여 사과했고, 온갖 비난을 받으면서도 좌익이란 사람들을 측근에 두고 끝까지 인내해 온 것이다.

이 엄청난 역사의 진실 앞에서

이 엄청난 역사의 진실 앞에서 그녀는 어떤 선택을 할 수 있었을까?

두 명의 전직 대통령이 자신들의 탐욕을 위해 적과 내통해 600 명의 북한군을 불러들여 백 명이 넘는 국민을 무자비하게 학살하도록 만들었고, 이 사실이 발각되자 자신들이 살기 위해 적에게 국가와 국민을 팔아먹었고, 이후 네 명의 전직대통령과 정권들은 적의 하수인으로 국민을 속이고 적국의 음모가 들어간 헌법으로 개헌토록 해 이 나라의 국가이념을 공산주의로 바꾸어 버리고, 국민들을 일시에 몰살시킬 수 있는 핵무기 개발자금을 지원해 온 엄청난 비밀 앞에서 과연 그녀는 어떤 선택을 할 수 있었을까?

김영삼 취임 이후 4명의 대통령과 정권들이 30 여 년 동안 이 나라의 요직을 5.18 유공자들을 비롯해 종북좌익과 종북우익, 그리고 그들의 하수인들만으로 모조리 채워 넣어 이 나라가 완전히 적화된 지 30 년이 지난 이 시점에서 그녀는 과연 무슨 일을 할 수 있었을까?

그녀가 청와대에서 대포폰을 사용할 수밖에 없었던 기가 막힌 현실을 이제야 이해하겠는가? 박근혜 대통령의 모든 정책은 취임 이후부터 한반도의 자유 통일과 전 세계에 우뚝 선 자유민주주의 통일 대한민국을 시향하고 있다. 대한민국의 모든 제도권을 장악한 87 체제가 그녀의 적이 될 수밖에 없었던 사실을 이제야 이해할 수 있겠는가?

나이가 70 이 가까운 여성대통령이 할 일이 없어서 대포폰을 장만해 최순실과 청와대에서 조폭놀이라도 하면서 "모시모시"하고 있었을까? 이 세상 어느 나라의 국가원수가 자신의 집무실에서 전화조차 마음 놓고 사용하지 못하고 대포폰을 사용했다는 이야기를 한번이라도 들어보았는가?

스스로를 애국우익이라 자랑하면서도 박근혜 대통령을 '애비를 팔아먹은 년'이라고 비난하는 자들에게 묻겠다. 과연 그녀가 그대들의 생각대로 멍청해서 주변에서 일어나는 일을 전혀 모르고 그렇게 당했을까?

"집안사람이 강도로 돌변하면...." 이 말은 당시 대통령이던 이명박과 2010년 2월 10일에 세종시 문제로 의견충돌이 있을 때 이명박이 "잘되는 집안은 강도가 오면 싸우다가도 멈추고 강도를 물리치고 다시 싸운다"고 한 것을 두고 "집안사람이 강도로 돌변하면 어쩌겠느냐?"고 반박한 말이다.

수많은 사람들이 이 말을 그저 예사로 넘기고 말았으나, 필자는 이 말을 듣고 그녀가 이 나라의 마지막 희망임을 알 수 있었다. 왜냐하면 한 집안 식구로 가장하고 있다가 결정적인 순간에 등 뒤에서 칼을 꽂고 적에게 뒷문을 열어줄 자가 누구인지 너무나 명확하게 알고 있다는 사실이 이 말 한 마디에서 드러났기 때문이다.

그런 그녀가 자신이 탄핵당할 것이라는 사실을 예측하지 못했을까? 탄핵이 통과되지 않을 경우 시민혁명이 답이라는 문재인의 말이 무엇을 의미하는 것인지 생각해 본 적이 있는가? 문재인은 과연 언론에 선동당해 멋도 모르고 나선 촛불좀비들을, 그것도 돈에 팔려 촛불 들고 나선 자들을 믿고 이런 말을 내뱉었을까?

아래의 내용은 믿을 수 있는 카톡친구로부터 받은 메시지다.

남궁주 ★ 긴급소식. ★

널리 전해주십시오

거물급 고정 간첩의 최측근이 술 먹고 중얼거린 말인데.. 문재인이 말했던 것처럼 박대통령 탄핵이 기각되었을 때 혁명이 일어난다고 공언한 것이 사실 근거가 있다고 합니다. 기각 즉시 촛불집회를 5.18 광주폭동처럼 만들기 위해서 북한이 엄청 많은 여권을 위조해서 현재 벌써 상당한 수의 북한군 살인 특수부대요원이 서울에 잔뜩 와 있다네요..

그들에게 입힐 한국 경찰복과 헌병대 유니폼은 문죄인과 박지원이 책임지고 공급하도록 책임분담이 다 돼 있다고요.

젊은 남녀 대학생 몇 명을 칼로 찔러 유혈이 낭자한 시체 몇 개를 트럭에 싣고 다니면서 한국경찰이 쐈다고 선동하는 시나리오까지 완벽하게 전략이 짜여 있다는 끔찍한 소식입니다 주변에 알려서 촛불집회를 눈여겨 보기를 바랍니다

국가안보정책밴드

탄핵이 기각되었다면 어떤 일이 일어났을지 상상해 보라. 지난 30년 동안 87체제의 주인공들은 이 나라를 적화시키기 위해 이 나라를 완전한 탁아소 시스템으로 만들고, 전교조를 동원해 젊은 층들을 그들의 홍위병으로 만들어 놓았다.

40대 이하는 거의 모두가 붉은 물이 들어 있다고 보는 것이 맞을 것이다. 그에 비해 60대 이상은 철저한 반공정신으로 뭉쳐진 세대들이다. 그들 사이에 충돌이 일어나 유혈사태가 발생한다면 어떤 일이 일어날까? 세대 간 갈등이 극에 달해 부모와 자식간에 끔찍한 유혈사태가 일어나고, 막다른 곳에 몰린 김정은의 개입으로 이 나라는 인류역사상 상상조차 못했던 끔찍한 내전의 소용돌이 속으로 빠져 들었을지도 모른다.

이 와중에 주요 시설이 파괴되고, 원자력발전소가 테러에 노출되고.....원자력발전소 몇 개가 테러로 파괴되고 한반도가 끔찍한 동토로 변하면 한민족은 멸족의 위기를 겪었을 수도 있고, 한반도는 끔찍한 방사능 오염으로 수천년간 인간이 발길을 들여놓을 수 없는 땅으로 변해 버렸을지도 모른다. 이런 재앙을 불러오려 했던 자들이 바로 지금 정권을 찬탈한 집권세력이었고, 박근혜 대통령은 이런 재앙을 막아내고자 스스로를 희생한 것이다.

아울러 그녀가 탄핵을 당했기에 우리는 전범지원국의 누명에서 벗어날 수 있는 것이다. 과거 좌파정권 10년 동안 햇빛정책이란 이름으로 지원했던 천문학적인

돈이 핵무기 개발에 이용되었음은 명백히 밝혀진 일이다. 그밖에 정권이 바뀐 후에도 국제사회의 극심한 경제제재 하에서도 여전히 핵무기가 개발되고 미사일이 발사되고 있는 이유는 북한이 망하지 않기를 바라는 종북세력이나 과거 북한에 발목 잡힌 종교인들이나 기타 남한의 인사들이 물밑으로 지속적인 지원을 해왔기 때문이다.

일부 타락한 정치인이 한 일이라서 나와는 무관하다고? 그 정치인은 누가 뽑았나? 바로 우리 손으로 선출한 대통령들과 정치인들이 저지른 일이니 책임도 당연히 우리가 져야 하지 않을까? 만일 북한이 붕괴된 후 그 책임을 물어 북한지역을 일본의 손아귀에 넘겨준다면 어찌될 것인가? 북한은 핵무기를 개발해 인류를 죽음으로 몰아넣으려는 악의 집단이고 우리는 그들에게 핵무기 개발자금을 지원해 온 공범이다. 이처럼 솟아날 구멍이 없는 상황에서 박근혜 대통령의 탄핵과 그를 지키고자 일어난 태극기 집회는 자유민주주의를 사랑하고 우방국을 지지하는 집단이 존재함을 여실히 보여주지 않았는가?

혹자는 박근혜 대통령이 탄핵당하지 않기 위해 계엄을 선포해서라도 군을 장악해 미국과 공조해야 했다고 말하지만 그것이야말로 참으로 한심한 소리다. 이미 이 나라는 87 괴뢰정권을 앞세워 북한이 점령한지 30 년이다. 자신들의 정권에 결정적인 타격을 줄 수 있는 군을 그대로 둘 리가 있었을까? 어찌 보면 가장 정치에 민감한 집단이 군대다. 87 체제에 완전히 충성하거나 한통속이 된 사람이 아니라면 진급 자체가 어려운 것이 현실이다. 어쩌면 계엄사령관으로 임명된 자가 국군통수권자인 대통령을 잡아다 적에게 바칠지도 모르는 것이 현재 우리군의 실정이다.

북한의 빨갱이보다는 남한 내에 깊숙이 자리 잡고 있는 빨갱이 세력을 척결하는 것이 더욱 힘든 일이다. 만약 남한 내의 빨갱이들을 그대로 두고 북한만 무너지거나, 탄핵사태와 같은 엄청난 일이 일어나지 않고 87 체제에 동조하는 군고위 지휘관이 한미연합군으로 참가해 북한을 점령한다면, 그 사람에 의해 남한 내 빨갱이 부역자들의 명단이 모두 파기될 수가 있다. 그리되면 지난 30년간 온갖 매국노 짓을 다한 자들에게 고스란히 면죄부를 주는 꼴이 아니겠는가?

그들은 지난 30년간 온갖 천인공노할 죄악을 저지른 자들이며, IMF 경제위기라는 국가부도 사태까지 일으킨 후 경제위기 극복을 빌미로 온 나라의 국부 및 국민이 가지고 있던 재산까지 팔아먹은 후 조세피난처에 은닉해왔던 자들이다. 이대로 북한이 무너지고 그들이 저지른 반역의 근거까지 없어져 버린다면 그들은 북한까지도 완전히 말아먹을 자들인 것이다.

청와대를 떠나 사저로 돌아오던 날 그녀의 모습은 탄핵을 당해 쫓겨 오는 비참한 모습이 아니라 모든 것을 다 이룬 듯 초탈한 모습이었다. 그렇기에 이를 취재하던 외신기자들도 그녀의 모습을 탄핵을 당해 쫓겨 오는 모습이 아니라 여왕이 귀환하는 모습과 같다고 하지 않았던가?

그녀는 스스로를 불살라 지난 세월 이 나라를 지옥 속으로 몰아넣었던 자들을 불태우고, 지난 한 세기 인류를 재앙 속으로 몰아넣었던 공산주의의 마지막 잔재까지도 모조리 불태우려는 것이다. 그런데도 그녀에게 돌을 던지는가?

지난 30년을 속아 살아온 이 땅의 젊은이들에게 묻는다. 이제는 저들이 그토록 꽁꽁 숨겨온 역사의 진실이 무엇인지 깨달았는가? 왜 저들이 국정교과서를 반대하고 자신들이 만든 교과서를 채택하도록 하기 위해 저들이 목숨을 걸었는지 이제야 알겠는가? 왜 그렇게 이 나라를 건설한 이승만을 욕하고 이 나라를 융성하게 한 박정희를 비난해 왔는지 그 이유를 깨닫겠는가?

지난 40년간 이 나라를 지켜내고 국민들의 목숨을 지켜온 사람은 살아 있는 지도자가 아닌 죽은 이승만과 박정희였다. 이승만이 체결한 한미동맹이 있었기에 우리는 비록 나라를 도둑맞았지만 굳건한 우방의 손으로 나라의 틀을 유지할 수 있었고, 박정희의 경제개발이 있었기에 88 서울올림픽을 계기로 지구상의 공산국가들이 줄줄이 무너져 악마의 입속에까지 들어갔던 우리 국민들이 다시 살아나올 수 있었던 것이다.

그리고 너무나 어이없이 도둑맞은 자유민주주의 대한민국을 되찾기 위해 지난 40년 인고의 세월을 보내며 홀로 고군분투하던 그분의 딸은 적들의 수중에서 오늘도 고통받고 있다. 왜 저들이 300명이 넘는 어린 생명을 바다 속에 수장시키면서까지 박근혜 대통령을 몰아내려 했는지 이제는 이해가 가는가?

산업화세대가 남겨준 유산은 이런 헬조선이 아니었다. 개천에서도 용이 나오고, 원하는 일은 정도를 벗어나지 않으면 무슨 일이든 할 수 있고, 자신의 노력과 능력에 따라 무엇이든 이룰 수 있는 천국과도 같은 세상이었다. 지금의 386 매국노들을 보면 알 수 있지 않은가?

얼마나 더 이상 하고 싶은 일을 찾을 수 없었으면 이러한 매국노짓까지 벌였을까? 그런 천국과 같은 나라를 자신들이 저지른 끔찍한 죄를 감추고 자신들만이 영구집권하기 위해 조지오웰의 소설 〈1984〉에 나오는 빅브라더가 통치하는 세상을 이 나라에 완벽하게 재현해 놓은 것이다. 바로 북한과 같은 탁아소 시스템을 만들기 위해 노조를 시켜 기업들을 해외로 내몰고, 무분별한 대학증설로 극심한 취업난을 만들고, 공짜복지를 빌미로 배급제 시스템을 만들어 놓은 것이다.

세상에서 가장 훌륭한 복지는 자신이 원하는 직업을 갖고, 자신이 사랑하는 이성과 결혼을 해, 가정을 이루고 자녀를 낳아 그들이 원하는 세상에서 살아갈 수 있도록 키우는 것이 아닌가? 이제는 모든 국민이 30여 년간 민주화세력이 세뇌시켜 왔던 거짓선동의 미망에서 깨어나 우리들의 후손이 마음 놓고 살아갈 미래를 열어야 할 때다.

87 체제 민주화세력들에게

인류역사상 가장 추악한 짐승들인 87 체제의 주역들에게 경고한다. 너희의 거짓이 천년만년 갈 줄 알았던가? 2천 년 전에 노자가 말했던 천망회회 소이불루

(天網恢恢 疏而不漏)[34] 란 말은 바로 너희같은 자들을 염두에 둔 발언이리라. 너희가 살아날 수 있는 마지막 기회는 2015년도였다. 너희가 저질러왔던 죄악의 30년 세월을 걸고 마지막 발악을 하든, 그녀의 치맛자락을 붙들고 살려달라고 애원을 하든 둘 중 하나를 선택했어야 했다.

300여명의 어린 학생들을 차디찬 물속에 죽여 놓고 국내의 모든 언론은 물론 〈산케이신문〉까지 동원해 세월호 7시간을 연막칠 때가 너희의 마지막 기회였다.

지난 40여년을 잃어버린 나라를 되찾기 위해 노심초사 해왔던 박근혜 대통령도 그때의 일만은 예측하지 못했던 것 같다. 인간이라면 설마 자신을 몰아내기 위해 아무 죄도 없는 수백 명의 어린 생명들을 수장시킬 것이라고는 상상도 못했을 것이다.

그 당시의 절망스런 표정을 봤을 때, 당시 광수 사진이 공개되지 않았다면 아마도 그녀는 꼼짝 못하고 하야할 수밖에 없었을 것이다. "국민만을 보며 나가겠다."던 그녀가 마음속으로 자신이 국민이라 믿고 의지했던 우익들의 입에서까지 "차라리 자살을 해라."는 말까지 나왔으니 얼마나 절망스러웠을까?

필자는 너희들의 천인공노할 음모를 무산시키고, 이 나라의 역사를 바로잡고, 너희들을 지옥으로 인도하기 위해 어느 인터넷 사이트에 한 장의 사진을 공개했다. 그게 바로 1번 광수였고 너희들은 지난 30년의 죄악을 감추기 위해 때마침 발생한 메르스 사태를 준전시사태까지 들먹이며 이 나라는 물론 전 세계를 겁박하며 거기에 몰입했었다.

연이어 나는 청주에서 발견된 북한군 430여구의 진실을 터뜨리고…

왜 너희들이 그토록 5.18의 진실을 감추려 했는지 진실을 터뜨리고…

---

[34] 하늘이 친 그물은 하도 커서 보기에는 엉성해 보이지만, 이 그물에서 빠져 나갈 수 없다. 즉, 악한 사람이 악한 일을 해도 금방 벌을 받고 화를 입는 일은 없지만, 언젠가는 자신의 죗값을 치르게 된다.

북한군 600명이 누구의 협조로 어떻게 광주까지 왔었는지 터뜨리고....

어떻게 해서 그렇게 손쉽게 20사단 지휘부 차량을 탈취했는지 터뜨리고....

어떻게 해서 44개소에 이르는 무기고를 단 4시간 만에 습격할 수 있었는지 터뜨리고...

교도소를 습격하다 사살당한 500여명의 시신들을 누가 청주까지 운반했는지 터뜨리고....

어떻게 해서 너희가 북한의 노예가 되었는지 터뜨리고....

6.29 선언 전날 밤 노태우가 전두환을 찾아가 무슨 협박을 했는지 터뜨리고....

헌법 개정의 비밀에 이르기까지......

이렇게 너희를 지옥 속으로 몰아가려고 시도했었다.

이렇게 내가 지옥 속으로 너희를 토끼몰이 하는 동안, 너희들의 종주국 평양은 지도에서 사라져 버렸을 것이다.

2015년 광수 사진이 SNS를 타고 퍼지자마자 어둠의 세력들은 메르스 물타기에 전념하기 시작했다. 이 때 기사회생한 박근혜 대통령이 최후의 승부수를 둔 것은 바로 중국의 전승절 행사참가였다. 이것은 아마도 북핵문제에 지지부진한 민주당의 오바마 정권과 사사건건 발목을 잡고 늘어지는 아베 수상에 대한 마지막 승부수였을 것이다.

"만약 당신들이 북핵문제에 대해 나 몰라라 한다면 우리는 대륙국가의 일원이 되어 중국과 러시아와 손을 잡고 북핵문제를 스스로 해결하겠다."라는 뜻이었다. 그녀의 구상에 발맞춰 시진핑도 그녀를 최고의 귀빈으로 모신 다음, 푸틴과 함께 3국정상이 나란히 서서 열병식을 참관하지 않았는가? 일부 머리 나쁜 우익들은 그녀의 이 행보를 가리켜 생각 없는 친중외교라 비난한다. 참새가 봉황의 뜻을 알 수 없다는 말이 떠오를 뿐이다.

만일 중국과 러시아가 손을 잡고 북한을 붕괴시킨 후 한국, 러시아, 중국이 손을 잡는다면 이 세계의 판도는 어찌될까? 중국과 러시아를 통해 동남아시아, 유럽, 중동 그리고 아프리카까지 고속철도망을 연결하고 러시아의 풍부한 자원과 중국의 인구, 한국의 기술이 서로 손을 잡는다면 아마도 세계질서는 미국과 호주, 그리고 일본을 연결하는 해양세력과 중국과 러시아와 한국이 하나가 된 대륙세력으로 양분될 것이고 미국은 패권국가로서의 위상을 잃고 더 이상 세계의 경찰국가로서 기능은 포기할 수밖에 없을 것이다.

그리고 유럽은 양대 세력의 중간자의 역할을 하다가 물밀듯이 밀려오는 대륙세력의 기세를 감당하지 못하고 대륙세력에 편입될 것이고 해양세력은 더욱 위축될 수밖에 없다. 바로 박근혜 대통령은 이런 가능성을 보여주며 미, 일 양국을 압박했고, 뜨뜻미지근한 태도로 일관하던 오바마의 미국도 그 심각성을 이해하고 그해 10월부터 한, 미 양국은 사드배치를 심각하게 의논하기 시작했다. 한 마디로 박근혜 대통령은 지구 최후의 공산 전체주의를 박살내고 북한 2,500만 동포를 해방시키기 위해 아무도 짐작하지 못한 깊은 의중으로 미국을 낚아버린 것이다.

이 문제를 더욱 심각하게 생각한 측은 미국의 차기대통령 후보인 트럼프였을 것이다. 만약 한국과 중국, 러시아가 손을 잡는다면 자신이 선거공약으로 내세웠던 강력한 미국의 꿈은 무산되고 2류 국가로 전락하는 수모를 당해야하기 때문이다.

그 당시부터 박근혜 대통령의 통일을 향한 행보는 급물결을 타기 시작했고, 여기에 초조해진 북한은 계속해서 핵무기 실험을 계속하고 미사일을 쏘아 대기 시작했다. 이후 박근혜 대통령은 2월에 이르러 개성공단 가동을 전면 중단해 북한으로 들어가는 돈줄을 차단하고 유사시 인질이 될 수 있는 개성공단 직원들을 모조리 철수시켰다.

이미 그때 판은 모두 짜여 있었던 것이다. 단 한 가지 걸림돌은 이 나라 곳곳에 똬리를 틀고 있는 평양의 부역자들이었다. 이 자들을 일망타진하지 않고는 통일

대박은커녕 죽 쒀서 개주는 꼴밖에 되지 않았다. 하지만 김일성이 키운 개들을 일망타진한다는 것이 말처럼 쉬운 일일까? 지난 30년간 이 나라는 모조리 그자들한테 점령당해 버린 것이 현실인데, 보통의 미끼로는 이자들을 모조리 끌어낸다는 게 불가능했다. 그래서 대통령은 고육지책으로 자신을 미끼로 내놓은 것이다. 최순실 국정농단 사건에 대한 대국민사과담화를 자세히 기억해보면 이해가 갈 것이다. 필자 또한 당시에는 정말로 어마어마한 국정농단이 있었던 줄 알았고 '도대체 왜 스스로 무덤을 팔까?'라고 생각했다.

하지만 1년 가까이 지난 지금까지 온 나라가 달라붙어 후벼 파도 나오는 게 하나도 없다. 대통령뿐만 아니라 최순실조차 아무 것도 나온 게 없다. 도대체 이게 가능한 일이라고 생각하는가?

파도파도 나오는 것이 없으니 이제 국정원 특활비를 갖고서 선동하는데, 법률상 정해져 있는 업무추진비 성격의 특활비마저 뇌물이라 선동하는 것을 보니 이제는 아예 대통령의 월급마저 뇌물이라고 우길 태세다.

김영란법에 저촉될 정도의 불과 몇 만원 정도의 선물이나 불법거래도 없다는 것은 과연 무엇을 뜻할까? 스스로를 미끼로 내놓고 함정을 팠다는 의미로밖에 볼 수 없다. 그녀가 또 한 가지 의도했던 것은 미국을 비롯한 우방국들에 대한 신뢰다. "나를 제외한 네 명의 전직대통령이 모조리 북한의 하수인들이었고, 그 이전 두 명의 전직대통령은 북한에 나라를 팔아먹은 매국노다. 국회의원들 99%와 고위공직자의 90% 이상이 평양에 코가 꿰인 간첩이거나 그들의 명령을 거스를 수 없는 자들이고, 나 자신이 국군통수권자이지만 고위 지휘관 중에도 북한의 간첩이 있을 수 있다"라고 한다면 외국에서 뭐라고 생각할까? 당연히 "이 여자가 미쳤나?"라고 생각할 것이다.

하지만 어쩌겠는가? 그것이 바로 엄연한 우리나라의 현실인 것을. 그만큼 이 나라에서 일어나고 있는 일은 세계 역사상 전무한 기상천외한 일이다.

그들을 설득하려면 스스로를 희생하는 수밖에 없었다. 이것이 바로 지난 3년간, 그리고 요 근래 1년간 일어난 일들의 진실이다. 어둠의 세력들은 어찌해서든 대통령을 자리에서 몰아내기만 하면 수많은 부정과 부패들이 튀어나올 것이라 생각하고, 일단 탄핵하고 구속한 다음 영원히 햇빛을 못 보게 하려고 이 낚싯밥을 덥석 물은 것이다.

헌법재판소 또한 파면을 선고하고 일단 자리에서 몰아내기만 하면 그 다음에는 특검이 부정부패 혐의로 엮을 수 있을 것이라 기대했을 것이다. 하지만 한 해가 다가도록 아무런 뾰족한 것들이 나오지 않아 이제는 검찰이 국정원 특활비를 갖다 붙이며 마지막 발악을 하는 것이다. 지금 정권을 차지한 이들은 대한민국이 망하거나 망하기 직전까지 추락해야 자신들의 목숨을 부지할 수 있다. 북한에 적화통일을 당하거나, 사실상 중국의 식민지로 전락해야 자신들이 살아날 가능성이 조금이라도 있기 때문에 이 나라를 망하게 만들기 위해 수단방법을 가리지 않는 것이다.

87 민주화세력에게 말한다. 짜장면을 먹고 싶으면 한식집에서 얼쩡대지 말고 중국집으로 가라. 한식집을 중국집으로 바꾸고 싶으면 주인의 허락을 받고 바꿔라. 너희들이 지금까지 해온 일들은 한식집을 잘 운영하겠다고 말해 주인이 믿고 맡기니, 주인의 허락도 받지 않고 중국집으로 바꾼 다음 그대로 달린 한식집 간판을 가리키며 여전히 한식집이라고 우기고 있는 것이다. 참으로 통탄할 일은 한식집 주인도, 손님들도, 이웃들도 간판만 보고 아직도 한식집인줄 알고 있다는 사실이다.

온갖 고난과 역경 속에서도 굳건히 국민들의 생명과 재산을 지켜온 자랑스러운 국군들에게 말한다. 우리 군에게 5.18 사태는 가장 치욕스러운 수치였다. 국민의 생명과 재산을 지켜야 할 국군들이 마약에 취해서 국민을 학살하고, 대검으로 처녀 유방을 도려내고, 임산부의 배를 갈라 태아를 끄집어내어 길바닥에 버리는 등의 만행을 저질렀다고 알려져 있지 않은가?

그래서 국민들로부터 집 지키는 개란 소리를 듣고, 40 여년이 지났지만 틈만 나면 영화 등 모든 수단을 동원해 군에게 침을 뱉고, 그대들은 이러한 비난에 주눅이 들어 죄인으로 지내왔다.

그러나 그런 만행이 국군이 아닌 북한군 특수부대가 내려와 저지른 짓이란 사실이 명백히 밝혀졌다. 어느 한쪽은 탐욕에 눈이 멀어 주적인 북한과 내통해 북한군 600 명을 불러들여 국민을 무참하게 학살하게 만들었고, 이후 이렇게 조성한 위기를 해결한 듯 정의의 사도인 양 나타나 정권을 잡았다. 다른 한쪽은 주적인 북한의 하수인으로 전락해 이 약점을 빌미로 적에게 나라를 갖다 바치고 국민들의 눈과 귀를 가리기 위해 진실을 가려 왔다. 이 천인공노할 진실을 숨기기 위해 〈택시운전사〉와 같은 영화로 국민을 우롱하고 있는 것이다.

국군통수권자라면 국군의 명예를 드높여 주는 것이 당연하다. 그런데도 문재인 정권은 아예 국군의 날까지 광복군창설일로 바꾸려고 시도하고 있다. 어떤 의도인지 이제야 알겠는가? 대한민국의 국체를 야금야금 지워버리고 국군을 주적인 북한 괴뢰군의 꼭두각시로 만들려는 속셈인 것이다.

"한미동맹은 한국전쟁에서 흘린 국군 용사들과 수십만 미군 청년들의 피로 맺어진 동맹입니다. 우리는 앞으로 여러 세대에 걸쳐 이 조약으로 인해 많은 혜택을 받게 될 것이며, 이 조약은 앞으로 우리를 번영케 할 것입니다."

1953 년 8 월 8 일 한미상호방위조약 최종안이 서울에서 가조인된 후 이승만대통령이 한 발언이다. 1953 년 10 월 1 일 워싱턴에서 변영태 외무장관과 덜레스 미 국무장관이 이 조약에 조인했다.

한미동맹의 주적인 김일성의 졸개들이 나라를 도둑질해 통치하는 이런 황당한 사태를 예상이라도 한 것일까? 1950 년 7 월 14 일, 이승만대통령은 한국군에 대한 작전통제권을 미군사령관 맥아더장군에게 넘겼다. 그렇지 않았다면 김일성의 개들이 내리는 명령으로 최고의 혈맹인 미군과 총을 맞대고 서로 피를 흘리며 싸워야 했을지도 모른다.

지금도 저들은 기회만 있으면 미군에게 작전통제권을 내놓고 이 땅에서 물러나라 외치고 있다. 미군이 물러나야만 북한에 나라를 들어다 바치고, 자기들과 사상과 이념이 다른 수천만의 국민을 모조리 씨를 말린 다음 자신들끼리 천년만년 모든 것을 해먹을 수 있기 때문이다.

지금 우리 주변엔 공산주의의 마지막 잔재를 지구상에서 완전히 쓸어내기 위한 십자군이 결성되어 속속 모여들고 있다. 미국을 주축으로 영국, 호주, 캐나다, 이스라엘, 인도 등이 악의 무리를 쓸어내기 위해 한반도의 주변으로 모여들고 있다. 하지만 막상 북한의 형제들을 위해 이 대열의 선봉에 서야 할 우리는 지금 이 대열에서 철저히 배제되고 있다. 이대로 침묵하고 있다면 우리는 어쩌면 전범지원국 군대의 누명을 쓰고 역사의 죄인으로 살아가야 할지도 모른다.

에필로그

일명 우익 세력의 아이콘이라는 J 모씨와 그 친구들에게 말한다. 역사의 진실이 무엇인지도 모르고 입으로만 진실규명을 외치는 속빈 강정들이라고. 필자로서는 북한의 김정은보다도, 이 나라를 점령하고 있는 좌우익 빨갱이들보다도 그대들이 더욱 원망스럽다. 2015 년 당시를 생각해 보라. 필자는 1 번 광수의 존재를 찾아내 만천하에 공개했다. 필자가 1 번 광수의 존재를 찾아내 공개했던 이유는 저들의 탄핵음모를 알아차리고 이를 막아내려 했기 때문이다.

북한과 함께 탄핵을 기획했던 세력들의 계획대로였다면, 박근혜 대통령은 2 년 전인 2015 년 5 월이나 6 월에 아마도 너희들의 음모를 견디지 못하고 하야할 수 밖에 없었을 것이다.

미국의 민주당정권은 유야무야 넘어갔을 것이고, 우리 국민들은 300 명이 넘는 아이들이 차디찬 물속에서 죽어가고 있을 때 7 시간 동안 호텔방에서 남자를 만나 밀회하던 부도덕한 여자라고 생각하며 자유통일의 마지막 불씨마저 꺼버린 줄도 모르고 있었을 것이다.

혼자서 아무리 저자들의 음모를 알리며 떠들어도, 어느 누구 하나 아랑곳하지 않기에 혼자서라도 이 절체절명의 위기를 극복하고자 찾아내 터뜨린 것이 바로 1 번 광수였다. 그리고 내친 김에 대한민국 내의 빨갱이들을 일망타진하고 북한마저 무너뜨리려 2 년 전 메르스 사태로 물타기하던 어둠의 세력과 전쟁을 준비했다.

북한을 무너뜨리고 통일을 이루려던 대통령의 시도를 알고, 그녀가 전방에서 통일을 향해 힘차게 전진하는 동안 뒤에서 똬리를 틀고 있는 북한의 괴뢰들이 꼼짝 못하도록 그들의 약점을 물고 늘어지려던 것이 당시의 계획이었다. 만약 그 당시 당신들의 방해만 없었다면 대통령 탄핵사태도 일어나지 않았을 것이고, 어쩌면 지금쯤 북한의 김정은 정권이 무너지고 통일을 이루었을지도 모른다.

그 당시 대통령을 몰아내기 위해 세운 자신들의 계획이 100% 성공할 거라고 자신하고 있던 자들은 예기치 못한 사태에 당황해 어찌할 바를 모르고, 어떻게 해서든 5.18 북한군개입사실을 감추기에만 급급했다. 20 여 년 째 남한 빨갱이들의 수혈에 의존하고 있는 식물인간 상태인 북한정권을 무너뜨리는 것은 너무나 손쉬운 일이 아닌가? 당시의 상황으로서는 그들이 남한에 꽂아 놓은 빨대만 제거하면 평양은 저절로 무너지게 되어 있었다.

이 모든 것들을 허사가 되도록 한 것이 바로 당신들의 떼광수 놀음이었다. 필자가 1 번 광수의 존재를 밝히면서 민주화정권이 들어선 이후 최초로 광주 5.18 행사가 무산되었고, 광주에 찾아간 여야대표는 찬물세례를 받고 자신들의 마지막을 예상한 어느 주사파 종북 XX 은 술에 취해 절망어린 모습으로 '봄날은 간다.'란 노래를 흥얼거리기까지 했다.

계속해서 필자는 청주에 묻혀 있던 430 여구의 시신이 5.18 북한군의 시신이고, 그들이 어떻게 내려왔는지를 SNS 에 폭로하며 토끼몰이를 시작했다. 곧이어 전두환과 5 공 세력들이 왜 5.18 진실규명을 외면하는지, 87 년 헌법 개정에 관한 음모까지 밝히며 저들의 아성을 기둥뿌리부터 흔들기 시작했다. 하지만 저들은 그런 상황인 줄도 모르고 5.18 북한군개입사실을 감추기에 급급했다. 만일 그대로 계속 갔다면 박근혜 대통령이 탄핵을 당하는 일은 없었을 것이고, 남한에 똬리를 튼 저들의 대오가 완전히 흐트러진 사이에 평양 붕괴의 시나리오를 차근차근 진행시켜 임기 전 통일 대박의 꿈을 이루었을지도 모른다.

이런 결정적인 시기에 저들을 기사회생 하도록 만든 것이 다름 아닌 당신들이었다. 당신들은 수백 명의 광수들을 내세워 오히려 신뢰성에 의문이 가게 만들었다. 500 여구에 달하는 시신들을 불과 3~4 명의 간첩이 교도소에서 빼내어 청주까지 운반했다는 어이없는 분석과 함께 서울에 내려와 있는 탈북자들이 대부분 광수들이라는 망언을 해 탈북자들과 소송까지 벌이기 시작했다.

당신들의 미친 짓거리에 실망한 대부분의 국민들이 5.18 북한군의 존재를 더 이상 믿지 않게 되면서, 필자는 누군지도 모르는 자들의 무서운 추적을 피해 어둠 속으로 숨어들어야 했다. 그때의 절망감과 공포를 당신들은 짐작이라도 할 수 있는가? 해킹으로 컴퓨터가 이틀이 멀다 하고 연달아 파괴되어 자료가 몽땅 날아가고, 트위터 아이디와 비번이 해킹으로 탈취당해 사용을 못하게 되고, 급기야 지역내 인터넷 서비스망이 몽땅 망가져 무려 3개월간이나 지역전체가 인터넷 사용을 못하게 되고, 누군가 수소문하고 다닌다는 소리를 듣고 원주민 부락으로 달아나 무려 6개월이나 움막 같은 곳에서 숨어 지내던 공포를 아는가?

　당신들이 필자가 발견한 1번 광수를 참고해 수백 명의 애매모호한 자들을 광수들이라고 공개해놓고 세상을 다 얻은 듯이 의기양양할 때, 필자는 세상과 단절된 곳에서 지는 해를 바라보며 "모사재인 성사재천(謀事在人 成事在天)"이란 말을 수 없이 되새겼다. 4백년 전 율곡선생도 임진강 강자락 언덕 위의 화석정 마루바닥과 기둥들에 꼼꼼히 기름칠을 하며 지는 해를 바라보다가 이렇게 숨겨갔겠지 생각하다가도, 화들짝 놀라 모래알같은 밥알에 물을 부어 억지로 들이마시며 이 기막힌 진실이 영원히 묻혀버리지 않게 전해주려면 끝까지 살아남아야지 하며 이를 악물던 사연을 아는가?

　어느 곳에도, 어느 누구에게도 호소할 수도, 도움을 청할 수도 없고, 세상의 어느 누구도 나라를 잃어버린 줄도 모르고, 차라리 나라를 잃었다는 것을 아는 믿을 만한 동료라도 있다면 목이 터져라 함께 독립을 외치기라도 하건만…이렇게 외치다가 피를 토하고 죽어가더라도 덜 억울하련만….

　우리는 30년 전에 김일성이 세운 괴뢰정권에게 나라를 도둑맞았다고 아무리 말해도 모두가 미친놈 취급하고, 저들의 영구집권 음모에 휘말려 영문도 모르고 모든 것을 포기하고 인생마저 포기해야 하는 젊은 세대를 생각하며, 그들의 음모로 채 빛도 못보고 죽어갔던 어린 영혼들을 떠올리며, 몇 십 년 후에는 저들의 탐욕으로 멸족해 지구상에서 영원히 사라질지도 모를 우리 민족을 생각하며 나라

잃은 설움과 절망감에 몸부림치던 밤과 낮들을 아는가? 혹시나 누군가 들을까봐 이불자락으로 입을 틀어막고 오열하다가 스스로 탈진해 기절하듯 잠들던 수많은 날들을 상상이나 해 보았는가?

겨우 몇 년의 세월을 이렇게 보낸 것도 지옥인데, 무려 40여년의 세월을 이렇게 보낸 사람이 있다는 것을 알고 있는가? 그녀가 청와대에 들어앉아 대포폰을 장만해 최순실과 조폭놀이라도 하고 있었던 줄 아는가? 단 한번이라도 꼬투리를 잡힐까 봐 자신이 했던 말들을 일일이 수첩에 적어놓고, 혹시라도 잊었을까 일일이 수첩을 확인하며 겨우 한두 마디의 함축된 말로 자신을 표현하던 수첩공주의 진실을 손톱만큼이라도 이해할 수 있겠는가?

어찌 그리도 모질단 말인가? 응어리져 아물지 않는 상처를 후벼 파고, 소금을 뿌리고, 그것도 모자라 짓이기고 돌을 던지니 시원하던가? 저주하던 대로 되지는 않았다만, 적들에 의해 감옥에 갇혀 인간으로서 감당할 수 없는 인권유린을 받으며 고통받고 있는 것을 보니 통쾌하던가?

이제 지구상에 마지막 남은 공산주의 국가와의 최후의 아마겟돈 전쟁이 시작되었다. 너무나 어이없게도 이 세상에 남은 마지막 공산주의 국가는 우리의 손으로 선출한 대표자들이 적에게 넘겨준 지금의 대한민국이다. 이제 지구상에 마지막으로 남은 공산주의가 사라지려 하고 있다.

바로 너희가 돌을 던진 그녀가 자신을 불살라 악의 종자들을 모조리 불태우고 있는 것이다. 너희 눈에는 보이지 않는가? 미국의 트럼프대통령이 아베 수상을 상대로 문재인이 북한에 대화를 구걸하는 모습이 거지같다고 말한 후, 거지들이 나누어먹던 비빔밥을 한 번도 아닌 두 번이나 연달아 준 의미가 무엇인지 모르겠는가? 거지가 먹던 비빔밥을 먹으며 히쭉히쭉 웃던 그의 모습이 치욕스럽지도 않은가?

왜 푸틴이 그에게 칼을 선물로 주었는지 아직도 그 의미를 모르겠는가? 군주나 상관이 부하에게 내려주던 칼은 절대적인 충성을 요구하는 뜻이고, 친구에게 주는 칼은 관계를 완전히 단절하겠다는 뜻이며, 적에게 주는 칼은 자살하라는 뜻이다. 푸틴이 문재인에게 건네준 칼은 무슨 의미를 지니고 있을까? 그 칼을 받고 좋아라 하며 실실 웃는 문재인을 바라보는 푸틴의 표정에서 무엇을 느꼈는가?

"다시는 이 나라에 본인과 같은 불운한 군인이 없도록 합시다." 1963년 8월 30일 철원의 5사단 비행장에서 고 박정희대통령이 마지막 전역사로 읽은 구절이다. 박정희 대통령은 이미 그때 5.16 혁명이 자신은 물론 부인과 장녀를 비롯한 모든 가족에게 불행이 될 것이라는 사실을 예견했던 걸까?

그로부터 54년 후, 박근혜 대통령은 1년도 채 남지 않은 임기를 채우지 못하고, 대통령의 자리에서 물러나 자택으로 돌아오며 다음과 같은 말을 남겼다.

"대통령으로서의 소명을 끝까지 마무리하지 못해 죄송하게 생각합니다. 저를 믿고 성원해주신 국민 여러분께 감사드립니다. 이 모든 결과에 대해서는 제가 안고 가겠습니다. 시간이 걸리겠지만 진실은 반드시 밝혀진다고 믿고 있습니다."

그녀가 밝히고 싶은 진실은 과연 무엇이었을까? 어쩌면 그녀 자신은 밝히고 싶은 진실을 모두 밝힐 수 없을지도 모른다. 전임 대통령 둘이 적국의 특수군을 끌어들여 정권을 잡았고, 그 후 대통령들은 그 비밀을 이용해 87년부터 이 나라를 사실상 북한에 가져다 바친 진실, 지금의 헌법은 김일성의 음모가 곳곳에 담긴 기형적인 헌법이며, 자유민주주의 체제와 대한민국 건국의 정통성을 일거에 부정할 수 있는 독소 조항이 숨어 있다는 진실을 차마 대통령의 입으로 밝힐 수 있었을까? 취임 시 헌법을 준수하겠다고 선서했지만, 이단아 같은 헌법 개정으로 빼앗긴 대한민국의 진정한 자유민주주의 체제를 되찾으려 했다는 진실을 말할 수 있었을까?

그녀를 탄핵해 내쫓은 자들도, 탄핵을 당해 물러나야 했던 대통령도 밝힐 수 없었던 진정한 탄핵 사유는 다름 아닌 김일성에게 바친 이 나라를 되찾으려 했다는 죄목이었다. 87년에 통째로 도둑맞은 나라를 되찾고, 간판을 바꿔 단 대한민국에게 과거의 참모습을 되찾아 주려 한 것, 87년 체제의 숙주인 북괴에 굴복하지 않고 그 원점을 붕괴시키려 했던 것이 그녀의 진정한 탄핵 사유였다. 개성공단 폐쇄로 잠재적 인질을 없애고, 사드배치를 앞당겨 평양 상대의 군사 작전을 가능케 하고, 87 민주화 반역세력의 모든 자금줄을 차단하지 않았다면 지금 펼쳐지고 있는 트럼프 대통령의 평양에 대한 일촉즉발 군사압박이 가능했을까? 그녀는 모든 것의 준비를 마친 다음, 스스로를 내던져 지구상에서 마지막 남은 공산전체주의 부역자들을 모조리 수면 위로 끌어올렸다. 평양 김씨왕조는 핵미사일을 포기할 수 없고, 인류 문명은 평양의 핵미사일과 공존할 수 없기에, 그녀가 만반의 준비를 마치고 불러들인 십자군들이 공산전체주의의 마지막 잔재를 지구상에서 완전히 쓸어내기 위해 평양을 붕괴시킬 날이 얼마 남지 않았다.

스스로를 불사른 그녀가 지구상에 마지막으로 남은 공산주의자들을 모조리 태워버리고 그들이 사라진 잿더미 속에서 화려하게 부활하는 날, 온 세상은 지금 사로잡힌 거짓의 망상에서 깨어나 두 사람의 참된 모습을 깨닫게 될 것이다. 두 비운의 부녀대통령이야말로 대한민국이 품기에는 너무나 거대한 인물이었고, 하늘이 우리에게 내려주신 가장 큰 축복이었음을.

Made in the USA
Middletown, DE
26 October 2018